UNIVERSITÉ DE FRANCE. --- ACADÉMIE DE GRENOBLE.

DE LA

CONSTITUTION D'HYPOTHÈQUE CONVENTIONNELLE

EN DROIT ROMAIN.

DE LA

PUBLICITÉ DES HYPOTHÈQUES

EN DROIT FRANÇAIS.

THÈSE POUR LE DOCTORAT

SOUTENUE DEVANT

LA FACULTE DE DROIT DE GRENOBLE

Le 2 juillet 1879

Par Henri DE LESTELLEY,

Avocat à la Cour d'appel de Grenoble

GRENOBLE,

TYPOGRAPHIE ET LITHOGRAPHIE MAISONVILLE ET FILS,

Rue du Quai, 8.

1879

UNIVERSITÉ DE FRANCE. — ACADÉMIE DE GRENOBLE.

DE LA

CONSTITUTION D'HYPOTHÈQUE CONVENTIONNELLE

EN DROIT ROMAIN.

DE LA

PUBLICITÉ DES HYPOTHÈQUES

EN DROIT FRANÇAIS

THÈSE POUR LE DOCTORAT

SOUTENUE DEVANT

LA FACULTÉ DE DROIT DE GRENOBLE

le 2 juillet 1859

Par Henri DE LESTELLEY

Avocat à la Cour d'appel de Grenoble.

GRENOBLE,

TYPOGRAPHIE ET LITHOGRAPHIE MAISONVILLE ET FILS,

Rue du Quai, 8.

1859

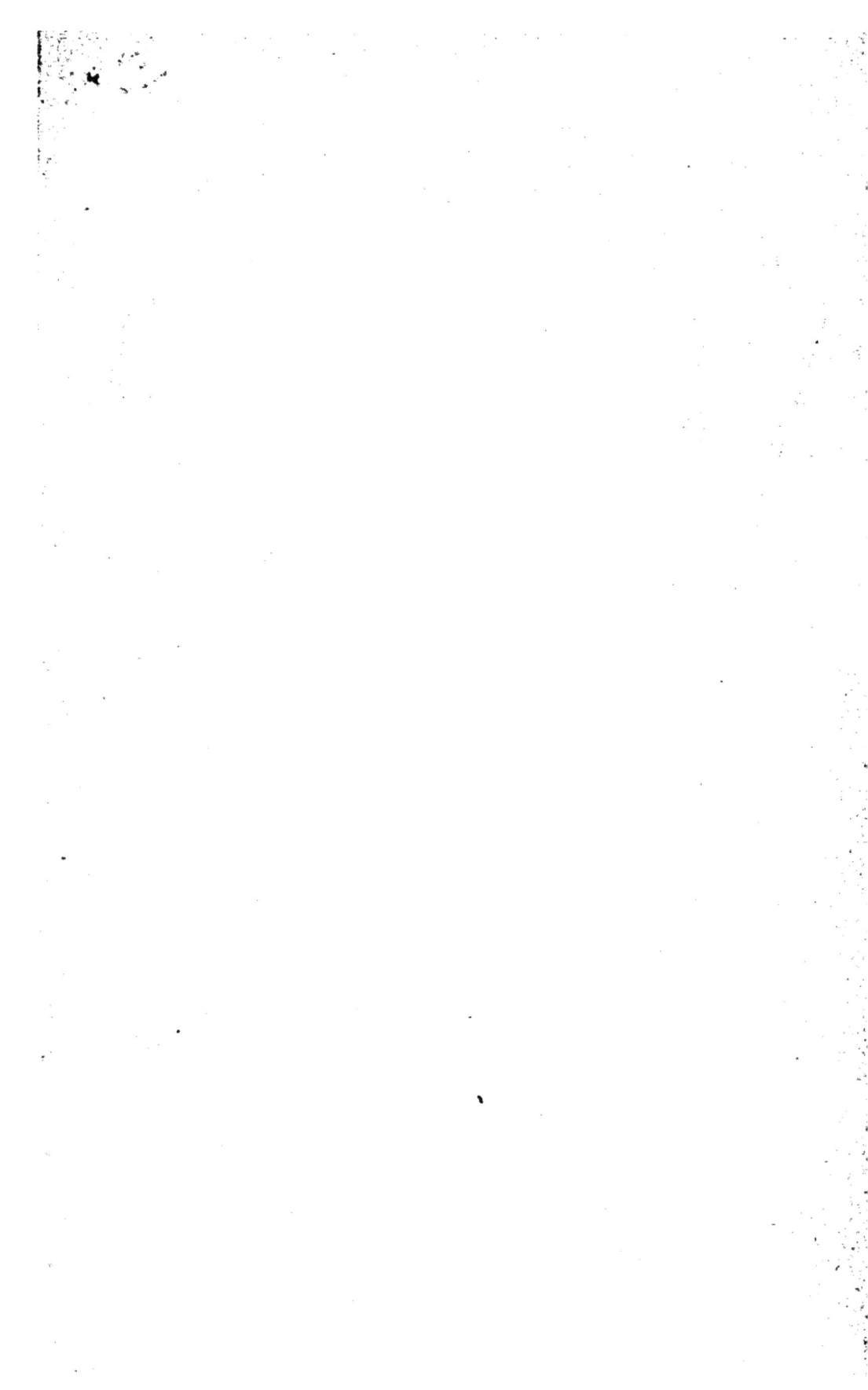

UNIVERSITÉ DE FRANCE. — ACADÉMIE DE GRENOBLE.

DE LA
CONSTITUTION D'HYPOTHÈQUE CONVENTIONNELLE
EN DROIT ROMAIN.

DE LA

PUBLICITÉ DES HYPOTHÈQUES
EN DROIT FRANÇAIS.

THÈSE POUR LE DOCTORAT
SOUTENUE DEVANT
LA FACULTÉ DE DROIT DE GRENOBLE
Le 3 juillet 1879
Par Henri DE LESTELLEY,
Avocat à la Cour d'appel de Grenoble.

GRENOBLE,
TYPOGRAPHIE ET LITHOGRAPHIE MAISONVILLE ET FILS,
Rue du Quai, 8.
1879.

FACULTÉ DE DROIT DE GRENOBLE.

MM. GUEYMARD, *Doyen, Professeur de Droit commercial.*
TROUILLER ✿, *Professeur de Code civil.*
LAMACHE ✿, *Professeur de Droit administratif.*
VIGIÉ, *Professeur de Code civil.*
VALABRÈGUE, *Professeur de Procédure civile.*
TESTOUD, *Professeur de Code civil.*
GUÉTAT, *Professeur de Législation criminelle.*
TARTARI, *Agrégé, chargé d'un cours de Droit romain.*
PIERRON, *Agrégé, chargé d'un cours de Droit romain.*
RAMBAUD, *chargé du cours d'Économie politique.*
COHENDY, *chargé des fonctions d'Agrégé.*
ROYON, *Secrétaire, Agent Comptable.*

SUFFRAGANTS.

MM. GUÉTAT, *Président.*
GUEYMARD, *Doyen.*
TROUILLER, }
LAMACHE, } *Professeurs.*
TESTOUD, }
TARTARI, *Agrégé.*

A MON PÈRE

———

À MA Mère

———

A MES PARENTS

———

A MES AMIS

PREMIÈRE PARTIE

DROIT ROMAIN

DE LA
CONSTITUTION D'HYPOTHÈQUE CONVENTIONNELLE

INTRODUCTION HISTORIQUE.

Les garanties accessoires n'étant autre chose que des voies ouvertes pour arriver à une exécution plus facile et plus énergique des obligations, il n'est pas étonnant, qu'en droit romain, l'histoire des sûretés réelles ou personnelles soit liée d'une façon sensible à celle du développement progressif des moyens d'exécution contre les débiteurs.

L'histoire des premiers siècles de Rome est remplie des discordes sans fin qu'engendra la question des dettes, et personne n'ignore que ces agitations étaient dues surtout aux pouvoirs exorbitants donnés aux créanciers, pouvoirs qui semblaient cependant découler logiquement de l'idée de contrainte attachée à l'obligation, au *vinculum juris*.

« La contrainte par corps, qui n'a jamais été chez nous qu'un mode d'exécution exceptionnel, était à l'origine le droit commun des Romains (1). » On semblait ne pas connaître alors le principe « qui s'oblige oblige le sien. »

La forme usitée primitivement pour créer le rapport obligatoire, était le *nexum*, opération solennelle, où l'argent prêté était pesé *per æs et libram*, en présence d'un *libripens* et de cinq citoyens romains. La balance, qui avait été originairement un instrument matériellement nécessaire pour peser le métal non monnayé, ne cessa pas, même après l'invention de l'*æs signatum*, d'être employée dans tout negotium susceptible de réduction en valeur métallique.

Dans le mutuum, la vente, le paiement pour éteindre une dette, intervenaient le *libripens* et les cinq *classici testes*; et leur présence symbolique opérait en faveur du créancier une sorte de délégation des pouvoirs religieux et civils qui lui permettait de se faire justice à lui-même. Si la forme du nexum n'avait point été employée pour créer l'obligation, *l'addictio* du débiteur au créancier était prononcée par le magistrat, mais les effets de la contrainte, contractuelle dans le premier cas, judiciaire dans le second, étaient les mêmes.

Quelle était la nature des droits du créancier sur la personne de son débiteur? Le nexum entraînait-il la mancipation de la personne de l'obligé au créancier?

---

1. Alf. Jourdan, *L'Hypothèque*, introd.

Il serait difficile de l'admettre, car nulle part les personnes libres ne sont considérées comme choses *mancipi*. Le nexum pur et simple entraînait-il au moins la
mancipatio des operæ du débiteur ? Nous répondrons
encore non, pour la même raison, et le texte de Varron,
que l'on invoque contre notre opinion, se réfère probablement à une clause accessoire, introduite dans la
nuncupatio, et par laquelle le débiteur s'engageait, en
cas de non paiement à l'échéance, à indemniser son
créancier par son travail. Cette clause, d'abord facilta-
tive, devint probablement de style, et fut la cause de
tous les abus que nous signale l'histoire (1). Ce qu'il y
a de certain, c'est que le créancier avait le droit de saisir
son débiteur en retard, de l'emmener chez lui, de le
faire travailler si bon lui semblait, ou de le charger de
chaînes.

Il ressort de tout ceci que l'effet du nexum était
d'engager la personne même du débiteur, et de ne
porter sur son patrimoine que d'une manière indirecte,
à moins de clauses formelles que la pratique dut
nécessairement vulgariser, mais qui ne laissaient pas
moins subsister le principe de la rigoureuse personnalité du vinculum juris. L'on était, au reste, encore
tellement éloigné de l'idée que les biens d'un débiteur
sont le gage général de ses créanciers, que les détails

---

(1) « *Liber qui suas operas in servitutem pro pecuniâ quam
debet, dat, dum solveret, nexus vocatur.* » Varron, *De Lingua
latina*, vii. § 105.

d'organisation portaient bien plutôt sur la contrainte par corps que sur la saisie des biens. La *pignoris capio*, que l'on fait remonter à Numa, n'avait lieu que pour les obligations portant un caractère sacerdotal ou politique ; elle appartenait plutôt au droit public qu'au droit civil, et son organisation que l'on connaît fort peu, laissait beaucoup à désirer, puisque le créancier se faisait justice à lui-même.

Les excès que devait fatalement entraîner cette prédominance des voies d'exécution contre la personne, eurent pour résultat d'amener une réaction salutaire ; et ce fut en sapant pièce par pièce cette monstrueuse organisation et en lui enlevant les uns après les autres ses différents effets, que l'on arriva à mettre en vigueur le principe, si simple cependant, que les biens du débiteur et non sa personne, doivent servir de gage au créancier.

La loi Pœtelia (425 U. C. d'après Tite-Live, 435 d'après Varron (1), si elle ne réglementa pas l'exécution sur les biens, en posa du moins le principe ; elle décidait que : « Pecuniæ creditæ bona debitoris, non corpus obnoxium esset. » La condamnation pour dettes transporta désormais la responsabilité, de la personne engagée, *corpus obnoxium*, sur la fortune du débiteur, qui seule dut répondre à l'avenir de l'exécution du contrat (2).

(1. Tite-Live, VIII, 28. — Varron, *De Ling. lat.*, VII, ¾ 105.
(2) M. Ch. Giraud, *Des Neri*, p. 113.

Ce fut le préteur qui mit à exécution le principe que la loi Pœtelia n'avait fait que poser ; à l'imitation de la *bonorum sectio* ou vente en masse des biens du débiteur du Trésor, le préteur Rutilius créa la *bonorum venditio*, vers la fin du VIe ou au commencement du VIIe siècle. Les créanciers devaient se réunir et combiner leur action ; la vente des biens avait lieu en masse. Sous le système formulaire, la *bonorum distractio* remplaça la *bonorum venditio*, et réalisa un notable progrès, en ce sens, que chaque créancier pouvait agir séparément et sur tel ou tel bien du débiteur, qui, lui-même, n'était plus noté d'infamie.

Nous entrons dès lors en pleine période d'application du principe posé par l'article 2092 de notre Code civil, mais il reste encore bien des lacunes à combler ; si le patrimoine entier du débiteur sert de gage général à ses créanciers, le débiteur peut du moins rendre illusoire cette garantie générale, en multipliant ses dettes à l'infini ; il peut aussi, de bonne ou de mauvaise foi, faire disparaître tout ou partie de ce gage en l'aliénant.

La création de l'action Paulienne mit les créanciers à l'abri de la mauvaise foi. Quant aux aliénations faites sans fraude par le débiteur, comment les prévenir ? Frapper d'indisponibilité la fortune tout entière du débiteur, c'eût été une mesure souvent injuste, toujours contraire aux intérêts du crédit ; le développement et la réglementation des garanties accessoires devaient répondre à ce besoin.

Un débiteur peut offrir à son créancier des garanties de deux espèces. Il peut faire intervenir un tiers qui lui servira de caution, c'est-à-dire qui s'engagera avec lui et pour lui ; il peut, au contraire, affectant spécialement à sa dette une chose mobilière ou immobilière, transmettre dès à présent sur elle, à son créancier, un droit de propriété provisoire, de nantissement ou d'hypothèque.

Les anciens Romains trouvaient le cautionnement bien préférable aux sûretés réelles. Les terres avaient alors peu de valeur ; les meubles, dont les plus importants étaient les instruments d'agriculture, n'en avaient pas davantage ; les mœurs, plus austères, s'accommodaient bien mieux des garanties personnelles, qui, en même temps qu'elles assuraient suffisamment le paiement de la dette, surtout s'il y avait plusieurs cautions, attestaient l'honorabilité du débiteur.

Enfin, et c'est là la principale raison de la préférence des anciens Romains pour ce genre de sûretés, les garanties personnelles qui avaient pour effet d'étendre le *vinculum juris* d'une personne à une ou plusieurs autres, s'accordaient parfaitement avec leur système de voies d'exécution, se résumant surtout dans la contrainte par corps. Aussi, pendant longtemps, et même après l'institution de l'hypothèque, voit-on des créanciers se contenter d'un gage ou d'une hypothèque en attendant mieux, c'est-à-dire une caution, des débiteurs supplier leurs créanciers de se contenter d'une hypothèque et de ne pas exiger de caution (1), et Ulpien nous dit formellement que les stipulations prétoriennes ne pouvaient être garanties que par une caution (2).

Il ne faut donc pas s'étonner de l'organisation savante et détaillée de la *fidejussio*, et du développement progressif du droit civil, obligé de se tenir, en cette matière, à la hauteur de toutes les nécessités pratiques. Mais le droit romain, pour faciliter et multiplier les cautionnements, voulut adoucir le sort des cautions; la *sponsio*, propre aux citoyens romains, la *fidepromissio* accessible aux pérégrins, perdirent bientôt de leur efficacité, par suite des privilèges qui diminuèrent la responsabilité des *sponsores* et des *fidepromissores*.

L'institution de la *fidejussio*, qui fit disparaître les inconvénients de forme que présentaient la *sponsio* et la *fidepromissio*, ne conservait pas les avantages qui les faisaient rechercher par les créanciers. Enfin, plus il devint facile pour un débiteur de trouver des cautions, en raison de leur responsabilité sans cesse décroissante, plus les créanciers s'éloignèrent de ce genre de garantie, dont la solidité devenait de plus en plus douteuse.

Les sûretés réelles, autrefois si dédaignées, bénéficièrent de la faveur que perdaient peu à peu les garanties personnelles. L'on commença à dire : « *Plus est cautio-*

---

(1) L. 14, D. *Quibus modis pignus* (20. 6). — L. 31, § 1, D. *De Pign.* (20. 6).

(2) L. 7, D. *De Stipul. præt.* (16. 5).

nis in re quam in persona (1); » mais le droit civil, si
attentif au développement de la fidéjussion, ne fournit
jamais qu'une mise en œuvre insuffisante des sûretés
réelles ; et, même quand l'idée si simple, que les biens
du débiteur sont le gage de ses créanciers, finit par con-
quérir dans la jurisprudence sa place légitime, le droit
civil ne trouva que la voie dangereuse de l'aliénation
fiduciaire, puis le moyen insuffisant du *pignus*. Mais le
droit prétorien, qui avait déjà, en appliquant le principe
posé par la loi Pœtelia, créé la *bonorum venditio* et la
bonorum distractio, devait mettre la dernière main à
l'organisation des sûretés réelles, et imaginer l'espèce
particulière de *pignus* déjà pratiquée chez les Grecs
sous le nom d'hypothèque.

CHAPITRE I".

Développement historique des sûretés réelles.

Il est facile de se convaincre, qu'en droit romain,
l'organisation de l'hypothèque fut le dernier mot d'un
progrès lent et sage ; nous verrons, du reste, bientôt,
que c'est là l'argument le plus puissant que l'on puisse
opposer aux auteurs qui veulent que l'hypothèque ait

(1) L. 25, D. *De regulis juris.*

été, d'une seule pièce, importée de la Grèce ; mais il est bon de constater, dès à présent, que les institutions qui ont servi, pour ainsi dire, de base et de point de départ à l'hypothèque, ont suivi un développement parallèle à celui des contrats.

A l'origine, en effet, deux contrats seulement avaient été, au point de vue de leur forme, l'objet d'une réglementation détaillée ; c'était d'abord la vente, qui se réalisait par la *mancipatio*, en second lieu, le prêt d'argent, qui s'accomplissait par le moyen du *nexum*. Mais, comme tous les contrats qui pouvaient intervenir entre les Romains ne s'accommodaient pas de cette classification étroite, la pratique considéra la mancipation et le *nexum* comme des formes générales applicables à tous les contrats. Pour former un dépôt ou un commodat, on recourait à la mancipation ; mais, au moyen d'un pacte accessoire, le dépositaire ou le commodotaire s'engageait à retransférer la propriété de la chose. Une sûreté réelle ne pouvait donc, à cette époque, être constituée que par un moyen semblable. Les nombreux inconvénients de l'aliénation fiduciaire, appliquée au dépôt, au commodat et à la constitution d'une sûreté réelle, amenèrent la création d'une nouvelle classe de contrats, se formant *re*, c'est-à-dire par la simple remise de la chose, et n'en transférant plus la propriété. C'est à cette seconde phase que correspond la sûreté réelle appelée proprement *pignus*; car, si le gage naturel avait dû de tout temps être en usage, le *pignus* apparut alors pour la première fois sous la forme d'un contrat réel muni d'actions spéciales. Enfin, dans certains cas soigneusement délimités, on admit que le seul consentement suffirait, sans l'emploi d'aucune forme spéciale, pour créer des obligations sanctionnées par des actions. Ce progrès ne fut pas appliqué par le droit civil à la constitution des sûretés réelles, mais le préteur, plus hardi, créa l'hypothèque.

Mancipation fiduciaire, *pignus*, hypothèque, telles sont donc les trois formes successives qu'adoptèrent les sûretés réelles; nous allons les examiner rapidement avant de nous occuper d'une manière plus approfondie de la constitution de l'hypothèque conventionnelle. Remarquons cependant que ces différents modes de constitution de sûretés réelles, tout en se succédant, ne se sont pas exclus. Il serait puéril d'expliquer comment le gage proprement dit et l'hypothèque, ayant chacun leur utilité propre, ont dû coexister; quant à la mancipation fiduciaire, si elle n'a jamais été pratiquée en Orient, nous en trouvons du moins des traces certaines en Occident, encore à l'époque d'Honorius; cet empereur fait figurer la mancipation fiduciaire dans le catalogue des actes juridiques qu'il maintient, bien qu'ils aient été faits sous le gouvernement de l'usurpateur Eugène (1).

---

(1) L. 9, Code Théod. *De infirmandis his quæ sub tyrannis aut barbaris gesta sunt* (20, 11). — Voy. Note de M. Alfred Jourdan, *De l'Hypothèque*, p. 79.

SECTION Ire.

Aliénation fiduciaire.

Dans le principe, avons-nous dit, lorsqu'un débiteur voulait fournir à son créancier une sûreté réelle, il lui transférait, par l'un des modes usités, *mancipatio* ou *in jure cessio*, la propriété de la chose qu'il voulait offrir en garantie ; puis, intervenait un contrat de fiducie, par lequel le créancier s'engageait, une fois payé ou désintéressé, à remanciper ou rétrocéder la chose à l'aliénateur (1).

Une question qui a donné lieu à controverse parmi les commentateurs, c'est celle de savoir si la convention de fiducie faisait partie intégrante de la mancipation. Les uns pensent qu'elle était formulée dans la *nuncupatio* solennelle, et qu'elle trouvait ainsi sa sanction dans le principe des XII tables : « *Quum nexum faciet, mancipiumce, uti lingua nuncupassit, ita jus esto.* » D'autres savants, au contraire, détachent le pacte de fiducie de la *mancipatio* et en font une convention à part. Cette dernière opinion semble préférable, en présence de l'inscription latine découverte sur une table de bronze en 1867, à l'embouchure du Guadalquivir, près de San Luca de Barrameda. Cette inscription démontre que le contrat de fiducie, bien que suivant immédiate-

---

(1) Gaïus II, 60.

ment la *mancipatio*, ne se confondait pas avec elle, et
l'on peut dire, avec M. Gide, que le pacte de fiducie,
sans faire corps avec la mancipation, s'appuie cependant
sur elle et donne naissance, par suite, non à une action
de droit strict, mais à une action de bonne foi (1).

Assurément, le créancier avait, au moyen de cette
mancipatio ou *cessio in jure* fiduciaire, toutes les garanties désirables ; outre son action personnelle, il avait un
droit de propriété sur la chose de son débiteur et pouvait, relativement à cette chose, exercer, soit contre ce
dernier, soit contre les tiers, toutes les actions appartenant au propriétaire. Mais l'application rigoureuse de
ce mode de sûreté réelle produisait des effets désastreux
pour le débiteur, qui perdait non seulement la propriété,
mais encore la possession de sa chose, et qui, de plus,
était exposé à ne pas la recouvrer après sa libération.
Car, si le créancier ne devait pas, en principe, aliéner la
chose mancipée fiduciairement avant l'échéance de la
dette garantie, l'action *fiduciæ* était inefficace pour protéger le débiteur contre l'aliénation une fois faite. Aussi,
en fait et dans la pratique, avait-on essayé de pallier les
effets si rigoureux de l'aliénation fiduciaire ; le débiteur
prenait, en général, des arrangements avec le créancier,
afin de conserver la possession de la *fiducia*, soit en
vertu d'un *precarium*, soit en vertu d'un contrat de

---

(1) M. Gide, *Revue de Législation*, 1ʳᵉ livraison, 1870. —
M. Charles Giraud, *Juris romani antiqui vestigia*, p. 268.

louage, le plus souvent fictif (1). Le droit de propriété du créancier était lui-même bien atténué dans la pratique, sinon à l'égard des tiers, du moins à l'égard du débiteur, par les obligations auxquelles le soumettait sa qualité de gagiste. Ces obligations étaient les suivantes : 1° compenser les fruits qu'il perçoit avec les intérêts qui lui sont dus ; 2° imputer sur le capital les autres acquisitions qu'il peut faire à l'occasion de la chose, par exemple, les hérédités ou legs recueillis par l'intermédiaire de l'esclave hypothéqué (2) ; 3° s'abstenir de toutes dégradations et transformations ; 4° ne point aliéner avant l'échéance ; 5° restituer, s'il est payé, la chose elle-même, et, s'il vend faute de paiement à l'échéance, l'excédant du prix sur le montant du capital et des intérêts réunis (3). Les jurisconsultes savaient, au reste, si bien, que le transfert absolu dépassait le but que se proposaient les parties dans la mancipation fiduciaire, qu'ils permettaient au débiteur de vendre à tout autre qu'au créancier la chose engagée, dont il pouvait obtenir la restitution en offrant le prix payé par l'acheteur (4). Ils considéraient même comme valable le legs *per præceptionem* de la *fiducia* (5) ; et l'aliénation fiduciaire d'une chose léguée, opérée par le testateur, n'en-

---

(1) Gaïus, II, § 60.
(2) Paul, *Sent.*, II, 13, § 2.
(3) Paul, *Sent.*, II, 13, § 1.
(4) Paul, *Sent.*, II, 13, § 3.
(5) Gaïus, II, 220.

traînait pas la révocation tacite du legs (1). On alla plus
loin ; à la différence de ce qui avait lieu pour une *res
pignori data*, on ne considéra pas comme un voleur le
débiteur qui s'emparait de la *fiducia* dont le créancier
avait pris possession (2), et l'on établit en sa faveur l'*u-
sureceptio fiduciæ*. Voici dans quelles conditions avait
lieu cette *usucapio lucratica*. Si le débiteur n'avait pas
payé, il recouvrait le *dominium* sur sa chose au bout
d'un an de possession, pourvu qu'il ne la détînt ni à
titre de précariste, ni à titre de locataire ; s'il avait payé,
il en redevenait propriétaire au bout du même laps de
temps et en tout état de cause. Cette *usureceptio fiduciæ*
avait surtout l'avantage de permettre au débiteur de
vaincre le mauvais vouloir du créancier, qui, bien que
désintéressé, refusait de lui remanciper la chose. Toutes
ces améliorations, introduites par la pratique, n'en laissaient pas moins subsister les principaux inconvénients
de l'aliénation fiduciaire, notamment l'inefficacité de
l'action *fiduciæ*, en cas d'aliénation de la *fiducia* de la
part du créancier. Quant aux expédients employés pour
laisser au débiteur la possession de la *fiducia*, nous
voulons parler du louage et du *precarium*, ils étaient
insuffisants, le dernier comme étant révocable au gré
du créancier, l'un et l'autre comme n'apportant aucun
obstacle à l'aliénation, de la part du créancier, de la

---

(1) Paul, *Sent.*, iii, 6, § 16.
(2) Gaïus, iii, § 201.

fiducia immobilière, au moyen de la mancipation ou de la cession *in jure* (1).

SECTION II.

Pignus proprement dit.

A la mancipatio fiduciæ causa, succéda comme instrument de crédit dans le droit civil romain, le système plus simple et plus commode du pignus : la propriété de la *res pignorata* ne passa plus au créancier, et le débiteur ne dut lui en transférer que la possession.

On n'admit pas tout d'abord que le créancier, en cas de non paiement à l'échéance, pût vendre la chose engagée, et Javolénus nous dit que le créancier qui vend le gage se rend coupable de vol. Il ne pouvait pas non plus user de la chose sans se rendre coupable d'un *furtum usus* (2).

Cette défense faite au créancier de vendre le gage, et de plus, l'impossibilité dans laquelle il se trouvait de recouvrer la possession lorsqu'une fois il l'avait perdue, faisaient du pignus primitif un mode très défectueux de garantie réelle ; aussi, la pratique en modifia-t-elle les conséquences, comme elle l'avait fait pour l'aliénation fiduciaire. De bonne heure, on accorda au gagiste des interdits pour protéger sa possession ; *la procuratio in*

---

(1) Accarias, *Cours de Droit romain*, tome 1er, p. 633.
(2) Inst. de Justinien, IV, 1, § 6 ; *De Oblig. quæ ex del. nasc.* — L. 73, D. *De Furtis* (7. 9).

rem suam lui donna de plus un moyen facile d'exercer les actions qui compétaient au débiteur comme propriétaire; plus tard, mais seulement par une réaction de l'hypothèque sur le *pignus*, le droit du gagiste fut protégé par l'action *quasi serciana*.

Quant au droit de vendre, il fut d'abord un élément accidentel du gage, et dut être expressément stipulé. Cette stipulation, à raison de son utilité, devint probablement fort usuelle. et bientôt, comme le contrat de gage était de bonne foi, on la sous-entendit, et il fallut dès lors une clause formelle pour l'exclure. La faculté de vendre le gage était donc devenue un élément naturel du contrat de gage ; mais comme il était juste de protéger le débiteur, qui peut se laisser surprendre par l'arrivée du terme, le créancier, s'il n'avait été expressément autorisé à vendre, devait avant de procéder à la distractio, lui faire trois sommations successives. Enfin, comme nous l'atteste Labéon et après lui Paul et Ulpien (1) ; le droit de vente devint si bien de l'essence du contrat de gage que l'on n'interpréta plus la clause prohibitive qu'en ce sens, que le créancier ne pourrait vendre qu'après trois dénonciations au débiteur.

Le créancier pouvait, avant Constantin, au moyen de la clause connue sous le nom de *lex commissoria*, s'approprier à l'échéance la chose elle-même, à titre de paiement ; mais cet empereur proscrivit ce pacte commis-

_____

(1) L. 35, D. *De Pign.*, (20. 1). — Paul, *Sent.*, ii, 5, § 1. — L. 4, D. *De Pign. act.* (13. 7).

soire comme trop dangereux pour le débiteur (1). La défense de Constantin est absolue ; cependant, l'empereur pouvait accorder au créancier la *possessio dominii* et lui permettre d'usucaper la chose ; le débiteur pouvait aussi valablement autoriser le créancier à acquérir, en cas de non paiement, la chose engagée, sur le pied de la valeur de cette chose au moment de l'échéance (2).

Justinien fit subir au pignus, relativement au droit de vente et à l'acquisition de la propriété par le créancier, des modifications singulières et peu favorables au crédit (3). Il établit d'abord, en tête de sa constitution, que les parties peuvent, à l'égard de la vente du gage, adopter telles conventions qu'il leur plaira. A défaut de conventions particulières, le créancier fera à l'échéance trois sommations ; en cas d'absence du débiteur, un certain délai sera fixé par le juge pour sa comparution. Deux ans après les sommations ou l'expiration du délai fixé par le juge, le créancier pourra vendre la chose engagée. S'il ne se présente pas d'acheteur, deux années encore après la mise en vente, l'empereur pourra accorder au créancier la propriété même de la chose, propriété résoluble, du reste, si dans deux autres années le débiteur parvient à payer sa dette.

Considéré comme contrat, le pignus engendrait, en-

---

(1) Constitution 3, C., liv. 8, tit. 35.
(2) L. 16, § 9, D. *De Pign.* (30, 1). — Cpr., C. civ., art. 2,078.
(3) Const. 3, C. *De Jure domini impetrando.*

tre le créancier et le débiteur, des obligations réciproques. Une fois désintéressé, le créancier était contraint de restituer le gage par l'action *pigneratitia directa* (1). Il y avait cependant une hypothèse où, même après le jugement, le créancier pouvait retenir le gage ; c'est celle que prévoit une constitution de Gordien, qui décide que le gagiste payé pourra retenir le pignus à raison de créances étrangères au contrat de gage, antérieures ou postérieures, mais qu'il ne sera investi de ce droit qu'envers le débiteur (2).

Par la même action *pigneratitia directa*, le débiteur obtenait du créancier la restitution de ce qui restait dû sur le prix du gage après l'acquittement de la dette.

De son côté, et par l'action *pigneratitia contraria*, le créancier se faisait tenir compte des impenses utiles ou nécessaires, qu'il avait faites à l'occasion de la chose. Il obtenait des dommages et intérêts si elle lui avait causé quelque préjudice, ou encore si elle avait été antérieurement engagée ou hypothéquée à un tiers. Dans ce dernier cas, le débiteur pouvait même encourir la peine du stellionat (3).

Tel que nous venons de l'étudier, le système du pignus valait mieux que celui de la fiducie ; il offrait cependant de graves inconvénients.

1° En cas de perte de la possession du gage, nous

---

(1) L. 9, §§ 3 et 4, D. *De Pign. act.* (13. 7).
(2) Const. 1, C., liv. 8, titre 27. — Cpr. C. civ., art. 2,082, 2°.
(3) LL. 8, 31, 16, §§ 1 et 36, § 1, D. *De Pign. act.* (13. 7).

l'avons déjà dit, le créancier n'avait pas d'action réelle pour la recouvrer, point de droit de suite sur la chose.

2° Le crédit du débiteur gagiste est très limité : il ne peut donner en gage que des choses actuelles, et ne peut de plus les donner qu'à un seul créancier.

3° Le débiteur perd la possession.

Ce dernier inconvénient était si grave, que les jurisconsultes durent y remédier. Bien que le propriétaire parût incapable, par la force même des choses, d'être acheteur, dépositaire, locataire ou détenteur précaire de son propre fonds (1), ils admirent que le débiteur pourrait recevoir comme précariste ou locataire, non la chose elle-même, mais sa possession (2).

Entre le pignus ainsi mitigé et l'hypothèque, il n'y a plus qu'un pas à franchir ; aussi le jurisconsulte Marcien a-t-il pu dire : « Inter pignus et hypothecam tantum nominis sonus differt (3). » L'hypothèque est en effet contenue dans le pignus comme le genre dans l'espèce. M. Jourdan, dans son Etude sur l'hypothèque, nous dit que ce texte de Marcien pourrait bien aussi se référer à une sorte de gage usité dans la pratique, et auquel il ne manquait plus, pour ainsi dire, que le nom grec d'hypothèque ; c'est le *pignus oppositum*, inconnu dans le droit civil, mais dont plusieurs auteurs non ju-

---

(1) L. 45, D. *De Regulis juris.* — L. 1, § 3, D. *De Precario.*
(2) L. 6, § 4, D. *De Precario.* — Gaïus, II, § 60. — L. 35, § 1. *De Pignerat. act.* (13. 7).
(3) L. 5, C. 1. *De Pignor.* (20. 1).

ridiques font mention un siècle et demi ou deux siècles
avant l'ère chrétienne. Le débiteur s'entendait avec le
créancier qui remettait à une époque ultérieure, par
exemple, à l'échéance, la prise de possession du gage of-
fert. Caton, Plaute, Térence, et surtout Catulle, font très
clairement allusion à ce pignus oppositum ; mais ce qui
est complètement inconnu, ce sont les voies de droit
dont devaient se servir les parties à propos de ces sortes de conventions ; on en est réduit aux suppositions.

Sans doute, dans la pratique, l'on avait dû peu à peu
atténuer tous les inconvénients que la rigidité du droit
civil semble, pour nous, avoir laissé subsister, soit dans
la mancipation fiduciaire, soit dans le pignus. Peut-être
la juridiction si souple du préteur, se pliant à toutes les
nécessités de la pratique et du crédit, arriva-t-elle, à
force d'expédients, à organiser, longtemps avant la création de l'hypothèque, un régime de garanties réelles,
qui en réalisait tous les avantages. Mais le peu que l'on
sait sur ces transitions probables, nous réduit à marcher
par grandes étapes si nous ne voulons pas sortir du domaine de la certitude. Comme nous avons passé de la
mancipation fiduciaire au pignus, nous passerons de
même du pignus à l'hypothèque et nous ne pourrons
considérer cette dernière comme créée, que lorsqu'elle
nous apparaîtra comme un mode de sûreté reconnu par
le droit et muni par lui d'actions spéciales.

SECTION III.

Avénement de l'hypothèque.

Il y avait un cas particulier où l'inconvénient capital du pignus, la dépossession du débiteur, ressortait d'une manière évidente : Un cultivateur veut prendre une terre à ferme, le propriétaire exige des garanties ; quelles sûretés lui offrira ce cultivateur qui ne possède que ses instruments de travail ? S'il les remet au propriétaire à titre de gage il ne pourra plus travailler ; d'un autre côté si le propriétaire n'a pas de garantie, sera-t-il sûr de recevoir le paiement de ses fermages ?

Il fallait donc imaginer un moyen de crédit qui rendit possible l'affectation des instruments au paiement des fermages, sans en ôter au fermier ni la possession ni l'usage. Ce fut, à cet effet, que le préteur Servius imagina d'accorder au bailleur, sur les meubles du fermier, un droit sanctionné par une action réelle, l'action Servienne, naissant de la simple convention, indépendamment de toute tradition, et grâce à laquelle il suivra les biens engagés entre les mains de tout détenteur (1).

Mais avant de nous occuper de l'action Servienne et de sa généralisation, nous parlerons d'un interdit possessoire accordé au bailleur, produisant dans une certaine mesure des effets analogues à ceux de l'action Ser-

---

(1) Inst., § 7, liv. IV, titre VI.

vienne, à tel point que des auteurs ont pu prétendre qu'il en avait été comme la préface, et qu'une fois l'action Servienne créée, l'interdit Salvien faisait avec elle double emploi.

1° *Interdit Salvien*. — Il est impossible de préciser l'époque où fut créé l'interdit Salvien ; mais il est probable qu'il précéda l'action Servienne.

Le Digeste ne nous en donne pas le texte, mais Gaïus nous dit : « Interdictum quod appellatur Salvianum apiscendæ possessioni causa comparatum est eoque utitur dominus fundi, de rebus coloni quas is pro mercedibus fundi pignori futuras pepigisset (1). » Bien que, d'après ce texte et les LL 1 et 2 D., de Salviano interdicto, cet interdit semble n'appartenir qu'au dominus fundi, il est probable que la qualité de *locator* suffisait pour permettre de l'exercer (2).

Le texte de Gaïus semble également ne l'appliquer qu'à une constitution de gage expresse ; mais il est probable qu'il s'appliquait de même aux choses grevées d'hypothèques tacites, par exemple, aux fruits nés sur l'immeuble loué. Il s'exerçait également sur les choses affectées par un tiers à la garantie du fermage du colonus (3).

L'exercice de l'interdit Salvien était soumis à la dou-

---

(1) Gaïus, Comment. IV, § 147. — Inst., § 3 *in fine. De Interdictis.*

(2) Machelard, *Théorie générale des Interdits*, p. 110.

(3) Machelard, *Op. cit.*, p. 113, note 1.

ble condition d'une convention expresse ou tacite, et d'un apport effectif sur le fonds, apport qui devait présenter certains caractères de permanence (1). La nécessité d'assurer au locator une garantie efficace, ne permet pas de douter que l'interdit Salvien ait été accordé contre tout tiers détenteur (2), la paraphrase de Théophile est formelle sur ce point. On a cependant élevé quelques doutes sur cette question, à cause d'une constitution de Gordien, qui forme au code la loi I *De prec. et Sale. interdicto.* Les auteurs se sont efforcés de concilier ce texte avec l'opinion de Théophile ; mais il y a tout lieu de croire qu'il a été interpolé précisément en ce qu'il offre de contradictoire avec cette opinion.

Quelle preuve le juge de l'interdit exigeait-il du demandeur ? C'est là une question délicate. On pense que dans cette procédure on agitait simplement une question de possession, sans pouvoir faire porter le litige sur la validité de la constitution de gage.

La procédure de l'interdit Salvien pouvait être dirigée contre le colonus ou ses héritiers, contre un tiers constituant, contre un créancier gagiste auquel le colonus aurait livré les *illata*, contre un créancier hypothécaire auquel il aurait pu les affecter, sauf le débat sur la priorité, qui ne pouvait, du reste, s'engager que par l'action Servienne.

---

(1) L. 7. pr. D. *In quibus causis* (20. 2). — L. 32, D. *De Pign. et Hyp.* (20. 1).

(2) L. 1, D. *De Salo. interdicto.* Machelard, p. 116-118. — Contra Mayns, t. I, § 253, p. 802 et suiv.

2° *Action Servienne*. — La voie possessoire parut bientôt, sans doute, insuffisante, et le préteur Servius, reconnaissant au *conductor* un *jus in re*, lui concéda une action *in rem* pour agir au pétitoire, toujours dans le but d'obtenir la possession de la chose. C'est l'action Servienne, dont nous avons déjà parlé. La formule de cette action était *in factum concepta*; le préteur ne pouvait trouver, en effet, aucune formule préexistante susceptible d'être fictivement étendue à cette institution absolument nouvelle. L'action Servienne était, en outre, une action arbitraire, le défendeur ayant deux moyens de se faire absoudre : payer, ou livrer la chose au créancier, qui la fera vendre.

Cette action avait pour but de donner au créancier une sorte de revendication *contra quemcumque possidentem*, mais, pour l'obtenir, il devait établir que le fermier débiteur avait pu lui concéder ce droit réel. Le créancier devait donc, outre la convention, prouver la validité de la constitution, c'est-à-dire la qualité de propriétaire du constituant au moment de l'affectation.

Il semble, au premier abord, que l'interdit Salvien et l'action Servienne doivent faire double emploi, et, comme nous l'avons déjà dit, des auteurs ont pensé que l'interdit Salvien, qui a précédé l'action Servienne, n'était qu'un acheminement vers cette action, et a dû, par suite, devenir inutile lors de sa création (1). La coexis-

---

(1) Savigny, *System.*, p. 325.

tence évidente de ces deux moyens, semble cependant démontrer qu'ils avaient chacun leur utilité distincte.

Un examen attentif démontre, en effet, que les conditions d'exercice de l'action Servienne n'étaient pas les mêmes que celles de l'interdit. Dans celui-ci il fallait prouver l'apport effectif, preuve inutile dans l'action Servienne. Mais là n'est point la différence capitale. L'action comportait un débat bien plus approfondi ; elle donnait le dernier mot sur les prétentions respectives des parties, parce qu'on y examinait la validité du *pignus*. Marcien est formel pour l'attester (1). En était-il de même dans l'interdit ? Les auteurs qui ne le considèrent que comme une sorte de préface de l'action, répondent affirmativement ; mais nous ne pensons pas que ce sentiment doive être suivi. De puissantes considérations conduisent à admettre que le débat sur l'interdit laissait entière la question de savoir si le constituant avait été, ou non, capable d'engager sa chose. — 1° La qualification d'interdit *adipiscendæ possessionis* semble bien restreindre à une question de possession la portée de l'interdit Salvien ; 2° Si le *locator* se trouvait nanti et venait ensuite à être dépossédé, il ne pouvait plus user de l'interdit Salvien, qui, ainsi que tous les interdits *adipiscendæ possessionis*, ne peut servir qu'à obtenir une possession qu'on n'a jamais eue (2). Or, tout le

_____

(1) L. 23, D. *De Probationibus.*
(2) Gaïus, IV, § 144 *in fine.* — Inst Just., § 2, IV 15. — L. 2, § 3, D. *De Interd.* (13. 1).

monde accordera que cette dépossession ne fait pas
perdre au *locator* son droit de gage, puisque le gage
peut subsister sans la possession. Comment donc expliquer, si l'interdit peut porter sur le fond du droit, le
maintien de ce droit, joint à la perte des moyens de le
faire valoir ; 3° Le *locator prædii urbani*, dont la maison
possédait en quelque sorte les meubles de l'*inquilinus*,
pouvait retenir ces meubles par voie de *perclusio*, sans
avoir à examiner la validité de ce gage tacite (1). L'interdit Salvien avait été donné au *locator fundi rustici*,
pour compenser l'impossibilité pour lui de posséder les
meubles du *colonus* ; mais il ne devait pas obtenir, par
cette voie, un résultat plus complet que le bailleur d'une
maison, par la *perclusio*, dont l'interdit Salvien n'était
que le pendant.

Nous pouvons donc facilement comprendre, dans notre système, la coexistence de l'action et de l'interdit,
chacun ayant son utilité différente. L'interdit soulève
au possessoire une question de fait qui ne sera tranchée
que provisoirement, tandis que l'action poursuit au pétitoire la résolution d'une question de droit qui sera
jugée définitivement. L'interdit avait surtout le mérite
d'assurer au bailleur le rôle de défendeur sur l'action
hypothécaire, et de réduire au rôle de demandeur les
autres créanciers munis d'hypothèques ; cette faveur

---

(1) L. 1, § 5, D. *De Migrando* (13. 32.

pouvait être sérieuse, en les forçant à démontrer la priorité de leur droit (1).

3° *Action quasi-Serciana ou hypothécaire*. — L'action Servienne fut généralisée et conçevée sous le nom
d'action quasi-Serviana à tout créancier hypothécaire.
Sa formule ne nous est pas parvenue ; Rudorff (2) l'a
restituée ainsi : « Judex esto. Si paret eam rem de qua
« agitur, ab eo cujus in bonis tum fuit, Aulo Agerio
« pignori hypothecaeve obligatam esse propter pecu-
« niam certam creditam, eamque pecuniam neque so-
« lutam, neque eo nomine satisfactum esse, neque per
« Aulum Agerium stare quominus solvatur satisve fiat,
« nisi arbitratu tuo Numerius Negidius aut rem Aulo
« Agerio restituat, aut pecuniam solvat, quanti eat res
« est, tantam pecuniam Numerium Negidium Aulo
« agerio condemna ; si non paret, absolve. »

Tout ce que nous avons dit de l'action Servienne, au
point de vue de la preuve qu'elle exige, est vrai ici. Le
juge examinera d'abord si le défendeur possède, car,
s'il ne possède point, et si la perte de la possession ne
provient pas de son dol, il doit être absous ; que s'il
possède, il sera encore absous, soit en payant, soit en
livrant la chose hypothéquée, soit en donnant caution si
la restitution immédiate est impossible. Si le défendeur

---

(1) D. Palhé, p. 712. — Outre l'interdit Salvien, le créancier
gagiste avait l'exercice de tous les interdits donnés. *Restituendæ
vel recuperandæ possessionis causa.*

(2) *Edict. perp.*, p. 321.

ne prend ni l'un ni l'autre de ces deux partis, il sera condamné dans la mesure de l'intérêt du demandeur, et même, si c'est par son dol qu'il s'est mis dans l'impossibilité de restituer, il sera condamné « quanti actor in litem juraverit. » La somme ainsi fixée par le demandeur pourra excéder son droit. Le jurisconsulte Marcien voit là une sanction de l'ordre du juge : « Nam si tanti condemnatus esset quantum deberetur, quid proderat in rem actio, cum et in personam agendo idem consequetur(1)? » Suivant Ulpien, cette condamnation exagérée ne serait possible qu'autant que l'action serait dirigée contre un tiers détenteur (1). Pothier a tenté de concilier ces deux textes en prétendant que Marcien visait comme Ulpien le cas spécial où le fonds hypothéqué avait passé aux mains d'un tiers détenteur. Mais les derniers mots de la loi, 16, § 3, que nous avons citée, protestent contre cette prétendue conciliation.

Certains commentateurs, se basant sur le rapport d'analogie qui existe entre l'action Servienne et l'interdit Salvien, prétendent que, de même que l'action a été étendue à tout pacte d'hypothèque sous le nom d'action quasi-Servienne, l'interdit Salvien a dû subir le même développement sous le nom d'interdit quasi-Salvien (2).

Ils invoquent divers textes en faveur de leur opinion. 1° La L. 2, § 3, D., *De interd.*, où Paul range l'interdit Salvien parmi les interdits *adipiscendæ possessionis*, en

(1) L. 16, § 3, D. *De Pign. et Hyp.* 20. 1.
(2) Vangerow, Lehrb, t. 1, § 330, n° 2.

s'exprimant ainsi : « Salvianum quoque interdictum, quod est de *pignoribus*, ex hoc genere est. » On tire argument de la généralité du mot *pignoribus*. 2° Le § 16 du titre VI, livre III, des sentences de Paul : Le jurisconsulte, énumérant les biens qui échappent à une constitution générale d'hypothèque, ajoute : « Ideoque de his nec interdictum redditur. » On voit dans ces mots une allusion à l'interdit Salvien qui apparaît comme corollaire de toute constitution d'hypothèque. 3° La L. 1, C, *De prec.* et *Salv. interd.*, qui parle incidemment en ces termes de notre interdit : « Id enim tantummodo adversus conductorem debitoremve competit. » Le mot *debitoremve* semble bien consacrer la généralité dont il s'agit. 4° La L. 3, C., *De pign.*, laquelle, tout en constatant que les créanciers gagistes qui se mettent d'eux-mêmes en possession du gage, « vim facere non videntur, » indique cependant que régulièrement, « auctoritate præsidis possessionem adipiscebant. » Dans cette doctrine, on interprète ces derniers mots comme se référant à l'interdit Salvien *adipiscendæ possessionis*.

Ces témoignages ne paraissent pas concluants aux partisans de l'opinion contraire (1). L'argument tiré du mot *pignoribus* dans la L. 2, § 3, D. De Salv. interd., est peu probant : pourquoi faire prévaloir un mot mis incidemment dans la phrase de Paul, sur des textes nombreux où l'interdit n'est accordé qu'au *locator*. Le

---

(1) Ortolan, t. III, n° 2,305. — Demangeat, t. II, p. 702. — Macheland, *Théorie gén. des interd.*, p. 111 et suiv.

3

paragraphe extrait des sentences de Paul peut fort bien s'entendre, dans sa généralité, d'un créancier gagiste ordinaire, qui aurait rétrocédé au moyen d'un *precarium*, la possession des biens engagés à son débiteur.

Quant à la constitution de Gordien, nous avons déjà eu l'occasion de dire que son texte était sans doute interpolé ; le mot *debitoremce* doit être entendu comme une sorte de qualificatif joint au mot *conductorem*. Enfin, il est tout aussi légitime d'admettre une allusion à l'action Servienne dans la L. 3, C. De Pign., que d'y trouver un renvoi à l'interdit Salvien.

L'interdit Salvien ne reçut donc jamais d'application en dehors du cas spécial pour lequel il avait été créé.

A quelle époque l'hypothèque fit-elle son apparition dans le droit romain ? Nous savons qu'elle fonctionnait dans l'Asie-Mineure au temps de Cicéron, mais l'on ignore à quelle époque précise elle fut introduite en Italie ; peut-être fût-ce antérieurement à Cicéron ; dans tous les cas elle ne peut être attribuée au *Sercius Sulpicius* qui fut l'ami du grand orateur et qui n'a jamais été préteur urbain.

L'hypothèque avait, sur le *pignus*, l'avantage de permettre au débiteur de retirer de sa chose tout le crédit possible. Conservant la possession et la propriété de la chose grevée, il pouvait l'affecter à la garantie de plusieurs créances, la préférence devant se régler entre les divers créanciers par la date de la convention (1). La

(1) L. 12, § 10, *in fine, Qui potiores* (20, 4).

situation du créancier lui-même était bien améliorée ; il n'avait plus, il est vrai, la possession de l'objet grevé, mais son droit, au lieu d'être garanti simplement par les interdits possessoires comme en matière de *pignus*, l'était par une action réelle. Du reste, l'hypothèque, à l'époque de sa création, réagit sur le *pignus*, et l'action Servienne fut donnée au créancier gagiste, comme au créancier hypothécaire. Aussi Justinien nous dit-il aux Institutes, §7, *in fine, De actionibus*, « Inter pignus autem et hypothecam, quantum ad actionem hypothecariam pertinet, nihil interest.... Sed in aliis differentia est ; nam pignoris appellatione eam proprie rem contineri dicimus, quæ simul etiam traditur creditori, maxime si mobilis sit, et eam quæ sine traditione modo conventione tenetur, proprie hypothecæ appellatione contineri dicimus, » C'est dans ce sens que l'on doit interpréter le texte de Marcien « *Inter pignus autem et hypothecam tantum nominis sonus differt.* » Nous pouvons signaler, même au point de vue de l'exercice de l'action hypothécaire, une différence entre le *pignus* et l'hypothèque : Le créancier, muni d'un gage, peut s'il vient à perdre ce gage, exercer contre le tiers détenteur l'action hypothécaire même avant l'échéance de la dette (1), tandis que le créancier hypothécaire n'ayant pas droit à la possession ne peut pas, avant l'échéance, actionner le tiers détenteur (2). L'hypothèque pouvait enfin s'appliquer,

(1) L. 11, princ., D. *De Pign. et Hyp.* (20. 1).
(2) L. 5, § 1, D. *Quib. mod. pign. vel hyp. solv.* (20. 6).

non seulement aux biens présents, mais encore aux
biens à venir, tandis que le gage, par sa nature même,
ne pouvait affecter qu'une chose actuellement existante
dans notre patrimoine.

Quoi qu'il en soit de ces différences, une sorte de confusion se fit entre l'un et l'autre de ces modes, et de
même que nous avons vu l'action hypothécaire s'appliquer au *pignus*, on n'hésita pas à attacher au pacte
d'hypothèque les actions *pigneratitiæ* contraires ou
directes. Mais cette confusion ne fut jamais complète, le
pignus, proprement dit, subsista à côté de l'hypothèque,
avec ses avantages spéciaux, et dut naturellement être
considéré comme plus efficace que cette dernière en
matière de sûreté réelle mobilière.

L'institution du préteur *Servius*, généralisée par
ses successeurs, constituait, au point de vue théorique,
un immense progrès ; mais l'hypothèque romaine portait
en elle un vice capital qui devait en faire, au point de
vue du crédit, l'instrument le plus défectueux et le
plus dangereux. Constituée par un simple pacte, son
existence restait inconnue à tout autre qu'aux parties
contractantes ; comme s'il n'était pas de l'essence
de tout droit réel, dans une législation bien faite, d'être
public. A Rome, toute hypothèque est occulte. « C'est
« donc en aveugle que le créancier prête son argent et
« poursuit l'action hypothécaire ; c'est au hasard qu'il
« vend, puisqu'il encourt toujours le risque d'un recours
« en éviction de la part de son acquéreur. Et connût-il
« même les hypothèques antérieures, il n'a la faculté

« ni d'exiger, ni de surveiller la vente ; son unique res-
« source est de la prévenir par le *jus offerendæ pecuniæ*
« qui peut excéder ces moyens, et l'exposer à des pertes
« nouvelles, s'il survient ensuite un créancier hypothé-
« caire plus ancien qu'il ne connaissait pas (1). » D'autre
part, celui qui achète ne peut pas savoir si la chose qu'il
acquiert est grevée d'hypothèque, et si dans la suite il
ne sera pas évincé. La purge n'existait pas en droit
romain (2).

On chercha à remédier à cet état de choses en punis-
sant les fraudes que l'on n'avait su prévenir ; et le
fait d'induire un créancier en erreur, en lui hypothéquant
une chose déjà engagée à un tiers, fut puni des peines
du *stellionat*. Le *stellionat* n'était point un de ces
délits attribués à une *questio perpetua* quelconque, et
atteint par une *pœna legitima* ; il rentrait dans la classe
des *animadcersiones extraordinariæ*. La connaissance
en appartenait au président de la province ; la peine
variait suivant la qualité des coupables. Pour le plébéiens
elle pouvait aller jusqu'aux mines ; pour ceux *in aliquo
honore positi*, la peine pouvait être ou la relégation à

---

(1) D. Pailhé, *Cours élém. de Dr. rom.*, p. 617.
(2) On a pourtant prétendu trouver dans les textes romains les
traces d'un système de publicité analogue à celui employé par la
législation grecque ; mais le texte de Venuletus, L. 22, § 2 D. *Quod
ci aut clam*, ne fait allusion qu'à l'habitude que les propriétaires
avaient à Rome de mettre sur leurs maisons des inscriptions
portant leurs noms.

temps ou l'exclusion de l'*ordo* (1). On pouvait se mettre
à l'abri de cette pénalité sévère, en déclarant au second
créancier qu'une première hypothèque existait déjà sur
la chose ; la déclaration n'était même pas nécessaire si
la première dette était modique, et la chose grevée, de
grande valeur (2).

L'empereur Léon, pour corriger les vices de la clandestinité des hypothèques, accorda un droit de préférence à celles qui seraient constatées, soit par acte
public, soit par acte privé signé de trois témoins *bonæ
et integræ opinionis;* mais ce mode de publicité, insuffisant d'abord par lui-même, et n'ayant rien d'obligatoire, ne constituait qu'un moyen de preure et non une
condition d'existence.

Nous devons nous occuper spécialement de la constitution d'hypothèque conventionnelle, après avoir préalablement déterminé la nature et l'étendue de l'hypothèque
en général : mais avant d'aborder cette seconde phase
de notre étude, nous prendrons parti dans une question
qui divise les romanistes modernes, à savoir : si les
Romains n'ont fait qu'imiter et adopter le régime
hypothécaire des Grecs, ou s'ils n'ont emprunté à ces
derniers qu'une expression commode pour qualifier une
institution qui n'a été que le résultat logique du développement du droit romain.

---

(1) L. 3, § 1 et 2, D. *Stellionatus* (17. 20). — L. 1, D. *De Pign.
act.* (13. 7).

(2, L. 36, § 1, D. *De Pign. act.* (13. 7).

Nous avons vu comment, ayant pour point de départ l'aliénation fiduciaire, les Romains sont arrivés au *pignus*, non au *pignus naturale*, qui exista de tout temps, mais au *pignus* régularisé et spécialement sanctionné par le droit civil. Nous avons vu comment, faisant subir au *pignus*, dans la pratique, les mêmes modifications que les nécessités du crédit avaient introduites dans l'aliénation fiduciaire, ils en étaient venus au gage mitigé par une location ou une concession à précaire, et enfin au *pignus oppositum*. De là à l'hypothèque la distance n'est certes pas grande; or, n'est-ce pas méconnaître le génie inventif des législateurs romains, n'est-ce pas faire injure à ces esprits profonds, habiles aux conceptions les plus abstraites du droit, que de croire qu'ils aient eu besoin d'un secours étranger pour franchir cette distance si légère? Il faudrait tout au moins avoir des preuves plus convaincantes que celles qu'on allègue pour démontrer que l'hypothèque est d'importation grecque.

On invoque le mot grec d'hypothèque. De ce que les Romains ont emprunté le nom, peut-on conclure qu'ils aient pris la chose? Ils n'ont même pas fait passer le mot hypothèque dans la langue latine avec son vrai sens, puisque, dans la législation grecque, il s'applique non seulement à l'hypothèque proprement dite, mais encore au gage (1).

On cite un texte de Cicéron : « Philotes Alabadensis

---

(1) A. Jourdan, *L'Hypothèque*, p. 167.

hypothecas Cluvio dedit. Velim cures ut aut hypothécis decedat, easque procuratoribus Cluvii tradat, aut pecuniam solvat. » — Si l'on admet que l'hypothèque était pratiquée à Rome bien avant Cicéron, comment se baserait-on sur ce texte pour établir qu'elle est d'importation grecque? Si l'on veut encore que l'hypothèque n'ait été pratiquée à Rome que un ou deux siècles après Cicéron, ce texte ne prouve qu'une chose, c'est que le grand orateur connaissait non seulement la langue, mais encore la législation grecque, ce qui n'était pas inutile, puisque le fait dont il s'occupe se passe en Asie-Mineure, c'est-à-dire dans une province grecque.

Enfin, les Grecs avaient imaginé, pour porter l'existence de l'hypothèque à la connaissance des tiers, un procédé, primitif il est vrai, mais qui n'en constituait pas moins un mode de publicité. Sur la terre hypothéquée ils plaçaient un poteau surmonté d'un écriteau (ὅρος); sur la maison hypothéquée, une tablette portant les indications nécessaires pour prévenir le public des charges réelles qui grevaient l'immeuble. Comment admettre que les Romains, en empruntant à leurs voisins le régime hypothécaire, l'aient dépouillé de son caractère distinctif et essentiel, la publicité? N'auraient-ils pas adopté le régime grec avec tous ses attributs, sans rejeter celui qui était indispensable pour en faire un bon mode de crédit?

Laissons donc aux législateurs romains tout le mérite de la création de l'hypothèque romaine, dont l'origine nous apparaît, du reste, si claire et si logique dans l'édit du préteur Servius.

CHAPITRE II.

Généralités sur l'hypothèque.

I. — NATURE DU DROIT D'HYPOTHÈQUE.

L'hypothèque est un droit réel sur une chose affectée à la garantie d'une dette, droit en vertu duquel le créancier, en cas de non paiement à l'échéance, est autorisé à s'emparer de la chose et à la vendre pour se payer sur le prix, et cela de préférence aux créanciers chirographaires (1).

L'hypothèque confère donc deux avantages sur les créanciers chirographaires : 1° un droit de suite, puisque les créanciers hypothécaires peuvent vendre la chose entre les mains des tiers détenteurs, tandis que les premiers ne peuvent vendre que les biens qui se trouvent, au moment de la poursuite, entre les mains du débiteur ; 2° un droit de préférence ; car les créanciers hypothécaires seront toujours payés en premier lieu sur le prix de la vente, l'excédant seul, s'il y en a,

_____

(1) Alf. Jourdan, *L'Hypothèque*, p. 173.

appartenant aux créanciers chirographaires. Le caractère de réalité du droit d'hypothèque qui résulte, du reste, bien clairement de l'attribution d'une *action in rem*, est reconnu formellement par différents textes du Digeste. Les LL. 9 *Princ. De damno infecto*, et 30, *De noxali actione*, mettent sur la même ligne le *dominus*, l'usufruitier et le créancier gagiste ou hypothécaire, et disent très nettement qu'ils ont un *jus in re*. Mais l'hypothèque se sépare des droits de servitude, d'emphytéose et de superficie, en ce qu'elle ne soumet la chose hypothéquée à aucun service; elle l'oblige seulement au paiement d'une dette; c'est une *obligatio rei* (1).

On a contesté à l'hypothèque ce titre de droit réel. On a dit, d'abord, qu'un simple pacte ne pouvait pas donner naissance à un droit réel. Mais c'est précisément en dérogeant à cette règle, en faveur de l'hypothèque, que le préteur a réalisé le principal progrès sur la *fiducia* et le *pignus*. — On a dit ensuite que l'hypothèque ne pouvait être ni possédée, ni quasi-possédée, ni, par suite, usucapée; que, du reste, en la qualifiant d'*obligatio rei*, on reconnaissait bien qu'elle ne constituait pas un *jus in re*, mais une simple dette de la chose. Nous répondons que si c'était une simple dette de la chose, dans l'*intentio* de la formule de l'action hypothécaire, on ne demanderait que le montant de la dette, tandis que c'est une véritable revendication qu'exerce le créancier

---

(1) M. Van Vetter, *Cours de Dr. rom.*, p. 351. — L. 4, D. *De Pign. act.* (13. 7).

hypothécaire, et, en cas de refus, le défendeur est condamné à payer *quanti ea res est*. Quant à l'impossibilité de prescrire un droit d'hypothèque, elle tient à la nature particulière de ce droit, qui, tant que l'échéance n'est pas arrivée, existe pour ainsi dire à l'état latent, et ne prive actuellement le propriétaire d'aucun des services que peut lui rendre la chose, ce qui constitue le principal avantage de l'hypothèque. Au reste, même pour certains droits réels dont l'effet est beaucoup plus direct que celui de l'hypothèque, la possibilité de l'usucapion et de la prescription n'est pas bien démontrée, et cependant personne ne songe à contester à l'emphytéose, au droit de superficie et même à l'usufruit, la qualité de droits réels.

Enfin, dit-on, l'hypothèque n'enlève au propriétaire ni la jouissance, ni la propriété de sa chose; il peut la vendre, la louer, et même l'hypothéquer à d'autres créanciers. Or, comment concevoir un droit réel qui grève une chose sans altérer en rien le droit du propriétaire de cette même chose ? Nous avons déjà dit que l'immense avantage de l'hypothèque sur les autres modes de sûretés réelles était précisément de laisser au propriétaire, non seulement la propriété, mais encore la possession de la chose tant que l'échéance de la dette n'est pas arrivée ; mais après l'échéance, quel droit plus étendu que celui du créancier hypothécaire, qui pourra anéantir le droit de propriété du constituant ou même d'un tiers acquéreur. L'exercice de ce droit est conditionnel, il est vrai, mais qu'un droit réel soit ou non conditionnel, peu importe, la condition ne lui fera jamais perdre son caractère de réalité. M. Accarias nous fait, de plus, remarquer que, même avant l'échéance, le propriétaire de la chose grevée n'a pas la faculté absolue d'aliéner; car, malgré le principe d'après lequel les aliénations ne sont pas opposables au créancier, le débiteur n'a le droit d'aliéner qu'autant que l'hypothèque est générale (1). On décide même qu'il commet un *furtum* en vendant la chose, si elle est mobilière. Toutefois, la vente reste valable comme contrat, à moins de convention contraire (2). Ce qui prouve encore péremptoirement la réalité de l'hypothèque, c'est que sa constitution est assimilée à une aliénation (3), et que la *conditio furtiva*, qui n'est, en principe, accordée qu'au propriétaire de la chose volée, est accordée au créancier hypothécaire (4).

II. ETENDUE DE L'HYPOTHÈQUE EN GÉNÉRAL.

Nous pensons avoir suffisamment déterminé, pour les besoins de notre étude, la nature de l'hypothèque, nous allons rapidement en fixer l'étendue.

Sur ce point, tout se résume en deux principes :

1° L'hypothèque est indivisible ; 2° elle s'étend aux accessoires de la chose hypothéquée.

---

(1) L.L. 2, 3 et 4, C. *De Servit. pign. dat.* (7, 8).
(2) Accarias, *Précis de Dr. romain*, t. 1er, p. 639, note 3.
(3) L. 7, C. de reb., alién., non alién. (4, 51).
(4) L. 12, § 2, D. *De Condict. furt.* (13, 1).

1° *L'hypothèque est indivisible* (1). C'est-à-dire, 1° que chaque portion divise ou indivise de la chose hypothéquée, garantit l'intégralité de la dette ; l'on ne peut posséder une portion quelconque, la moitié, un tiers, un quart de la chose hypothéquée, sans être tenu pour le tout de la dette hypothécaire ; 2° que l'hypothèque subsiste sur la chose, tant que la dette n'est pas intégralement payée. Aussi a-t-on dit de l'hypothèque : « Est tota in toto, et tota in qualibet parte (2). »

Nour pouvons citer les principales applications de ce principe : — Supposons d'abord le débiteur et le créancier vivants. Le débiteur qui paie une partie de la dette ne peut exiger qu'une quote-part correspondante du fonds hypothéqué soit dégrevée (3). S'il aliène une partie du fonds, cette partie reste entre les mains de l'acquéreur, grevée de l'hypothèque pour toute la dette. Le résultat est le même si la chose devient indivise entre plusieurs copropriétaires (4).

Supposons le débiteur mort, la dette se trouve partagée entre ses héritiers, et par l'action personnelle, chacun d'eux ne peut être poursuivi que pour sa part et portion ; mais la part de l'objet hypothéqué qui lui est

---

(1) C'est là, du reste, un caractère qui lui est commun avec le gage.

(2) L. 8, § 2, D. (13. 7]. — L. 12 C. (8. 32].

(3) L. 19, D. *De Pign. et Hyp.* (20. 1]. — L. 8, § 2 in fine, *De Pign. act.* (13. 7].

(4) L. 2, C. *Si unus ex plur. hered.* (8. 32].

échue, ne sera dégrevée que par le paiement intégral (1).
Si c'est le créancier qui vient à mourir, laissant plusieurs héritiers, nous trouvons le principe de l'indivisibilité consacré par la L. 1 C. *Si unus ex plur. hered.*
(8, 32). « Manifesti et indubitati, juris est, defuncto cre-
ditore, multis relictis heredibus, actionem equidem per-
sonalem inter eos lege XII tabularum dividi, pignus
vero in solidum unicuique deberi. » Toutefois, Ulpien
semble apporter un tempérament à cette règle dont les
résultats pourraient être bien rigoureux pour le débiteur (2). Il ne permet aux héritiers du créancier, lorsque
l'un d'eux a reçu sa part de la dette, de vendre le fonds
entier, qu'à la charge de rendre d'abord au débiteur la
somme qu'il a payée. On a tenté de concilier ces deux
textes en appliquant celui d'Ulpien au système de l'aliénation fiduciaire (3).

Nous savons que Justinien, dans une constitution citée aux Institutes (4), décida la confusion des différentes
espèces de legs, « ut omnibus legatis una sit natura, »
et accorda au légataire pour obtenir le bénéfice de la
disposition, quels que fussent les termes employés par
le testateur, soit l'action personnelle, soit l'action en revendication, soit l'action hypothécaire, à son choix.

---

(1) Voir L. 65, D. *De Evictionibus* (21. 2), une intéressante application de notre principe.
(2) L. 11, § 4, D. *De Pign. act.* (13.7).
(3) M. Demangeat. *Cours él. de Dr. rom.*, t. II, p. 531.
(4) L. 1, C. *Communia de legatis*, (6. 43).

Relativement à ce dernier moyen de l'action hypothécaire, Justinien, supposant qu'il y a plusieurs héritiers
tenus d'acquitter le legs, décide que le légataire ne
pourra demander à chacun, par l'action hypothécaire,
que ce qu'il pourrait lui demander par l'action personnelle : « In quantum et hypothecaria unumquemque
convenire volumus, in quantum personalis actio adversus
eum competit. » On pourrait croire ici à une dérogation au principe de l'indivisibilité, mais en réfléchissant,
on voit qu'il n'en est rien. L'hypothèque n'a pas pris
naissance sur les biens du de cujus, de son vivant, et
par suite n'a pas été transmise indivisible ; mais elle
est née divisée sur la part indivise de chacun des héritiers. Cependant, pour que la décision de Justinien se
réalise, au point de vue de l'action hypothécaire du légataire, dans les conditions qu'il indique, il faut que le
partage n'ait pas encore eu lieu lorsque le légataire demande le paiement du legs ; car le partage étant, en
droit romain, translatif de propriété, chacun des héritiers se trouvant avoir dans son lot et des valeurs affectées à sa propre dette et des valeurs affectées à celles
de chacun des autres héritiers, pourra dès lors être
poursuivi hypothécairement pour le tout.

Hâtons-nous d'ajouter que l'indivisibilité n'est pas de
l'essence, mais de la nature de l'hypothèque, et que l'on
peut par des conventions formelles, déroger à ce principe.

2° *L'hypothèque s'étend aux accessoires de la chose
hypothéquée et sur les améliorations qu'elle peut rece-*

voir. — Nous allons citer quelques applications de ce principe : Un fonds riverain d'un cours d'eau a été hypothéqué, l'alluvion qui vient l'accroître est également grevée par l'hypothèque (1). L'hypothèque qui porte sur la nue-propriété d'un fonds, frappe également l'usufruit qui vient s'y réunir (2). L'hypothèque d'un pécule s'étend à tout ce qui vient s'y ajouter depuis la constitution d'hypothèque ; celle qui grève un troupeau comprend également le croît, et subsiste, alors même que le troupeau s'est complètement renouvelé.

A la différence de ce qui a lieu pour l'usufruit, l'hypothèque subsiste alors même que la chose hypothéquée a subi une transformation complète. « Si res hypothecæ data, dit Marcien ; postea mutata fuerit, æque hypothecaria actio competit, veluti de domo data hypothecæ et horto facta. Idem si de loco convenerit et domus facta sit (3). » Cette décision se comprend, car l'usufruit est le droit de jouir de la chose avec la destination qu'elle a au moment de la constitution de l'usufruit ; l'hypothèque, à moins de convention contraire, frappe le droit de propriété dans son entier. Il y a toutefois à distinguer ; si les améliorations (comme par exemple des constructions nouvelles, des rachats de servitude, etc.) ont été faites par un tiers acquéreur de bonne foi,

(1) L. 16, § 1, D. *De Pign. et Hyp.* (20. 1).
(2) L. 18, § 1, D. *De Pign. act.* (13. 7).
(3) L. 16, § 2, D, *cod. tit.*

ce dernier opposera au créancier intentant l'action hypothécaire, une exception de dol, afin de se faire indemniser *quatenus res pretiosior facta est* (1).

Les fruits produits par un bien hypothéqué sont grevés par voie de conséquence, bien qu'on n'en soit pas expressément convenu. Les fruits perçus depuis la *litis contestatio*, sont tenus d'une façon absolue envers le créancier, toutes les fois que la valeur de la chose est inférieure au montant de la dette. Au contraire, les fruits perçus avant la *litis contestatio*, ne sont les accessoires du gage, que s'ils sont extants, et si le gage lui-même n'est pas suffisant; car, s'ils sont perçus et consommés par un tiers de bonne foi, ce dernier n'en doit pas plus compte au créancier qu'au maître (2).

L'application de notre principe au *part* de la femme esclave, né chez le constituant ou son héritier, ne souffre pas de difficulté; mais si l'esclave a été aliénée, et qu'elle ait accouché depuis l'aliénation, l'enfant est-il atteint par l'hypothèque qui frappe la mère du chef du précédent propriétaire? Il faut répondre non, si l'on s'en rapporte au texte suivant de Paul : « Si mancipia in causam pignoris ceciderunt, ea quoque quæ ex his

---

(1) L. 29, § 2, D. *De Pign. et Hyp.* 20. 1. — Il y a même un cas où il obtiendra la restitution de toutes ses impenses, c'est le cas d'un *damnum infectum*, lorsque la maison hypothéquée, menaçant ruine, est devenue la propriété du *missus in possessionem* qui l'a réparée. — L. 41, § 1, D. *De damno infecto.*

(2) L. 3, C. *In quib. caus. pign. vel. hyp. tac. contrahitur.*

nata sunt eodem jure habenda sunt : quod tamen diximus adgnata etiam teneri, ita procedit, si dominium eorum ad eum pervenit qui obligavit vel heredem ejus, ceterum si apud alium dominum pepererint non erunt obligata (1). » Mais un autre texte du même jurisconsulte semble exprimer tout le contraire. « Si fundus pignoratus venierit manere causam pignoris, quia cum sua causa fundus transeat : sicut in partu ancillæ qui post venditionem natus sit (2). » Accurse a cru voir une contradiction entre ce texte et le précédent, et il a voulu les concilier en disant que dans celui que nous avons cité en dernier lieu, il s'agissait d'une esclave qui avait conçu pendant qu'elle était encore *apud debitorem* (3). Mais il n'y a en réalité aucune contradiction entre ces deux textes de Paul ; le second appartient à un tout autre ordre d'idées, il énonce tout simplement ce principe, que les charges (et par conséquent les hypothèques) suivent la chose vendue, comme (la suivent) les *commoda*, tels que le *partus ancillæ* (4).

Nous verrons plus loin, en recherchant quelles sont les choses susceptibles d'être hypothéquées, ce que comprennent l'hypothèque d'un ensemble de choses et l'hypothèque générale.

---

(1) L. 29, § 1, D. *De Pign. et Hyp.* (20. 1).
(2) L. 18, § 2, D. *De Pign. act.* (13. 7).
(3) Glose sur la L. 18, § 2 (13. 7) précitée.
(4) Mayns, *Cours de Dr. rom.*, t. 1, § 215, note 6. — A. Jourdan, *L'Hypothèque*, p. 332.

III. — DIVISION DES HYPOTHÈQUES.

Nous pouvons diviser d'une manière générale les hypothèques, eu égard à leur mode de constitution, en deux catégories : les hypothèques volontaires et les hypothèques nécessaires.

I. *Hypothèques volontaires.* — Ce sont celles qui ne sont imposées ni par le magistrat, ni par la loi. Les hypothèques volontaires comprennent : 1° *les hypothèques conventionnelles*, qui naissent d'un simple pacte, c'est-à-dire qui n'exigent que le concours de deux volontés, et dont la constitution doit spécialement nous occuper ; 2° *les hypothèques testamentaires* (1), qui sont de véritables legs, bien que les pandectes, qui prévoient cependant le legs d'usufruit et le legs de servitude, ne les aient pas considérées à ce point de vue. On a vainement essayé de rapprocher l'hypothèque testamentaire de l'hypothèque conventionnelle, en prétendant qu'un véritable pacte intervenait au moment de l'acceptation de la succession ; mais cette opinion ne peut se soutenir, et l'on doit autant que possible appliquer à ces sortes d'hypothèques la théorie générale des legs.

II. *Hypothèques nécessaires.* — Cette catégorie comprend toutes les hypothèques qui ne dépendent pas de la volonté des parties ; ce sont :

---

(1) L. 26, D. *De Pign. act.* (13. 7).

1° Le *pignus prætorium*, qui porte sur les biens compris dans une *missio in possessionem* prononcée par le magistrat, par exemple, les *missiones rei servandæ causa*, soit en faveur d'un créancier, soit en faveur d'un légataire (1) ; les *missiones in possessionem ventris nomine; ex carboniano edicto* (2). Ces différentes *missiones in possessionem* avaient lieu à titre universel. Parmi les *missiones* à titre particulier, nous citerons : la *missio* pour refus de la *damni infecti cautio*, et la *missio ex noxali causa*. Ces différents gages prétoriens sont compris dans la catégorie des hypothèques, à raison du droit de suite qui y fut attaché par Justinien (3).

2° Le *pignus judiciale*. — Un créancier qui a obtenu une condamnation contre son débiteur, peut, au lieu de demander au magistrat une simple *missio bonorum servandorum causa*, demander au juge d'opérer la saisie de tout ou partie des biens du débiteur. C'est là le *pignus judiciale* (4). C'est à partir de cette saisie qu'existe en faveur du créancier cette sorte d'hypothèque qui reste soumise à la règle *prior tempore potior jure* (5).

3° Les *hypothèques tacites* ou *légales*. — On appelle ainsi celles que la loi crée de sa propre autorité, soit

(1) L. 1, D. *Quibus ex causis in poss.* (42. 4). — L. 10, D. *Ut. in poss.* (34. 4).
(2) L. 5, pr. D. *De ventre in poss.* (37. 9). — L. 5, §§ 2, 3, 4. *De Carb. edicto.* (37. 10).
(3) L. 2, C. *De præt. pign.* (8. 22).
(4) L. 15, D. *De re jud.* (42. 1).
(5) L. 10, D. *Qui pot.* (20. 4).

— 53 —

par interprétation de la volonté des parties, soit en faveur d'un créancier qui, à raison de son incapacité, a droit à sa protection. Les unes sont spéciales, les autres générales. — Nous citerons, à titre d'exemple, parmi les hypothèques tacites spéciales : l'hypothèque du bailleur d'un bien rural sur les fruits et récoltes (1); celle du bailleur *prædii urbani* sur le mobilier garnissant la maison (2); dans le droit de Justinien : celle des légataires sur les biens de la succession (3).

Parmi les hypothèques tacites générales, nous citerons celle du fisc sur les biens de ses administrateurs, des contribuables et de ses débiteurs contractuels, pour tout ce qui est dû autrement qu'à titre de peine (4); celle que Constantin attribua aux pupilles et mineurs de vingt-cinq ans sur les biens de leurs tuteurs et curateurs, et que Justinien étendit aux *furiosi* (5); celles que ce dernier empereur accorda aux femmes sur les biens de leurs maris (6).

On peut encore diviser les hypothèques en simples et *privilégiées*.

Hypothèques privilégiées. — En combinant le *privi-*

---

(1) L. 7, pr. D. *In quibus caus. pign.* (20. 2).
(2) L. 4, pr. L. 7, § 1 D. *Eod. tit.* (20. 2).
(3) L. 1, C. *Communia de leg.* (6. 43).
(4) LL. 17 et 46, § 3. *De jure fisci* (49. 14).
(5) L. 20, C. *De adm. tut.* (5. 37). — L. 7, §§ 5 et 6, C. *De cur. fur.* (5. 70).
(6) L. 30, C. *De jure dot.* (5. 12). — L. 1, § 1, C. *De rei uror. act.* (5. 13).

legium inter personales actiones et l'hypothèque, on arriva à créer quelques hypothèques privilégiées, c'est-à-dire primant, en raison de la qualité de la créance, toutes créances hypothécaires simples, même antérieures. Nous citerons : l'hypothèque tacite, spéciale et privilégiée, accordée à celui qui a fait des frais de conservation pour la chose (1) ; l'hypothèque tacite, générale et privilégiée du fisc, en tant du moins qu'elle garantit le recouvrement de l'impôt foncier (2) ; et dans le dernier état de la législation de Justinien, l'hypothèque tacite générale et privilégiée des femmes mariées (3).

L'hypothèque peut enfin être *générale* ou *spéciale* : générale, quand elle porte sur tout le patrimoine du constituant ; spéciale, dans tous les autres cas.

Nous croyons nous être suffisamment appesantis, pour les besoins de notre étude, sur les caractères généraux de l'hypothèque ; nous allons maintenant nous occuper spécialement de la constitution d'hypothèque conventionnelle.

Pour qu'une hypothèque conventionnelle puisse être valablement constituée, il faut la réunion de trois conditions primordiales : deux sont communes à toutes les hypothèques ; savoir : 1° l'existence d'une dette valable ; 2° l'affectation d'un objet susceptible d'être vendu.

---

(1) LL. 5 et 6 princ. D. *Qui pot.* (20. 4).
(2) L. 1, C. *Si propter publ. pensit.* (1. 46).
(3) L. 12, C. *Qui pot.* (8. 18).

Une dernière est spéciale à l'hypothèque conventionnelle, c'est : 3° le consentement et la capacité du
constituant et de l'*accipiens*. Nous allons consacrer les
trois derniers chapitres de ce travail à l'étude succes-
sive de ces conditions.

CHAPITRE III.

Du caractère accessoire de l'hypothèque ;
créances qu'elle peut garantir.

L'hypothèque est essentiellement un droit accessoire ;
elle n'existe qu'à la condition de garantir l'exécution d'une obligation appartenant à celui en faveur
duquel elle s'établit ; elle a besoin, pour s'étayer, d'un
droit principal, sans lequel toute constitution d'hypothèque serait vaine. Aussi, le paiement éteint-il toujours
l'hypothèque en même temps que la dette : « In omnibus speciebus liberationum, etiam accessiones liberan-
tur, ut puta adpromissores, hypothecæ, pignora (1).
Mais ce caractère d'*accessio* donné à l'hypothèque doit
être entendu dans un sens très large ; nous verrons, en
effet, que non seulement l'hypothèque peut être appe-

---

(1) L. 43, D. *De Solut.* (46. 3).

lée à garantir l'exécution d'une obligation déjà sanctionnée par une action particulière, mais qu'elle peut encore donner à certaines obligations, non munies d'actions par le droit civil, une efficacité qu'elles n'auraient pas sans elle; nous verrons, en outre, que, dans une certaine mesure, l'hypothèque peut précéder l'obligation ou lui survivre. Mais, à part cette indépendance très relative, elle ne peut absolument pas se dépouiller de son caractère accessoire, en ce sens, qu'elle devra toujours se rattacher à un lien obligatoire, quelque faible qu'il soit, et que si elle a pour effet d'en assurer l'exécution, elle ne pourra jamais en changer la nature. C'est en vertu de ce caractère accessoire et du principe « *Accessorium sequitur principale,* » que la cession de créance entraine la cession de l'hypothèque qui y est attachée (1), à moins, toutefois, de convention contraire. Mais si l'on comprend qu'il soit possible, grâce à une convention formelle, de céder la créance sans l'hypothèque, on ne conçoit pas la cession de l'hypothèque sans la créance (2).

Quelles sont donc les obligations que peut garantir une hypothèque? Marcien nous les indique très clairement : « Res hypothecae dari posse sciendum est pro quacumque obligatione : sive pecunia mutua datur,

(1) L. 6, D. *De Hered. cel. act. tend.* (18. 4). Nous savons qu'en matière de novation il en est autrement; la novation entraine la chute de l'hypothèque, sauf convention contraire.
(2) L. 33, D. *De Pign.* (20. 1).

sive dos, sive emptio vel venditio contrahatur, vel etiam
locatio et conductio, vel mandatum ; et sive pura est
obligatio, vel in diem, vel sub conditione, et sive in
presenti contractu, sive etiam præcedat ; sed et futuræ
obligationis nomine dari possunt ; sed et non solvendæ
omnis pecuniæ causa, verum etiam de parte ejus ; et
vel pro civili obligatione vel honoraria, vel tantum natu-
rali ; sed in conditionali obligatione non alias obligan-
tur, nisi conditio exstiterit (1). »

Peu importe donc la cause de l'obligation principale ;
l'hypothèque peut garantir un prêt, une constitution de
dot, une vente, un louage, un mandat. Peu importe
aussi l'objet de la dette, dare aut facere aut non facere.
« Non tantum ob pecuniam, dit Ulpien, sed et ob aliam
causam pignus dari potest, veluti si quis pignus alicui
dederit ut pro se fidejubeat (2). »

Peu importent aussi les modalités qui affectent l'obligation principale, qui peut être *pura, in diem, sub conditione futura.* Si la dette est à terme, toute poursuite
hypothécaire sera impossible avant l'échéance. Si la
dette est conditionnelle, l'hypothèque prendra rang du
jour de sa constitution et non à dater de la réalisation
de la condition. « Quum enim, dit Gaïus pour justifier cette solution, semel conditio exstitit perinde
habetur ac si illo tempore quo stipulatio interposita est

---

(1) L. 5, pr. D. *De Pign. et Hyp.* (20. 1).
(2) L. 9, § 1, D. *De Pign. act.* (13. 7).

conditione facta esset (1). » Africain consacre cette
même solution sous cette réserve, « si non ea conditio
sit quæ invito debitore impleri non possit (2). » Beaucoup d'auteurs ont expliqué cette restriction en la
considérant comme une conséquence du principe d'après
lequel les conditions potestatives ne produisent pas, lors
de leur réalisation, d'effet rétroactif. M. Bufnoir (3)
pense qu'en notre matière, le principe de la rétroactivité
n'a rien à voir. Nous constatons, en effet, que s'il s'agit
d'une créance future non conditionnelle, garantie par
une constitution actuelle d'hypothèque, l'hypothèque
prendra rang du jour de la constitution, si dès ce moment il existait entre les parties un lien de droit (4). Or,
le principe de la rétroactivité de la condition n'est certes
pas applicable à ce dernier cas où il n'est pas question
de dette conditionnelle ; c'est donc en vertu d'un principe plus général, que nous voyons ici se produire le
même effet que dans le cas d'une dette conditionnelle
non potestative ; et ce principe plus général s'appliquant
à la dette future qui est le genre, doit s'appliquer également à la dette conditionnelle qui est l'espèce. Si
donc l'explication de la règle d'Africain n'est pas dans

---

(1) L. 11, § 1, D. *Qui potiores* (20.4).

(2) L. 9, § 1, D. *Eod. tit.*

(3) *Théorie de la Condition*, p. 281.

(4) Par exemple dans l'espèce suivante : Titius stipule de Næ-
vius un prêt d'argent, pour la garantie duquel il lui constitue une
hypothèque. Voir un cas analogue L. 1, D. *Qui pot.* (20. 4).

l'effet rétroactif de la condition, il ne faut pas chercher dans une dérogation à ce principe le motif de la restriction indiquée par ce jurisconsulte. Au reste, on peut même prévoir des cas de dette sous condition purement potestative de la part du débiteur, où le principe de la non rétroactivité de la condition ne s'appliquerait certainement pas ; par exemple, si le créancier s'était d'ores et déjà lié. Titius s'engage à prêter à Mœvius, quand celui-ci voudra, une somme d'argent, et stipule de lui, pour la garantie de cette dette conditionnelle, potestative de la part de Mœvius, une hypothèque. Si, dans cette hypothèse, l'hypothèque, au moment de la réalisation de la condition, n'était pas considérée comme prenant rang du jour de la constitution, Mœvius, futur débiteur, qui est libre de parfaire le contrat quand bon lui semble, pourrait, dans l'intervalle, hypothéquer à d'autres créanciers les biens qu'il a affectés à la créance conditionnelle de Titius, et après avoir rendu inutile l'hypothèque de ce dernier, le forcer à accomplir la promesse par laquelle il s'est lié. Il faut donc remonter à un principe plus général que celui de l'effet rétroactif de la condition et dire que toutes les fois que les parties ont conservé leur liberté respective, qu'il s'agisse d'une dette future proprement dite ou d'une dette conditionnelle, l'hypothèque, constituée pour la garantie de cette dette, n'aura d'effet et ne prendra rang que du jour de la formation de la dette ou de la réalisation de la condition. Si, au contraire, l'une ou l'autre des parties ou toutes les deux ensemble sont liées lors de la constitution d'hypothèque, si la dette vient à se former, si la condition se réalise, on fixera le point de départ de l'hypothèque au moment de sa constitution, conformément à l'intention vraisemblable des parties. Il va sans dire que les parties pourront dans tous les cas, par des conventions particulières, fixer comme elles l'entendront le point de départ de l'hypothèque, la loi ne faisant ici qu'interpréter leur volonté présumée.

L'hypothèque peut garantir le paiement de tout ou partie d'une dette; elle peut s'appliquer à une dette civile, à une dette prétorienne, à une dette naturelle.

Nous savons que l'obligation naturelle est celle dont l'exécution ne peut être poursuivie par aucune action, non par suite d'un refus de la loi civile, mais parce qu'elle ne rentre pas dans sa sphère. La véritable pierre de touche de l'obligation naturelle, est le refus de la *condictio indebiti* à celui qui l'a exécutée (1); l'on peut, du reste, s'en prévaloir par une exception; par exemple, en la faisant entrer en compensation.— Nous ne confondrons pas avec l'obligation naturelle, l'obligation civilement nulle, comme la dette contractée par un *infans* ou un *furiosus*; cette dette, nulle *ipso jure* ne peut être garantie par aucune hypothèque.

Quant aux obligations nulles, *exceptionis ope*, il faut distinguer : Si l'exception est *rei cohærens*, comme dans le cas du *sénatus-consulte Velléien*, des exceptions

---

(1) Mackeldy, *Traité des Obl. nat.*, introd., p. 19.

non numeratæ pecuniæ, quod metus causa, rei judicatæ,
etc.; l'hypothèque ne peut avoir aucun effet, ces exceptions appartenant à tous ceux qui ont intérêt à s'en
prévaloir, au nombre desquels se trouve le détenteur de
l'immeuble hypothéqué. L'exception du S.-C. Macédo-
nien est d'une nature particulière; elle a été introduite,
non plus *in favorem debitoris* comme celle de S.-C. Velléien, mais *in odium creditoris,* en haine de celui qui
prête au fils de famille; c'est pourquoi cette exception
laisse subsister une obligation naturelle; mais cette dette
naturelle peut-elle être garantie par une hypothèque?
La L. 2, D. *Quæ res pign.* (20. 3), nous renvoie pour la
solution de cette question à l'hypothèse d'une garantie
personnelle, prévue dans la L. 9, § 3, D. de S.cto
Maced. (14. 6); le tiers qui a garanti l'obligation par
une *fidejussio,* ne peut opposer l'exception qu'autant
qu'il n'est pas intervenu *animo donandi,* et qu'il a par
suite conservé un recours contre le fils de famille. La
même distinction devra donc être appliquée au cas où
un tiers a constitué une hypothèque pour garantir la
dette d'un fils de famille.

Quant aux exceptions *personæ cohærentes,* comme
elles ne peuvent être opposées que par le débiteur lui-
même, elles ne peuvent être invoquées par le détenteur
de la chose hypothéquée. Mais que décider si le débiteur est en même temps détenteur de la chose?
M. Jourdan est d'avis qu'il pourra, par son exception,
paralyser et l'action personnelle et l'action hypothécaire, parce que, dit-il, « pas plus par l'action réelle que

par l'action personnelle, on ne doit arriver à un résultat contraire au principe que, entre certaines personnes, *res non sunt amare tractandæ* (1). »

En ce qui concerne l'obligation naturelle proprement dite, l'hypothèque aura pour effet de suppléer au défaut d'action personnelle. Ainsi, la dette contractée par un esclave pourra être garantie hypothécairement soit par un tiers, soit par l'esclave lui-même après son affranchissement. Si même, l'esclave avait reçu un pécule avec le droit de *libera administratio*, il pourrait *in servitute* affecter à sa dette un objet quelconque de son pécule (2).

Nous pensons aussi, bien que la question ait été controversée, que le *pactum nudum* peut donner naissance à une obligation naturelle susceptible d'être garantie par une hypothèque.

Dans certains cas, une obligation civile peut disparaitre et laisser subsister une obligation naturelle qui restera garantie par l'hypothèque qui était attachée à l'action civile (3). Nous citerons le cas où le débiteur subit une *minima capitis deminutio* (4), celui où le créancier perd son action pour avoir laissé périmer l'instance ou encouru la *plus petitio*.

---

(1) A. Jourdan, *L'Hypothèque*, p. 229.
(2) L. 13, pr. D. *De Condict. indeb.*
(3) L. 14, § 1, D. *De Pign. et Hyp.* (20. 1).
(4) Le préteur a même établi dans ce cas une *actio fictitia* au profit du créancier. L. 2, §§ 1 et 2, D. *De Cap. min.* (4. 5).

A l'époque du droit classique, il est probable que la prescription éteignait l'hypothèque en même temps que la dette ; les textes que l'on invoque en sens contraire (L. 25, D. *De minoribus*, L. 2, C. *De luitione pignoris*), ne sont rien moins que probants. On sait que Théodose le Jeune, en établissant la prescription trentenaire (1), n'appliqua point cette règle à l'action hypothécaire ; contre le débiteur et ses héritiers cette action était perpétuelle. Justinien, par la célèbre loi *Notissimi*, en réduisit la durée à quarante ans. On a voulu argumenter de la survivance de cette action hypothécaire à l'action personnelle, pour prétendre que la prescription trentenaire laissait subsister une obligation naturelle. Cette opinion ne peut être admise ; cette survivance ne constitue, suivant M. Machelard, « qu'une anomalie impossible à justifier raisonnablement..... Si l'on n'autorise pas un créancier, quand une fois le laps de trente années a rendu son droit douteux, à essayer de le prouver en vue d'obtenir une condamnation, n'y a-t-il pas contradiction à lui permettre de tenter cette preuve dans le but d'exiger le délaissement de la chose hypothéquée (2)? »

L'hypothèque garantit, en principe, non seulement l'obligation principale, mais encore les accessoires, sauf convention contraire. Cette extension de l'hypothèque s'applique aux intérêts moratoires, à l'accroissement provenant de ce que le débiteur a payé dans un autre

---

(1) L. 3, C. *De Præsc. trig. ann.*
(2) *Traité des Obl. nat.*, p. 496.

lieu que celui qui avait été fixé par le contrat(1), etc.
Pour ce qui est des intérêts non moratoires et de la
clause pénale, ils ne pouvaient être dus qu'en vertu
d'une stipulation particulière. Toutefois, un simple pacte
de usuris prastandis suffisait pour que l'hypothèque
garantit les intérêts, sans qu'il fût nécessaire d'en convenir expressément, pourvu que l'intention des parties
fût évidente. En présence de la L. 13, § 6, D., et des
LL. 4 et 22 C., *De usuris*, il n'est pas possible d'adopter l'opinion, d'après laquelle l'hypothèque s'appliquerait toujours aux intérêts. Terminons en disant qu'il
n'est pas nécessaire que la dette à garantir soit celle du
constituant, et que l'on peut grever sa chose d'une hypothèque pour la dette d'un autre (2). Nous connaissons
l'exception remarquable apportée à ce principe par le
S. C.te Velléien, qui comprend le gage et l'hypothèque
parmi les *intercessiones* interdites aux femmes.

CHAPITRE IV.

De l'objet de la convention d'hypothèque (3).

Nous diviserons ce chapitre en deux sections; nous
verrons d'abord quelles sont les choses qui échappent à

---

(1) L. 8, D. *De Pign. act.* (13. 7).
(2) L. 5, § 2 D. *De Pign. et Hyp.* (20, 1).
(3) Nous n'envisageons ici les choses qu'en elles-mêmes, c'est-

une constitution d'hypothèque, et, en second lieu, celles qui peuvent être hypothéquées.

SECTION Ire.

Choses qui ne peuvent pas être hypothéquées.

Pour qu'une chose puisse être hypothéquée, il faut qu'elle soit dans le commerce, c'est-à-dire susceptible d'être vendue, le cas échéant, pour que le prix provenant de la vente serve à désintéresser les créanciers hypothécaires. Nous pouvons donc dire, d'une manière générale, que toute chose qui n'est pas dans le commerce est, par cela même, incapable d'affectation hypothécaire.

La morale ou la religion s'opposent à ce que certaines choses soient vendues, et par suite hypothéquées; telles sont les *res sacræ, sanctæ, religiosæ*; les droits de famille; car, si dans le très ancien droit romain le père de famille, qui avait le droit de vie et de mort sur ses enfants pouvait a fortiori les vendre, on avait bientôt réagi contre ces coutumes barbares, puisque Paul nous apprend dans ses sentences (1), que le créancier qui, sciemment, avait reçu en gage un fils de famille, était puni de la déportation. Le Digeste repro-

---

à-dire au point de vue de leurs qualités physiques ou juridiques, et non dans leurs rapports avec le débiteur ou le créancier; nous ne parlerons donc de l'hypothèque de la chose d'autrui que lorsque nous étudierons la constitution d'hypothèque au point de vue de la capacité des parties.

(1) Paul, *Sent.*, v. 1, § 1.

5

duit cette décision avec la relégation pour sanction
pénale (1).

Certaines choses ne sont pas susceptibles d'être
hypothéquées, parce que leur valeur est impossible à
déterminer et présente un caractère relatif, telles sont les
servitudes prédiales urbaines. Ces servitudes ne pouvant
être utiles qu'à un fond voisin et contigu, la vente en
eût été très peu productive (2).

La servitude personnelle d'usage, constituant un
droit attaché à la personne du titulaire, et dont l'exercice ne peut faire l'objet d'aucune cession, ne peut par ce
motif être grevée d'hypothèque. Les juriconsultes n'é-
taient pas d'accord en ce qui concerne le droit d'habi-
tation, était-ce un *usus* ou un *usufructus*, ou un *jus
proprium ?* Mais Justinien ayant adopté la *benignor
sententia*, à savoir : que l'*habitatio legata* comporte le
droit de louer, il n'y a pas de raison pour ne pas
admettre le droit d'hypothéquer (3).

En principe, les fonctions publiques ne sont pas alié-
nables; mais, sous l'Empire, certaines de ces fonctions
furent érigées en offices susceptibles d'être vendus
et hypothéqués ; par exemple, les offices des huissiers

(1) L. 5. *Quæ res Pign.* (20. 3).
(2) L. 11, § 3 D. *De Pign. et Hyp.* (20. 1). Il va sans dire que
lorsqu'on hypothèque un fonds dominant, l'hypothèque porte
aussi sur les servitudes qui appartiennent à ce fonds; à ce point
de vue, une servitude prædiale urbaine peut être hypothéquée.
(3) A. Jourdan, *L'Hyp.*, p. 265.

du palais, des attachés à la chancellerie impériale, les *militiæ*.

Enfin, par des motifs d'ordre public, Théodose et Honorius (1) défendent d'hypothéquer les choses nécessaires à l'exploitation d'un fonds rural, comme les esclaves ruraux, les bœufs, les instruments aratoires, etc. Toutefois ces objets n'échappent qu'au *pignus ex causa judicati captum*, et il n'est pas douteux que le maître pût les hypothéquer. Constantin avait défendu aux agents du fisc de vendre ces mêmes choses, à défaut de paiement de l'impôt (2).

SECTION II.

Choses qui peuvent être hypothéquées.

Nous venons de poser le principe d'après lequel ce qui ne peut pas faire l'objet d'une vente, ne peut pas servir de base à une hypothèque. Pouvons-nous dire maintenant, d'une manière absolue, que tout ce qui peut être vendu peut être hypothéqué, et appliquer à l'hypothèque ce que Gaïus dit du gage : Quod emptionem venditionemque recipit, etiam pigncrationem recipere potest (3)? » Nous verrons dans le prochain chapitre, que si la vente de la chose d'autrui est valable, l'hypo-

---

(1) LL. 7 et 8, C. *Quæ res pign.* (8. 17).
(2) L. 8, C. *Quæ res pign.* (8. 17). — L. 1. Cod. Théod. *De Pign.* (2. 30).
(3) L. 9, § 1, D. *De Pign. et Hyp.* (20. 1).

thèque constituée sur cette même chose est nulle ; mais à part cette exception, considérable il est vrai, tout ce qui peut faire l'objet d'une vente, en droit romain, peut recevoir une hypothèque. Le domaine de l'hypothèque est donc excessivement étendu, puisque, non seulement les immeubles, mais encore les meubles ; non seulement ce que l'on est convenu d'appeler les choses corporelles, mais encore les choses incorporelles, en font partie. Une constitution d'hypothèque peut même comprendre d'une manière générale non seulement des biens présents, mais des biens à venir.

En ce qui concerne le *droit de propriété*, pas de difficulté, celui qui est propriétaire d'un fonds peut l'hypothéquer, comme il pourrait le vendre, pour le tout, pour une part divise, et même pour une part indivise ; car si l'hypothèque est indivisible quant à son exercice, elle est divisible quant à sa constitution. Quand celui qui a une part indivise dans un fonds, hypothèque cette part ; si le partage, qui est, en droit romain, translatif de propriété, vient à s'accomplir, l'hypothèque ne sera pas restreinte à la part divise adjugée au débiteur ; mais s'il y a deux, trois ou quatre copartageants, elle portera sur la moitié le tiers ou le quart indivis de chaque part divise (1).

Les *droits réels* autres que le droit de propriété sont aussi susceptibles d'hypothèque. C'est ainsi que les

(1) L. 7, § 4. *Quib. mod. pign.* (20. 6).

droits de *superficie* et d'*emphytéose* peuvent être engagés. Le droit de superficie n'avait pas été reconnu par
le droit civil, mais le préteur donna au superficiaire une
action et des interdits *utiles*. Dès que la superficie eut
été reconnue comme droit réel *sui generis*, elle fut
susceptible d'hypothèque (1). Il faut en dire autant des
agri vectigales. Dans le principe, le *conductor* troublé
dans sa jouissance, n'avait qu'une action personnelle
contre le bailleur qui devait le défendre ; ce détour dut
devenir incommode dans les baux à long terme, c'est
pourquoi le préteur concéda au *conductor agri vectiga-
lis* une action et des interdits utiles, ce qui lui reconnaissait, comme au superficiaire, une sorte de droit réel
susceptible d'hypothèque. Mais il fallait que la rede-
vance fût régulièrement payée, sans quoi le droit du
concessionnaire s'evanouissait, et partant celui du
créancier hypothécaire (2).

Parmi les servitudes personnelles, l'*usufruit* peut,
quant à son exercice, être l'objet d'une vente ; l'usufruitier peut donc engager et hypothéquer l'exercice de son
droit, et le préteur protégera le créancier gagiste et le
créancier hypothécaire contre le propriétaire et l'usufruitier ; au gagiste il accordera l'exception, « si non
inter creditorem et eum ad quem usufructus pertinet

---

(1) L. 16, § 2, D. *De Pign. act.* (13. 7). — L. 13, § 2, D. *De Pign.
et Hyp.* (20. 1).

(2) L. 16, § 2. L. 17, D. *De Pign. act.* 13. 7. — L. 31, D. *De
Pign. et Hyp.* (20. 1).

convenerit ut usufructu ei pignori sit ; » au créancier
hypothécaire, il donnera pour réclamer la chose hypothéquée une action *confessoire utilis* (1). Le plein propriétaire peut hypothéquer à son créancier l'usufruit
de son bien. L'effet de cette convention sera de conférer,
au créancier non payé à l'échéance, le droit de vendre
cet usufruit ainsi engagé, et de forcer le propriétaire à
le constituer au profit de l'acheteur.

Peut-on hypothéquer les *operæ sercorum et anima-
lium* et la servitude d'*habitatio*, comme l'usufruit ? Il
faut admettre que pour les *operæ* ce sera une question
de fait, et que, en principe, elles seront susceptibles
d'hypothèque, si, d'après les circonstances elles ne
doivent pas être considérées comme des droits exclusivement attachés à la personne de l'usager. Nous avons
déjà vu dans le chapitre précédent que les jurisconsultes
étaient indécis au sujet de l'*habitatio*, mais que depuis
Justinien elle pouvait probablement être hypothéquée
puisqu'elle pouvait être louée.

Marcien (2) nous dit que les *servitudes prédiales
urbaines* ne peuvent pas être données en gage et que par
suite elles ne peuvent pas être hypothéquées (3). Il va sans
dire qu'il n'est question ici que des servitudes prédiales
considérées indépendamment du fonds dominant, car

(I) L. 11, § 2, D. *De Pign. et Hyp.* (20. 1).
(2) L. 11, § 3. *De Pign. et Hyp.* (20. 1).
(3) Nous en avons donné la raison dans la section précédente.

lorsqu'un fonds est hypothéqué, les servitudes actives déjà établies avant la constitution d'hypothèque, et celles acquises postérieurement sont grevées comme le fonds dont elles sont les accessoires.

Quant aux *servitudes prédiales rurales*, elles peuvent être hypothéquées, et voici, suivant Pomponius, quel sera l'effet de la convention d'hypothèque : « On peut convenir que, tant que l'argent ne sera pas payé, le créancier qui a un fonds voisin usera de la servitude, et que, si l'argent n'est pas payé au terme fixé, il pourra la vendre au voisin (1). » S'agit-il dans ce texte de servitudes à établir sur le fonds du débiteur ou de servitudes préétablies et existant au profit du débiteur sur un fonds voisin ? Les auteurs sont divisés sur ce point.

Dans une première opinion (2), on fait remarquer que le propriétaire du fonds dominant ne peut hypothéquer la servitude, qui existe à son profit, à un tiers, car la servitude n'existe pas au profit du propriétaire, mais au profit du fonds, et l'on ne peut pas l'en détacher pour en attribuer le bénéfice à un troisième fonds. Le propriétaire du fonds dominant ne pouvant pas vendre son droit, ne peut pas non plus l'hypothéquer. On comprend aisément, au contraire, la constitution nouvelle d'un droit de servitude au profit du créancier, jusqu'à l'échéance,

_____

(1) L. 12. D. *De Pign. et Hyp.* (20. 1).
(2) Maynz, *Cours de Dr. rom.*, t. 1, p. 766. — Van Wetter, *Cours de Dr. rom.*, 2ᵉ édit., t. 1. p. 358. — Alf. Jourdan, *L'Hyp.*, p. 268 et suiv.

et le droit de vendre à défaut de paiement. Jusque là, en effet, la servitude n'est pas constituée ; son existence est subordonnée au non-paiement de la dette ; jusqu'à l'échéance, le créancier n'en use lui-même que par une sorte de tolérance. S'il n'est pas payé, il ne constituera pas lui-même la servitude, parce que la *cessio in jure* ne comporte pas l'intervention d'un mandataire ; mais il forcera le débiteur, par l'action *pigneratitia*, à la constituer.

Les partisans du second système répondent que l'on est ici en matière de législation prétorienne et qu'il ne faut pas s'étonner si la rigueur des principes fléchit devant les exigences de la pratique. Plusieurs raisons, disent-ils, doivent faire rejeter le premier système. 1° Le texte qui précède notre L 12 se réfère à un usufruit *préexistant* ; n'est-il pas logique que la L 12 pose la même question au sujet des servitudes prédiales rurales *préexistantes* ? 2° Pourquoi exiger que le créancier ait un fonds voisin du fonds servant, s'il ne s'agit que de l'autoriser à créer une servitude au profit d'un tiers ? 3° Pourquoi distinguer entre les servitudes urbaines et les servitudes rurales, puisque dans le système contraire, tout se réduit à un mandat de constituer une servitude, par voie de quasi-tradition, sur le fonds du mandat ? Or, un pareil mandat se conçoit aussi bien pour une servitude urbaine que pour une servitude rurale (1).

---

(1) M. Accarias, *Précis de Dr. rom.*, t. 1, p. 636, note 2. — D. Pailhé, *Cours élém. de Dr. rom.*, p. 638.

Nous répliquerons, en faveur du premier système, que l'induction tirée du voisinage de la L II, § 2 D. De Pign., n'est pas très probante, surtout si l'on considère que l'usufruit, au lieu d'être, comme la servitude rurale, une prérogative du fonds, est attaché à la personne de l'usufruitier. En réponse au second argument, on peut faire remarquer que le texte prévoit le cas d'un pignus proprement dit, puisque le créancier, jusqu'à l'échéance, doit avoir le quasi-possession de la servitude ; or, pour que cette quasi-possession soit possible, il faut bien que le créancier possède un fonds voisin du fonds servant. Enfin, la différence établie entre les servitudes urbaines et les servitudes rurales, s'explique par cette considération, que la fin de l'hypothèque étant la vente, une servitude urbaine qui ne pourrait être utile qu'à un, tout au plus à deux voisins, ne pourrait être vendue à un prix sérieux. Il n'en est pas de même des servitudes rurales, qui, n'exigeant pas, pour être exercées la contiguïté peuvent être utiles à un grand nombre de voisins.

Du jour où l'on admit qu'une *créance*, un *nomen*, pouvait faire l'objet d'une cession, il fut possible de la grever d'hypothèque (1). Mais l'hypothèque ainsi établie pouvait-elle constituer un droit réel, tout en ne portant que sur une action personnelle ? Certains auteurs le prétendent, d'autres en font, pour la circonstance,

---

(1) L. 7, C. (1. 39.

un droit quasi-réel, mais il faut bien nous rappeler que nous sommes sous l'empire du droit prétorien, et que, du reste, la question n'a pas d'intérêt pratique. Tout ce que l'on peut dire, c'est que le *pignus nominis* tient à la fois de la cession de créance et de l'hypothèque. Il tient de la cession de créance en ce sens : 1° que le créancier hypothécaire est tenu de notifier la constitution d'hypothèque au débiteur de son débiteur, sans quoi le premier pourrait valablement payer entre les mains du second, et l'hypothèque serait éteinte ; 2° que le créancier hypothécaire peut poursuivre le débiteur de son débiteur, au moyen d'une action utile, et se payer sur ce qu'il reçoit, si c'est du numéraire, ou dans le cas contraire acquérir une hypothèque nouvelle sur la chose payée (1). Le *pignus nominis* tient de l'hypothèque en ce sens que le créancier hypothécaire peut, par la voie de la cession, vendre la créance elle-même, et se payer sur le prix de la vente.

Si la créance hypothéquée est elle-même garantie par une hypothèque, comme le fait remarquer M. Van Wetter (2), en vertu du principe que l'accessoire suit le principal, « l'engagement de la créance confère encore une arrière-hypothèque sur la chose que le débiteur a en première hypothèque.... En vertu de cette arrière-

---

(1) L. 18, pr. *De Pign. act.* (13. 7). — Il faut supposer, dans ce cas, la créance hypothéquée échue avant la créance garantie.

(2) *Cours de Dr. rom*, 2° édit., t. I, p. 381.

hypothèque, le créancier peut vendre la chose frappée d'arrière-hypothèque. »

Cette dernière considération nous amène tout naturellement à parler du *pignus pignori datum* ou *subpignus*. La L 13, § 2 D. De Pign. et Hyp. (20, 1), nous apprend que l'on peut hypothéquer un gage ou une hypothèque. Mais sur quoi porte le subpignus, sur le droit d'hypothèque lui-même ; sur le nomen, ou sur la chose déjà grevée par la première hypothèque? Il ne porte pas sur la chose engagée, car nous n'avons pas le droit de grever la propriété d'une chose sur laquelle nous n'avons qu'un droit de gage ou d'hypothèque (1). Le véritable objet de l'arrière-hypothèque, c'est le droit de vendre qui appartient au premier créancier ; de là, la conséquence que si la créance de l'arrière-créancier hypothécaire est supérieure à celle qui appartient à son débiteur, l'arrière-créancier ne peut prélever, sur le prix de vente de la chose, que le montant de la créance de son propre débiteur, il doit restituer le surplus au débiteur de ce dernier.

Le pignus pignori datum entraîne l'hypothèque du *nomen*, et par suite doit produire toutes les conséquences du *pignus nominis*; car l'hypothèque, qui n'est qu'un droit accessoire, ne peut pas être séparée du droit principal qu'elle garantit. La constitution de l'arrière-

---

(1) Mayns, *Cours de Dr. rom.*, t. 1, § 251. — Van Wetter, *id.*, p. 382. — *Contra*, A. Jourdan, *L'Hypothèque*, p. 293.

hypothèque doit être notifiée au débiteur du débiteur, comme celle du *pignus nominis*, sinon la libération du débiteur du débiteur entre les mains de ce dernier éteindrait l'hypothèque.

L'hypothèque peut non seulement porter sur des choses isolées, mais elle peut encore grever un *ensemble de choses*, une *universitas rerum*; on peut hypothéquer un troupeau, une bibliothèque, un fonds de commerce, etc., etc.

En principe, l'hypothèque qui grève une *universitas rerum* comprend les choses qui se trouvent dans l'ensemble lors de la constitution d'hypothèque et celles qui y entrent dans la suite; elle frappe individuellement toutes ces choses, qu'elles restent ou qu'elles sortent de l'ensemble. Ainsi, l'hypothèque qui grève un troupeau frappe individuellement tous les animaux qui le composent, et si une tête de ce troupeau est vendue, l'hypothèque la suit entre les mains de l'acquéreur; le croît du troupeau est également affecté à l'hypothèque (1). Voilà la règle; voici maintenant l'exception. Si l'ensemble de choses hypothéqué fait l'objet d'un négoce, l'hypothèque ne frappe cet ensemble que tel qu'il se trouve composé au moment de l'exercice de l'action. Il eût été difficile, en effet, d'admettre que l'hypothèque grevant un fonds de commerce frappât tous les objets qui le composaient au moment de la constitution; car le com-

---

(1) L. 13, p. D. *De Pign. et Hyp.* (20). 1'.

merce consistant à vendre des marchandises et à les
remplacer par d'autres, eût été, dans ce cas, complètement paralysé; c'est donc par interprétation de la volonté des parties que la loi a introduit cette exception.

Des commentateurs veulent cependant faire de l'exception la règle; ils prétendent que les *universitates
rerum* ont une existence indépendante de celle des objets individuels dont elles sont composées, et argumen-
tant du texte de la L. 1, § 3, D., *De rei vindicatione*
(6, 1), *in fine* « *grex enim, non singula corpora vindica-
buntur*, » ils en concluent que, quelle que soit l'espèce
d'*universitas* sur laquelle porte l'hypothèque, le créancier, à l'échéance, ne pourra exercer son droit que sur
la chose telle qu'elle se trouvera à cette époque.

Mais nous voyons d'abord, L. 30, § 2, *De usucapio-
nibus* (41, 3), qu'on n'usucape pas un troupeau, mais
bien les diverses têtes de bétail qui le composent. La
L. 23, § 5, *De rei vindicatione* (6, 1), nous dit encore
que la revendication d'un troupeau n'est, au fond, que
la revendication des diverses têtes de bétail. Concluons-
en que, si l'on peut revendiquer un troupeau, cette faculté a été accordée au demandeur pour le protéger
contre les dangers de la *plus pétition*, qu'il aurait souvent encourue, s'il avait été obligé de fixer le nombre
de têtes de bétail qu'il prétendait être siennes, mais que
cette faveur ne peut rien changer à la règle que nous
avons posée.

Contrairement aux principes consacrés dans notre
Code civil (art. 2129), l'hypothèque conventionnelle, en

droit romain, peut porter sur le patrimoine entier du débiteur, c'est-à-dire non seulement sur tous ses biens présents, mais encore sur tous ses biens à venir. Lorsque l'hypothèque porte à la fois sur les biens présents et à venir du débiteur, elle prend le nom d'*hypothèque générale*. Cette hypothèque, qui doit être attribuée à l'Empire et qui a probablement son origine dans l'hypothèque générale du fisc, s'introduisit et se généralisa à tel point, dans la pratique, qu'elle devint de style (1); et l'on peut dire que la possibilité d'établir par convention des hypothèques générales, jointe au défaut absolu de publicité, ont été les deux causes des complications et des difficultés inextricables dont était hérissée l'application du régime hypothécaire romain.

L'hypothèque générale comprend tout ce qui peut faire l'objet d'une hypothèque spéciale : meubles, immeubles, créances ; l'esclave même qui a constitué l'hypothèque, sur l'ordre de son maître, est grevé (2). L'hypothèque générale porte également sur les sommes d'argent qui sont entre les mains du débiteur (3), tandis qu'une hypothèque spéciale sur une somme d'argent ne pourrait pas se comprendre. Les choses aliénées par

---

(1) L. 15, § 1, D. *De Pign. et Hyp.* (20. 1). — Justinien décide que toutes les fois qu'on hypothèque *omnes res suas*, l'hypothèque sera considérée comme portant sur tous les biens présents et futurs.

(2) L. 29, § 3, D. *De Pign. et Hyp.* (20. 1).

(3) L. 34, § 2, D. *Eod. Tit.*

le débiteur restent hypothéquées, celles qu'il acquiert
sont grevées, et, s'il fait un échange, l'hypothèque
frappe logiquement les deux biens échangés (1).

Celui qui concède une hypothèque générale sur ses
biens est cependant considéré comme n'ayant pas voulu
grever certaines choses : les objets usuels, les vêtements,
« et ex mancipiis quæ in eo usu habebit ut certum sit
eum pignori daturum non fuisse (2). » Aussi, la jurisprudence considéra-t-elle ces choses comme exceptées.

Cette faculté d'hypothéquer ses biens présents et à
venir a donné lieu à une controverse très intéressante
que nous allons étudier.

Par la nature même des choses, l'hypothèque portant
sur des biens à venir ne frappera ces biens qu'au moment de leur acquisition par le débiteur. Mais si nous
supposons un débiteur qui hypothèque ses biens présents et à venir à Primus, le 1er janvier 1877, et qui, le
1er janvier 1878, concède également à Secundus une
hypothèque générale. Aucun doute n'est possible en ce
qui concerne les biens acquis avant le 1er janvier 1878 ;
sur ces biens, Primus primera Secundus ; mais relativement aux biens qui seront entrés dans le patrimoine
du débiteur postérieurement à cette date, dirons-nous
qu'il y aura concours entre Primus et Secundus? Dirons-nous, au contraire, qu'il faudra tenir compte de

(1) V. Wetter, t. 1, p. 365.
(2) LL. 6 et 8. De Pign. et Hyp. 20. 1.

l'antériorité de la convention de Primus et lui appliquer la règle générale *prior tempore potior jure ?*

Nous adopterons cette dernière solution (1), et nous dirons que le principe général que nous venons de citer doit exercer ici son empire. Nous pouvons invoquer d'abord les textes, qui nous fournissent de puissants arguments. Scævola, dans la **L. 21,** *Qui pitiores,* nous propose l'espèce suivante : Titius, tuteur de Seïa, est condamné, par suite d'un compte de tutelle, à lui payer une somme déterminée. Pour garantir l'exécution de son obligation, il donne à sa pupille hypothèque sur ses biens présents et à venir, *« omnia bona sua quæ habebat quæque habiturus esset. »* Plus tard, il emprunte au fisc une somme d'argent, et lui fournit une hypothèque générale sur tous ses biens, *« ei res suas omnes obligavit. »* Avec cet argent emprunté, il paye à Seïa une portion de sa dette et opère pour le reste une novation, garantie, d'ailleurs, par la même hypothèque générale concédée lors de la première obligation. On demande si Seïa sera préférée au fisc non seulement par rapport aux biens que Titius possédait lors de la première obligation (avec le fisc), mais aussi relativement à ceux acquis depuis ce temps jusqu'au parfait paiement de Seïa, *« donec universum debitum suum consequatur ? »* Scæ-

---

(1) En ce sens, Machelard, *Textes sur les Hypothèques,* p. 125 et suiv., et parmi les anciens auteurs, Doneau, *De Pign. et Hyp.,* chap. xii, n° 7 à 10.

vola adopte l'affirmative et répond : « *Nihil proponi cur non sit præferenda* (1). »

Malgré ce texte si affirmatif, notre théorie a trouvé des contradicteurs. Cujas, l'un des premiers, s'est posé en adversaire de notre système (2). Suivant lui, les créanciers à hypothèque générale viennent en concours sur les biens que le débiteur acquiert, peu importe la date des conventions. Il invoque en faveur de son opinion la L. 7, § 1, D., *Qui potiores*. Voici l'espèce prévue dans cette loi par Ulpien : Je vous ai engagé mes biens à venir, et j'ai pareillement engagé à Titius un fonds de terre, dans le cas où j'en acquerrais la propriété : « *Si tibi quæ habiturus sum obligaverim et Titio specialiter fundum si in dominium meum pervenerit ;* » Ulpien, d'accord avec Marcellus, pense que les deux créanciers viendront en concours : « *Putat Marcellus concurrere utrumque creditorem et in pignore.* » — Ce texte, dont nous donnerons tout à l'heure le véritable sens, semble donner raison à Cujas, et, d'après lui, la décision donnée par Scævola ne contredit pas celle d'Ulpien. Le fisc, dit-il, a une hypothèque tacite sur les biens de ceux qui contractent avec lui ; cette hypothèque est soumise à la règle commune *prior tempore potior jure*, en tant qu'elle frappe les biens qui appartenaient au débiteur au moment du contrat passé avec le fisc, c'est-à-

_____

(1) L. 21, D. *Qui potiores* (20. 4).
(2) *Observat.* liv. x, chap. II.

6

dire les biens présents ; mais en tant qu'elle atteint les biens à venir du débiteur, elle se transforme en hypothèque privilégiée, et prime les droits des créanciers même antérieurs au fisc. Cette doctrine s'appuie sur la L. 28, D., *De jure fisci* (49, 14) (1). Ceci dit, voici comment Cujas interprète le texte de Scævola : Seïa prime le fisc sur les biens que Titius possédait lors de la première obligation (c'est-à-dire, d'après Cujas, lors de la constitution d'hypothèque à Seïa) et sur les biens qu'il a acquis depuis « quas post priorem obligationem adquisivit. » Quant à ceux que Titius a acquis après avoir contracté avec le fisc, c'est à eux que s'applique le privilége du fisc, qui, relativement à ces biens, primera Seïa.

Remarquons d'abord que rien, dans notre texte de Scævola, ne fait supposer que sa décision n'ait visé que les biens appartenant à Titius, lors de la constitution d'hypothèque à Seïa, et ceux acquis depuis cette constitution jusqu'au contrat avec le fisc; et l'on fait trop bon marché du dernier membre de phrase « donec universum debitum suum consequatur, » qui prouve clairement qu'il est aussi question des biens acquis postérieurement au traité avec le fisc; dès lors, à quoi bon

---

(1) Ce texte est ainsi conçu : « *Si qui mihi obligaverat quæ habet habiturusque esset, cum fisco contraxerit : sciendum est in re postea adquisita fiscum potiorem esse debere, Papianum respondisse. Quod et constitutum est ; prævenit enim causam pignoris fiscus.* »

imaginer l'existence, en faveur du fisc, d'un privilège qu'aucun texte ne consacre. Car, si la loi 28, *De jure fisci*, qui, nous le verrons, ne tranche rien à cet égard, semble au premier abord faire par les mots « quod constitutum est, » allusion à une constitution reconnaissant ce privilège; nous ne trouvons, au Code, aucun texte établissant au profit du fisc, et pour garantir ses créances contractuelles, autre chose qu'une hypothèque tacite et générale (1). Les partisans du concours (2) ne tardèrent pas, du reste, à rejeter, eux-mêmes, la fausse interprétation que Cujas, qui n'avait fait qu'emprunter l'opinion d'Accurse, avait donnée du texte de Scævola. Ce texte, en effet, ne pouvait pas s'expliquer par la loi 28, *De jure fisci*, puisque l'hypothèque générale tacite du fisc n'a été introduite que sous Caracalla (3), c'est-à-dire plusieurs siècles après Scævola. On imagina alors une nouvelle explication ; Seia, a-t-on dit, est bien réellement préférée au fisc sur les biens acquis même postérieurement à l'hypothèque du fisc, mais c'est pour une bonne raison : le débiteur avait engagé à Seia tous ses biens présents et à venir, « omnia sua quæ habebat, quæque habiturus esset, » tandis qu'il n'avait engagé au fisc que tous ses biens présents « omnes res suas. » Donc, pas de concours possible entre Seia et le fisc, puisque, sur les biens qu'avait le débiteur au mo-

---

(1) L. 2, C. *De Prie. fisci* (7. 73).
(2) Gluck, et après lui Puchta, Bachofen, Vangerow.
3. LL. 1 et 2, C, *In quib. causis.*

ment du contrat avec le fisc, ce dernier est primé par
Seïa, tandis que l'hypothèque de Seïa porte seule sur
les biens acquis depuis. Aussi, ajoute-t-on, ce n'était pas
pour régler le conflit dont nous parlons que Scævola
avait été consulté; on lui demandait uniquement si la
novation intervenue ne devait pas faire considérer Seïa
comme ayant perdu le droit acquis précédemment; si
cette novation, postérieure au contrat passé avec le fisc,
ne devait pas la faire primer par ce dernier. Le fragment
de Scævola est donc étranger à la question qui nous
occupe.

Cette seconde explication de notre texte n'est pas plus
admissible que celle d'Accurse et de Cujas; ce n'est
certainement pas sur l'influence de la novation que
Scævola est consulté, car la question ne fait pas de
doute; le créancier qui, en novant, réserve pour la nouvelle obligation les hypothèques attachées à la première,
continue à les avoir au même rang qu'auparavant; il
se succède à lui-même, comme le dit Papinien (1); c'est
one bien la question de préférence que Scævola a
tranchée. Quant aux mots *omnes res suas*, ils ont bien
la portée générale que nous leur avons donnée, et sur
laquelle la simple lecture du texte ne laisse aucun doute.
S'il en était autrement, et si l'hypothèque du fisc n'avait
porté que sur les biens présents, il n'eût certes pas été
nécessaire de consulter Scævola relativement aux biens

---

(1) LL. 3 et 12, § 5, D. *Qui potiores* (20. 4).

acquis postérieurement, et *jusqu'au paiement intégral de la dette* de Seïa.

Voyons maintenant comment l'on doit expliquer le texte dont argumentent les partisans du concours (1). Bien que, dans ce fragment, Ulpien parle d'un concours entre un créancier à hypothèque générale et un créancier à hypothèque spéciale sur un bien futur, si ce texte devait être interprété comme le veulent nos adversaires, il nous gênerait considérablement. Mais sa véritable explication nous a été donnée par Pothier dans ses Pandectes. Les deux créanciers ont obtenu au même moment, l'un son hypothèque générale, l'autre son hypothèque spéciale. Ulpien, il est vrai, est muet sur cette circonstance ; mais, sans nous attacher plus qu'il ne faudrait à la valeur de la conjonction *et*, qui doit faire présumer une constitution simultanée, nous tirerons du texte même la démonstration de notre supposition. De quoi se préoccupe Ulpien? De la prétention du créancier à hypothèque générale, que le fonds a été acquis avec les écus par lui prêtés, prétention qu'Ulpien écarte, d'accord avec Marcellus. Or, si le créancier avait eu l'antériorité de date, comment admettre qu'il eût omis d'invoquer cette raison pour primer son adversaire? C'est

---

(1) Nous reproduisons de nouveau ici ce texte pour le rapprocher de nos explications : « *Si tibi quæ habiturus sum obligacerim, et Titio specialiter fundum si in dominium meum percenerit, putat Marcellus concurrere utrumque creditorem et in pignore.* Ulpien, L. 7, § 1ᵉʳ, *Qui potiores* (20. 4).

précisément parce qu'il ne pouvait pas présenter cet argument, qu'il allègue que la chose acquise avec des deniers engagés, est, par cela seul, subrogée réellement à ces mêmes deniers au profit du créancier.

Nous avons vu plus haut que nos adversaires avaient renoncé eux-mêmes à invoquer la loi 28, D., *De jure fisci*, pour l'explication du texte de Scævola, cette loi lui étant bien postérieure. Mais comme ce fragment a pris place dans le Recueil de Justinien au même titre que le texte de Scævola, il faut tâcher de concilier ces deux décisions, à moins de vouloir reconnaître l'existence d'une antinomie. Nous savons déjà que si, dans la L. 28, *De jure fisci*, le fisc se trouve préféré au créancier hypothécaire, ce ne peut être en vertu d'un privilège qui n'a jamais existé ; la loi 2, au Code, *De privilegio fisci*, à laquelle se réfère la loi 28, D., *De jure fisci*, nous dit en effet, tout simplement, que le fisc primera la femme sur les biens du mari, *parce que son hypothèque a été constituée antérieurement à celle de la femme.* Si le privilège exorbitant admis par Cujas eût existé, l'empereur n'aurait pas donné comme motif de la préférence accordée au fisc, l'antériorité de son hypothèque ; donc Ulpien, dans la L. 28, *De jure fisci*, se plaçait dans une hypothèse semblable. Le texte de cette loi ne détermine pas, il est vrai, formellement, l'ordre dans lequel les hypothèques ont été consenties, mais il nous semble, avec Doneau et M. Macheland, que le verbe « *contraxerit* » peut parfaitement s'appliquer au passé, et doit s'entendre d'une convention formée avec le fisc

antérieurement à l'hypothèque générale concédée à
Titius.

M. Machelard invoque encore, en faveur de l'opinion
qui repousse le concours, un texte d'Africain que nous
allons traduire (1). Titia, après avoir hypothéqué à Titius
une maison qui ne lui appartient pas, l'a hypothéquée
également à Mævius. Plus tard, étant devenue propriétaire de cette maison, elle la donne en dot à son mari,
sous estimation. Cette estimation a pour effet d'en transmettre au mari la propriété parfaite et irrévocable (2).
Africain décide que, même dans le cas où Titius aurait
été payé de sa créance, l'hypothèque de Mævius n'en est
pas moins nulle, parce que le premier créancier étant
éliminé, le droit du second ne peut être validé qu'autant
que la chose se trouve dans les biens du débiteur. « Si
titio soluta sit pecunia, non ideo magis pignus conva-
lescere placebat ; tunc enim, priore demisso, sequentis
confirmatur pignus, quum res in bonis debitoris inve-
niatur. » Or, dans l'espèce proposée, la chose n'appartient plus à Titia, mais bien à son mari (3). Dans cette

---

(1) L. 9, § 3, D. *Qui potiores* (20. 1).

(2) D. *De jure dotium* (23. 3).

(3) Nous reviendrons sur ce texte d'Africain à propos de l'hypothèque de la chose d'autrui. Pour son intelligence, il faut savoir
que l'hypothèque pure et simple de la chose d'autrui (cas prévu
par notre texte) n'est pas validée par l'acquisition postérieure de
la propriété de cette chose par le constituant, mais que si la chose
se trouve encore dans le *dominium* de ce dernier, le préteur peut
accorder au créancier une action hypothécaire *utilis*.

hypothèse, les hypothèques de Titius et de Mævius sont nulles, comme constituées purement et simplement sur la chose d'autrui ; ces hypothèques ne sont pas validées, au point de vue du droit civil, par l'acquisition postérieure de la maison par Titia ; mais le préteur pouvait, *tant que Titia était propriétaire de la maison*, accorder aux deux créanciers des actions utiles, produisant les mêmes effets que les actions civiles. Titius a été désintéressé, Mævius espère arriver en rang utile et demande à faire valoir son hypothèque. La réponse que fait Africain signifie ceci : Si la chose hypothéquée avait été entre les mains de votre débitrice, votre hypothèque, grâce à l'intervention du préteur, aurait pu produire son plein et entier effet, la créance de Titius, *qui vous primait*, ayant été éteinte par le paiement ; mais la maison n'appartient plus à Titia, donc, etc.

Nous avons donc bien ici deux créanciers à chacun desquels est accordée successivement une hypothèque sur un bien appartenant à autrui. Postérieurement, la chose est acquise par le débiteur. Si, pour la raison que nous connaissons, l'hypothèque n'était pas nulle, Mævius serait venu en rang utile : pourquoi ? parce que Titius a été désintéressé ; mais si l'on n'avait pas payé Titius, Titius aurait primé Mævius ; donc, pas de concours. Cet argument de texte nous semble irréfutable (1).

(1 Machelard, *Textes sur les Hypothèques*, p. 123 et suiv.

Mais en droit, nous dit-on, il est impossible d'admettre que l'hypothèque frappe la chose, tandis qu'elle appartient encore à autrui; elle ne peut être atteinte qu'au moment où elle entre dans le patrimoine du débiteur qui l'a constituée; or, dès ce moment, elle est frappée simultanément par toutes les hypothèques sur les biens à venir existantes, et le concours est inévitable. Nous répondrons que l'hypothèque des biens à venir est une hypothèque conditionnelle, et qu'une fois la condition, c'est-à-dire l'acquisition réalisée, l'hypothèque prend rang du jour de la convention, parce que dès ce jour un lien de droit existait entre les contractants. On nous objecte que la condition est potestative de la part du débiteur, que, par suite, l'effet de la constitution d'hypothèque ne doit se produire que du jour de l'acquisition. Nous répondrons avec M. Machelard : « C'est étendre bien loin l'idée de la condition potestative que de l'invoquer ici. Elle n'est vraie que pour des faits que le débiteur peut à son gré exécuter ou omettre sans inconvénient pour lui, sans en ressentir de la gêne, et certes, il y aurait dans l'abstention de toute acquisition, quelque chose de bien lourd pour le débiteur.

Enfin, l'équité ne nous dit-elle pas elle-même, que si le débiteur a pu valablement grever son patrimoine futur au profit d'un premier créancier, il ne doit pouvoir affecter le même gage à un autre, qu'en respectant les droits qu'il a déjà conférés au premier? Accepter le concours, n'est-ce pas permettre au débiteur de frustrer son créancier, et de diminuer autant qu'il lui plaira, par de nouveaux engagements, la sûreté qu'il lui avait constituée. Il est impossible que les jurisconsultes romains aient admis une pareille solution, en repoussant une doctrine qui n'est que l'application de la règle si simple et si juste *prior tempore, prior jure*, et dont l'équité a fini par prévaloir dans notre droit et dans notre jurisprudence.

CHAPITRE V.

Du consentement et de la capacité des parties en matière de constitution d'hypothèque.

Nous entrons dans un ordre d'idées absolument spécial à l'hypothèque conventionnelle. Nous avons vu jusqu'ici, quelles dettes pouvait garantir l'hypothèque, quels biens elle pouvait grever ; nous allons maintenant nous occuper des parties contractantes, soit au point de vue de leurs rapports entre elles, soit considérées dans leurs rapports avec la chose grevée, en recherchant d'abord, de quelle manière leur consentement doit être manifesté ; en second lieu, quelle doit être la capacité de celui au profit de qui l'hypothèque est constituée, enfin quelle doit être celle du constituant.

SECTION Ire.

Du consentement.

La convention d'hypothèque est soumise aux conditions générales exigées pour la validité de toute convention, en ce qui concerne le libre consentement des
parties ; mais ce consentement libre, de quelle manière
doit-il être manifesté? Par un simple pacte, nous dit
Gaïus, *nuda conventione, per pactum conventum* (1).
Cette absence complète de solennité dans une convention dont nous avons fait, en droit français, un contrat
solennel, peut s'expliquer en droit romain. On se sou-
vient, en effet, si l'on se reporte à l'histoire des garanties
réelles, qu'en matière de *pignus* proprement dit, le
créancier rétrocédait souvent au débiteur, en vertu d'un
precarium ou d'un louage fictif, la possession de la
chose engagée que ce dernier venait de lui transmettre.
On s'accoutuma bientôt dans la pratique à ne plus
exiger cette remise qui devait être suivie d'une reprise
de possession, et l'on arriva, avec l'aide et la sanction
du droit prétorien, à faire dépendre du simple consentement la reconnaissance d'un *jus in re* (2).

Il suffit donc, pour constituer une hypothèque, d'un

---

(1) L. 1, prin., D. *De Pign. act.* (13. 7). — L. 1. *De Pign. et
Hyp.* (20. 1).
(2) M. Machelard, *Théorie générale des Interdits*, p. 109.

simple accord de volontés, peu importe la manière dont
il se manifestera. Point de formule sacramentelle, point
d'écrit, et s'il en est dressé, ils ne servent qu'à faciliter
la preuve (1). L'on peut même, par lettres missives, constituer et accepter une hypothèque (2) sans qu'il soit nécessaire que la lettre soit datée et signée ; car Scævola
nous dit que : « Cum convenisse de pignoribus videtur,
non idcirco obligationem pignorum cessare, cum dies aut
consules additi aut tabulæ signatæ non sint(3). » Un simple fait pourrait faire supposer une convention d'hypothèque ; par exemple, la remise des titres de propriété au
créancier (4). Le consentement pouvait donc être tacite,
et les textes font preuve de la facilité avec laquelle les
jurisconsultes admettaient son existence. Voici, entre
autres, l'espèce que rapporte Modestin : Un père qui
empruntait de l'argent, prie son fils d'écrire sous sa
dictée le billet constatant et reconnaissant sa dette, et
rappelle en même temps, dans ce billet, qu'il hypothèque,
pour garantir sa dette, une maison appartenant à son
fils. Le père meurt, le fils s'*abstient* de sa succession, et
l'on se demande s'il peut posséder sa maison *optimo
jure*, c'est-à-dire libre de toute charge, en se prévalant
de ce qu'il n'a fait qu'écrire l'*instrumentum* sur l'ordre
de son père, sans donner pour sa part aucun signe de

(1) L. 4, D. *De Pign. et Hyp.* (20. 1).
(2) L. 23, § 1, D. *Eod. Tit.*
(3) L. 3, § 1, D. *Eod. Tit.*
, (4 L. 2, C. *Quæ res pign.* ,8. 17.

— 93 —

consentement ? Modestin répond : qu'en écrivant de sa propre main, que sa maison serait grevée d'hypothèque en faveur de Séius, il a manifestement consenti à l'obligation que contractait son père (1).

On comprend tous les dangers que présentait un pareil système, surtout à l'époque classique où l'on pouvait joindre encore à la constitution d'hypothèque un *pacte commissoire*, grâce auquel le créancier, non payé à l'échéance, pouvait devenir propriétaire de la chose hypothéquée, à titre d'acheteur, le montant de la dette étant considéré comme le prix de vente (2). Nous savons, du reste, que ce pacte commissoire fut énergiquement proscrit par Constantin en l'an 326 (3), et que Sévère et Antonin ne permirent au créancier hypothécaire de devenir acquéreur de la chose que sur le pied d'une estimation faite à l'échéance, et en vertu d'une convention expresse lors de la constitution d'hypothèque (4).

L'hypothèque conventionnelle peut être constituée purement et simplement ; elle comporte également les modalités de terme et de condition, terme suspensif ou extinctif, condition suspensive ou résolutoire.

(1) L. 26, § 1, D. *De Pign. et Hyp.* (20. 1). — Voir aussi L. 5, § 2, D. *In Quibus causis* (20. 2).

(2) § 9, *Fragm. ratic.* — L. 18, princ., D. *De Contrahenda emptione* (1. 38).

(3) L. 3, C. *De Pactis pignorum.*

(4) L. 16, § 9, D. *De Pign. et Hyp.* 20. 1.

Le terme suspensif recule l'exercice de l'action hypothécaire, mais le rang du créancier est fixé du jour de
la convention (1); le terme extinctif fait tomber l'hypothèque, si, dans le délai fixé, le créancier n'a pas
intenté l'action (2); la condition résolutoire aura le
même effet, si lors de sa réalisation la dette n'est pas
échue, ou si la dette étant échue les démarches pour
intenter l'action ne sont pas commencées. Quant à la
condition suspensive, la volonté des partis peut lui donner
deux effets différents, ou bien l'arrivée de la condition
aura un effet rétroactif, et l'hypothèque prendra rang du
jour de la convention (3), ou la réalisation de la condition
n'aura pas d'effet rétroactif, et l'hypothèque n'existera
qu'à dater de l'événement prévu (4).

SECTION II.

Au profit de qui l'hypothèque peut être constituée.

Le créancier seul peut recevoir une hypothèque, mais
il peut la recevoir non seulement par lui-même, mais
encore par la personne qu'il a sous sa puissance.

Comme recevoir une hypothèque, c'est rendre sa

_____

(1) L. 12, § 2, D. Qui potiores (20). 4.
(2) L. 6, pr. D. Quib. mod. (20. 6).
(3) L. 13, § 5, D. De Pign. et Hyp. (20). 1.
(4) L. 11, § 2, D. Qui potiores (20. 4). — Voy. A. Jourdan
L'Hypothèque, p. 350.

condition meilleure, et qu'il suffit pour cela de la capacité la plus élémentaire, pouvons-nous dire que le
pupille, non autorisé de son tuteur peut recevoir une
hypothèque ? En ce qui concerne le gage, il n'y a pas
de doute possible (1), le pupille ne peut pas accepter de
gage *sine auctoritate tutoris, propter metum pigneratitiæ
actionis*. Mais ne pouvons-nous pas dire, en matière
d'hypothèque, que lorsque le pupille se fera mettre en
possession, il s'exposera également à l'action pigneratitia directa ? Nous admettrons donc que le pupille peut,
sans l'autorisation du tuteur recevoir une hypothèque,
mais qu'il ne pourra, sans cette autorisation, se faire
mettre en possession.

Est-il possible d'acquérir un droit réel *per extraneam
personam ?* Il suffit de connaitre le principe de non représentation, légué au droit classique par le droit primitif, pour répondre non, du moins en ce qui concerne
l'époque classique ; mais il faut soigneusement distinguer entre le cas où l'extranea persona n'est que le
nuncius, le porte-voix, pour ainsi dire, de l'acceptant, et
celui où elle agirait en vertu d'une *procuratio generalis*.
Dans le premier cas, l'acceptation est valable, comme
celle qui est faite par lettre missive, mais il en serait tout
autrement dans le second : « Per liberam personam,
dit Ulpien (2), pignoris obligatio nobis non adquiritur ;

___

(1) L. 33, D. *De Pign.* (20. 1).
(2) L. 11. § 6, D. *De Pign. act.* (13. 7).

adeo ut nec per procuratorem *plerumque* vel tutorem
adquiritur et ideo ipsi actione pigneratitia convenientur.
Sed nec mutat quod constitutum est ab imperatore nostro posse per liberam personam possessionem adquiri;
nam hoc eo pertinebit ut possimus pignoris nobis obligati
possessionem per procuratorem vel tutorem adprehendere ; ipsam autem obligationem libera persona nobis
non *semper* adquiret. » Si donc la convention d'hypothèque est intervenue entre le constituant et l'*accipiens*,
ce dernier pourra, par l'intermédiaire d'un mandataire
général, acquérir la possession de la chose hypothéquée,
mais un mandataire général ne peut pas acquérir pour
son mandant un droit d'hypothèque. Ne peut pas *toujours*, nous dit le texte ; que signifie cette restriction ?
Elle est facile à expliquer. On s'était peu à peu relâché
de la rigueur des principes, et Justinien, notamment,
permit à un *procurator generalis* qui prêtait de l'argent
pour le compte du *dominus*, de stipuler en sa faveur une
hypothèque, de lui acquérir l'action hypothécaire, comme
il lui acquérait la condictio certi (1). En introduisant le
texte d'Ulpien dans le Digeste, on a donc voulu le mettre
en harmonie avec la décision de Justinien, de là l'adjonction des mots « plerumque » et « semper. »

Un texte semble cependant, déjà dans le droit classique, introduire une exception au principe posé par Ulpien ; ce texte émanant de ce jurisconsulte lui-même est

---

(1) L. 2, C. *Per quas pers. nobis adqu.* (4. 27).

ainsi conçu : « Si inter colonum et procuratorem meum convenerit de pignore, vel ratam habente me conventionem, vel mandante ; quasi inter me et colonum convenisse videtur (1). Faut-il décider qu'il ne s'agit ici que d'un *nuncius*, d'un porte-parole, par l'intermédiaire duquel l'accipiens fait part au constituant de son acceptation (2) ? Devons-nous dire avec M. Machelard que cette dernière loi étant extraite d'un commentaire d'Ulpien sur l'interdit de Salvien, il n'y est question que de l'acquisition du droit d'exercer cet interdit (3)? Nous croyons préférable d'admettre simplement, dans ce cas, une exception au principe général, exception introduite dans le but de faciliter les rapports entre le bailleur et le fermier, au point de vue de la détermination des objets sur lesquels portera l'action Servienne. En acceptant cette dérogation à la règle, on s'expliquerait la présence des mots *plerumque* et *semper* dans la L. 11 §6. De Pign. act. d'Ulpien, sans être obligé de supposer une interpolation de la part des compilateurs de Justinien.

L'*adjectus solutionis gratia*, bien qu'ayant le pouvoir de recevoir le paiement, n'a pas le droit de recevoir une hypothèque ou un gage. C'est là, du reste, une conséquence du caractère accessoire de l'hypothèque, et si la possession du gage ou de l'hypothèque avait été

(1) L. 21, pr. D. De Pign. et Hyp. (20, 1).
(2) Voy. M. Jourdan, L'Hypothèque, p. 351.
3 M. Machelard, Théorie gén. des Interdits, p. 123.

7

conférée à l'adjectus solutionis gratia, on pourrait répéter la chose, même avant le paiement (1).

Un esclave, en dehors du cas où il stipule et acquiert pour son maître, peut-il, jouant lui-même le rôle de créancier, recevoir une hypothèque ? Remarquons d'abord qu'il ne peut jouer ce rôle qu'en stipulant de son propre maître ; il y a, dans ce cas, obligation naturelle. Mais le maître restant souverain dispensateur du pécule de l'esclave, le rôle de créancier de ce dernier ne s'accuse pas encore bien nettement ; aussi, la loi 56, § 1, D. De fidejuss. (46, 1), n'admet pas, en pareille occurrence, la possibilité d'une garantie personnelle. Il faut décider de même, que tant que l'esclave n'est pas affranchi, il ne pourra pas recevoir d'hypothèque ; mais s'il est affranchi, sans que son pécule lui soit enlevé, l'obligation naturelle, de son maître envers lui, pourra servir de point d'appui à une garantie accessoire (2).

Enfin, Modestin nous dit (3) : « In quorum finibus emere quis prohibetur, pignus accipere non prohibetur. » On pense généralement que ce fragment fait allusion aux gouverneurs de province, qui ne pouvaient acheter aucun immeuble dans le ressort de leur gouvernement, et qu'il leur accorde le droit d'acquérir cependant des hypothèques sur ces mêmes immeubles.

---

(1) L. 33, D. *De Pign. et Hyp.* (20. 1).
(2) M. Machelard, *Obligations naturelles*, p. 189.
(3) L. 21, D. *De Pign. et Hyp.* (20. 1).

SECTION III.

Qui peut hypothéquer ?

En principe, pour constituer valablement une hypothèque, il faut d'abord être propriétaire de la chose ou du droit que l'on veut grever ; il faut, de plus, être capable d'aliéner.

1° *Le constituant doit être propriétaire.*

Pourquoi exige-t-on cette qualité ? C'est que la convention d'hypothèque doit créer, entre le créancier et la chose donnée en garantie, un rapport direct, un droit réel, que le propriétaire seul peut établir ; car, *nemo plus juris in alium transferre potest quam ipse habet.* La vente d'une chose dont on n'est pas propriétaire, est valable, en droit romain, parce que la vente est simplement créatrice d'obligation. Le vendeur doit simplement procurer à l'acheteur la possession de la chose, *rem habere licere, possessionem tradere,* et cette obligation peut être accomplie par un non propriétaire. Au contraire, un propriétaire seul peut concéder sur sa chose un droit réel.

Est-ce à dire qu'il faille, pour établir une sûreté réelle, avoir sur la chose que l'on veut engager, le *dominium ex jure quiritium,* et ne peut-on pas hypothéquer des choses que l'on a simplement *in bonis* ? L'affirmative n'est pas douteuse, puisque ce dernier genre de propriété est, comme l'hypothèque, d'origine prétorienne ; mais, dans ce cas, l'hypothèque ne sera valable qu'à l'égard de ceux contre lesquels le propriétaire pouvait lui-même exercer l'action Publicienne.

C'est ce que démontre un texte de Paul, au sujet d'une chose mancipi qu'un acheteur n'a reçu que par simple tradition : « Si ab eo qui Publiciana uti potuit ; quia dominium non habuit pignori accepi, sic tuetur me per Servianam prætor, quemadmodum debitorem per Publicianam (1). » A l'époque de Justinien il n'y a plus de distinction à faire entre les biens simplement *in bonis* et ceux sur lesquels on a le dominium ex jure quiritium, et le premier cas d'application de l'action Publicienne n'existe plus. Mais le second cas dans lequel l'action Publicienne est accordée admet la même solution en ce qui concerne la constitution d'hypothèque : « Si debitor servum quem a non domino bona fide emerat et pignoravit teneat, Serviana locus erit. Et si adversus eum agat creditor, doli replicatione exceptionem elidet ; et i'a Julianus ait, et habet rationem (2). » Si donc un créancier a reçu une hypothèque, par exemple, sur un esclave, que son débiteur avait acquis de bonne foi et *ex justa causa* d'un non propriétaire, ce créancier pourra exercer son action hypothécaire contre tous ceux contre lesquels le débiteur pouvait intenter l'action Pu-

---

(1) L. 18, D. *De Pign. et Hyp.* 20. 1.
(2) L. 21, § 1, D. *Eod. Tit.*

blicienne ; il pourra agir contre le débiteur lui-même,
et si ce dernier lui répond qu'il n'était pas propriétaire,
il lui opposera la réplique de dol. Si le créancier se
trouve nanti, il répondra à l'action Publicienne du débiteur par l'exception : *Quem de eictione tenet actio
eumdem agentem repellit exceptio* (1). Le créancier hypothécaire ne pourra pas, du reste, triompher, par l'action quasi Servienne contre ceux qui possèdent *mel'ori*
ou *pari causa* que le débiteur, puisque ce dernier ne
pourrait pas triompher contre eux par la Publicienne.

Il faut donc, pour constituer valablement une hypothèque, avoir au moins sur la chose hypothéquée le
domaine bonitaire ; et toute hypothèque constituée purement et simplement sur la chose d'autrui est nulle. Il
va sans dire que le débiteur peut très bien ne pas être
propriétaire de l'immeuble hypothéqué en garantie de
sa dette; car, de même que l'on peut valablement payer
la dette d'autrui, de même un tiers, jouant le rôle de
constituant, peut très bien hypothéquer sa propre chose
pour sûreté de l'obligation du débiteur. En effet, si
l'hypothèque doit toujours se rattacher à une dette principale, la qualité de constituant est indépendante de celle
de débiteur.

Par extension, nous ne considérerons pas comme
une hypothèque sur la chose d'autrui celle qu'un débiteur non propriétaire établit sur un fonds avec le

---

1) V. Alf. Jourdan, *L'Hypothèque*, p. 359.

consentement du propriétaire, ni même celle constituée *a non domino* sur la chose d'autrui, à l'insu du maître, lorsque ce dernier la ratifie. Paul dit, en effet : « Aliena res pignori dari sine voluntate domini non potest ; sed et si ignorante eo dati sit et ratam habuerit, pignus valebit (1), » sans préjudice, naturellement, aux droits réels consentis sur la chose par le maître avant la ratification (2). On assimilerait même à une ratification le fait, de la part du propriétaire, d'avoir laissé hypothéquer son bien au profit d'un tiers qui ignorait que la chose n'appartenait pas au constituant (3).

Passant maintenant à un autre ordre d'idées, nous dirons que l'hypothèque constituée sur la chose d'autrui est valable, si elle a été constituée sur cette chose, à la condition qu'elle deviendra la propriété du constituant. « Aliena res potest utiliter obligari sub conditione : si debitoris facta fuerit, » nous dit Marcien (4). Concéder une hypothèque sur une chose, pour le cas où elle deviendrait nôtre, ce n'est pas, pour ainsi dire, hypothéquer la chose d'autrui ; en effet, si, par suite du lien d'obligation qui existait dès l'origine entre les parties, l'hypothèque a pu trouver un point d'appui, et, dans le cas de la réalisation de la condition, être considérée comme produisant effet du jour de sa constitution, il

---

(1) L. 20, pr. D. *De Pign. act.* (13. 7).
(2) L. 16, § 1, D. *De Pign. et Hyp.* (20. 1).
(3) L. 2, C. *Si alienas res* (8. 16).
(4) L. 16, § 7, D. *De Pign. et Hyp.* (20. 1).

n'en est pas moins vrai que l'objet hypothéqué ne sera
atteint par elle que lorsqu'il sera entré dans le patrimoine du constituant. Ce que nous venons de dire s'applique également à l'hypothèque d'une chose future, cas
dont il a été longuement question dans le chapitre précédent.

L'hypothèque constituée purement et simplement sur
la chose d'autrui est nulle, avons-nous dit ; demandons-
nous cependant ce qui aura lieu, si la chose hypothéquée devient ultérieurement la propriété du débiteur, ou
si le maître de la chose devient héritier de ce même débiteur.

*Première hypothèse. — Le constituant devient ulté-
rieurement propriétaire de la chose grevée. —* Ce cas
est prévu par Papinien dans L. 1re, *Pr. De Pign. et
Hyp.* (20, 1). Il est certain, tout d'abord, que le fait, par
le constituant, d'acquérir la propriété, ne peut avoir pour
effet de valider rétroactivement la convention d'hypothèque. Il est tout aussi clair, pour qui connaît les conditions d'exercice de l'action quasi-Servienne, que cette
action ne pourra être donnée dans le cas qui nous occupe. Nous savons, en effet, qu'en matière d'hypothèque constituée purement et simplement, le créancier qui
veut exercer l'action Servienne doit prouver, qu'au moment de la constitution, la chose était *in bonis* du débiteur (1). Le créancier n'a donc aucun moyen de faire

---

1) L. 15, § 1, D. *Eod. Tit.* — L. 23, D. *De Probationibus.*

valoir son droit, et cette impossibilité est constatée formellement dans la L. 5, C., *Si aliena res* (8, 16). Mais
comme nous sommes ici sous l'empire du droit prétorien fondé sur l'équité, et que le débiteur « improbe
resistit quominus actio moveatur (1), » le préteur vient
au secours du créancier. C'est ce qui résulte d'une constitution de Dioclétien et Maximien : « Cum res nec dum
in bonis debitoris est pignori data ab eo, postea in bonis
ejus esse incipiat, ordinariam quidem actionem super
pignore non competere manifestum est, sed tamen æqui-
tatem facere ut facile utilis persecutio exemplo pigneratitiæ detur (2). » La loi 1, pr. D., *De Pign. et Hyp.*, nous
dit de plus : « In speciem autem alienæ rei collata conventione, si non fuit ei qui pignus dabat debita, postea
debitori dominio quæsito, *difficiliùs* creditori qui non
ignoravit alienam, utilis actio dabitur, sed facilior erit
possidenti retentio. » Si donc le créancier est de bonne
foi, on lui accordera une action *quasi-Serriana utilis*,
et, s'il est nanti, il repoussera son débiteur par l'exception de dol. Mais, s'il est de mauvaise foi, ou, pour
parler plus exactement, s'il savait qu'au moment de la
convention d'hypothèque la chose n'appartenait pas au
débiteur? Pas de doute, s'il est nanti; il aura alors un
droit de rétention; mais, s'il n'est pas nanti, doit-on
lui accorder l'action utile? Les termes dont se sert Papinien, dans le texte que nous venons de citer, ne sont

---

(1) L. 11, D. *De Pign. act.* (13, 7).
(2) L. 5, C. *Si aliena res pign.* (8, 16).

pas bien formels. Des auteurs prétendent que ce mot
« *difficilius* » équivaut, dans la bouche des jurisconsultes, à une négation absolue; ils ajoutent qu'un créancier qui n'ignorait pas que la chose qu'on lui donnait
en garantie était la chose d'autrui, est de mauvaise foi;
que, par suite, il ne peut pas invoquer l'équité en sa faveur; enfin, disent-ils, la loi 16, § 1, D., *De Pign. act.*,
est aussi formelle que possible pour n'accorder l'action
pigneratitia contraria qu'au créancier de bonne foi, et
il doit en être ainsi de l'action hypothécaire utile (1).
N'est-il pas plus simple de laisser au mot *difficilius* son
vrai sens, et de dire que le préteur, *causa cognita*, fera
ce qui lui semblera équitable, c'est-à-dire accordera ou
refusera l'action *utilis*? Au reste, un créancier peut parfaitement accepter sciemment une hypothèque sur la
chose d'autrui sans être de mauvaise foi, si, par exemple, il a de fortes raisons de croire que la chose appartiendra un jour à son débiteur. A qui porte-t-il préjudice
en agissant ainsi, puisqu'il sait que, tant que la chose
n'appartiendra pas au débiteur, il ne pourra pas même
obtenir une action utile contre le détenteur? Le créancier
qui agit ainsi n'est pas de plus mauvaise foi que celui
qui stipule la chose d'autrui (2).

Deuxième hypothèse. — *Le véritable propriétaire
devient l'héritier du constituant.* — L'hypothèque sera-

---

1 Voy. Doneau, *De Pign. et Hyp.*, chap. vii, n° 12 et suiv.
2. Alf. Jourdan, *L'Hypothèque*, p. 373 et suiv.

t-elle validée ? Paul, dans la L. 1, D., *De Pign. act.*
(13, 7), répond négativement, et, après avoir accordé au
créancier une action utile contre le constituant, il ajoute :
« Non est idem dicendum si ego Titii qui rem meam
obligaverat *sine mea voluntate* heres existero : hoc enim
modo pignoris persecutio concedenda non est creditori. »

Modestin, au contraire, répond affirmativement dans
la L. 22, D., *De Pign. et Hyp.* (20, 1) : « Si Titio qui
rem meam ignorante me, creditori suo pignori obligaverat heres existero, ex postfacto pignus directe quidem
non convalescit, sed utiles pigneratitia actio dabitur creditori. »

Comment admettre que deux solutions si opposées
aient trouvé place dans le Recueil législatif de Justinien ? Aussi, les tentatives de conciliation n'ont pas
fait défaut. Doneau, d'après les glossateurs, pense qu'il
s'agit, dans le texte de Modestin, non pas de l'action *in
rem utile*, mais de l'action personnelle née du contrat
de *pignus*, et donnée au créancier qui a reçu en gage la
chose d'autrui, pour l'indemniser du préjudice que lui
cause cette fraude (1).

Sans doute, le créancier est investi, en pareil cas,
d'une action *pigneratitia contraria* ; mais ce n'est pas
cette action que Modestin a pu viser dans la L. 22, *De
Pign. et Hyp.* D'abord, il est impossible d'argumenter du

____

(1) Doneau, *De Pign. et Hyp.*, chap. VII, n° 20.

mot *pigneratitia* ; nous savons que, dans les textes, les mots *pigneratitia*, *quasi-Serciana*, ou *hypothecaria actio*, sont employés comme synonymes, de même qu'on écrit indifféremment *pignus* pour *hypotheca*, et réciproquement. Mais l'argument décisif contre l'opinion de Doneau, c'est qu'il n'est pas besoin d'accorder au créancier une action utile personnelle contre l'héritier du constituant ; car celui-ci a succédé aux obligations passives de son auteur, et peut, comme lui, être tenu de l'action *pigneratitia* personnelle, qu'il soit ou non propriétaire de la *res pignorata*. Comment, dès lors, expliquer dans cette opinion ces mots « ex postfacto directe quidem pignus non convalescit, » etc., puisque, même avant le *postfactum*, l'action *pigneratitia* existait au profit du créancier contre le constituant lui-même ? Si, d'ailleurs, l'on admet que le contrat est nul *ab initio*, l'héritier ne pourra pas être contraint à le valider par une nouvelle opération juridique que le *de cujus* n'a pu faire valablement ; il pourrait seulement être tenu d'indemniser le créancier du préjudice à lui causé.

Voët (1) repousse la conciliation proposée par Doneau, et reconnaît que, dans l'une et l'autre loi, il est question de l'action hypothécaire utile ; mais à son tour il explique la divergence qui existe entre les textes de Paul et de Modestin, par une différence dans les espèces prévues. Modestin supposerait que le gage a été constitué

_____

(1) *Ad Pandectas*, livre 20, tit. III, n° 5.

ignorante domino, c'est-à-dire à l'insu du maître, tandis que Paul parlerait d'un gage constitué *sine volun- tate domini*, ce qui, d'après Voël, signifierait : au su et contre le gré du maître. Dans un cas, donc, le pro- priétaire aurait simplement ignoré l'acte du constituant, et dès lors devenu héritier de celui-ci, il serait tenu de respecter cet acte. Dans l'autre, il s'y serait opposé, et cette manifestation de volonté contraire le rendrait étranger à l'obligation de maintenir le gage.

Deux raisons ne permettent pas d'admettre cette solution ingénieuse : d'abord, la traduction de *sine mea voluntate*, par contre ma volonté, est beaucoup trop forcée ; ensuite, ce qui vicie la constitution d'hypothèque, c'est l'absence, chez le constituant, de la qualité de pro- priétaire, et ce vice existe aussi énergiquement dans l'hypothèse de l'ignorance que dans celle de l'opposition du *dominus*.

Cette seconde conciliation n'est donc pas plus admis- sible que la première ; et de nos jours, les deux lois en question ont de nouveau exercé la sagacité des inter- prètes. Nous pensons qu'il vaut mieux reconnaître tout simplement l'antinomie ; mais nous ne faisons que déplacer la question, car nous avons maintenant à nous demander quelle était, de l'opinion de Modestin, ou de la décision de Paul, celle qui triomphait dans le droit de Justinien.

Cujas (1) pense que le sentiment de Modestin doit

(1) *Observat*, 19, 26.

être préféré : la circonstance qu'il vivait postérieurement à Paul, la place assignée à son texte dans les pandectes, les modifications que Justinien avait fait subir aux principes rigoureux, en décidant : « Ut liceat et ab heredibus et contra heredes incipere actiones et obligationes (1); » enfin, l'analogie à tirer du cas où le défunt avait vendu la chose de l'héritier, cas dans lequel Ulpien (2) décidait que le propriétaire héritier ne pouvait pas revendiquer efficacement; toutes ces considérations, suivant plusieurs auteurs, militent en faveur de l'opinion de Modestin (3).

Tout en adoptant cette solution, nous n'admettrons pas le parallèle que l'on veut établir en dernier lieu entre la vente de la chose de l'héritier et l'hypothèque de cette même chose. La comparaison manque de justesse. « Les deux situations, dit M. Accarias (4), « n'ont pas d'analogie réelle ; car la convention d'hypothèque n'oblige pas, tandis que la vente oblige, quel que soit l'héritier du vendeur. »

Nous avons déjà parlé de l'hypothèque des droits de superficie et d'emphytéose, à propos des droits réels susceptibles d'hypothèque; nous devons y revenir un instant pour nous demander quelle sera la portée de la

---

(1) L. 1, C. Ut act. ab. hered. (t. 11).
(2) L. 1, § 1, D. De Except. rei venditæ (21. 3).
(3) En ce sens, M. Machelard, Hyp., p. 123. — Alf. Jourdan, L'Hyp., p. 376.
(4) Précis de Dr. rom., t. 1, p. 68, note 3.

constitution d'hypothèque faite par le superficiaire et l'emphytéote? Cette hypothèque portera sur le fonds lui-même *(prædium)* et non simplement sur le droit réel. « Vectigale *prædium* pignori dari placuit, sed et superficiarium (1); » et le droit prétorien qui accorde au superficiaire et à l'emphytéote, l'action en revendication contre les tiers et le propriétaire lui-même, ainsi que le droit de grever le *prædium* de servitudes, leur permet également de constituer sur ce fonds des hypothèques opposables à tout tiers détenteur, y compris le propriétaire (2); tout cela, sauf le droit qu'a ce dernier d'exiger le *solarium* ou d'exercer le droit de préemption en cas de vente (3).

2° *Le constituant doit être capable d'aliéner.*

En principe, outre la qualité de propriétaire, il faut avoir pour constituer une hypothèque valable, la faculté d'aliéner.

En conséquence, le *paterfamilias* peut hypothéquer sa chose, soit par lui-même, soit par une personne en sa puissance, soit par un mandataire *sui juris*.

Spécialement en ce qui concerne le mandataire, les Romains semblent admettre plus facilement la représentation, lorsqu'il s'agit de grever le débiteur, que lors-

---

(1) L. 16, § 2, D. *De Pign. act.* (13. 7).
(2) L. 13, § 3, D. *De Pign. et Hyp.* (20.1).
(3) Voy. A. Jourdan, *L'Hyp.*, p. 358.

qu'il est question d'acquérir une hypothèque au créancier. Le texte de Paul, L. 20 pr. D. *De Pign.*, *act.* (13,7), qui déclare l'hypothèque de la chose d'autrui valable si elle a été ratifiée par le propriétaire, nous donne ici une grande latitude. Non seulement le mandataire muni d'un pouvoir spécial, pourra valablement hypothéquer la chose du mandant, mais encore le mandataire qui n'a reçu qu'un mandat général pourra le faire, si son mandant avait l'habitude d'emprunter de l'argent de cette façon (1).

Le fils de famille, l'esclave, peuvent hypothéquer la chose du père ou du maître, de son consentement ; ils ne sont alors que les instruments du *paterfamilias* (2). Mais le fils de famille et l'esclave qui ont un pécule ne peuvent hypothéquer une chose en faisant partie, que s'ils ont le droit de *libera administratio* (3), et si cette constitution d'hypothèque présente le caractère d'un acte d'administration. La question de savoir jusqu'où pourra aller leur droit, sera toujours une question de fait (4). Il faut toutefois remarquer que le pécule *castrens* duquel il faut du reste rapprocher le pécule *quasi-castrens*, peuvent être librement hypothéqués par le fils de famille, qui a, relativement aux biens qui

---

(1) L. 12, D. *De Pign. act.* (13. 7).
(2) L. 29, § 3, D. *De Pign. et Hyp.* 20. 1).
(3) LL. 18, § 4, et 19, *Eod. Tit.*
(4) L. 1, § 1, D. *Qua res pign.* (20. 3). — L. 12, D. *De Pign. act.* (13. 7).

les composent, tous les pouvoirs d'un *paterfamilias* (1).

Nous savons aussi que la femme ne peut engager ou
hypothéquer, dans l'intérêt d'un tiers, une chose lui
appartenant. Cet acte constitue en effet une *intercessio*
qui tombe sous l'application du sénatus-consulte
Velleien (2).

L'administrateur des biens d'une cité peut hypothéquer les biens de cette cité pour garantir un emprunt
municipal; mais il ne peut le faire dans aucun autre
cas (3).

Le pupille ne peut hypothéquer ses biens *sine tutoris
auctoritate* (4). C'est une application du principe qu'il
ne peut rendre sa condition pire. De même, l'interdit
ne peut pas plus hypothéquer ses biens qu'il ne peut
les aliéner. Mais les tuteurs et curateurs peuvent valablement engager les biens de leurs pupilles et mineurs,
pourvu que, ce faisant, ils gèrent l'affaire de l'incapable
confié à leur garde. Toutefois, en vertu d'un sénatus-
consulte rendu sous Septime-Sévère et Caracalla, il fut
défendu aux tuteurs d'hypothéquer les *prædia rustica
vel suburbana* des pupilles, sans un décret du *præses
provinciæ* ou du *prætor urbanus*, qui ne doit donner

---

1) L. 2, D. *De Scto Maced.* (14. 6).
2) LL. 8 et 32, §.1, D. *Ad Sctum. Vell.* (16. 1. — L. 4, C. *Eod.
Tit.* (4. 29).
3) L. 11, pr. D. *De Pign. et Hyp.* (20. 1).
4) L. 1, pr. D. *Quæ res pign.* (20. 3).

son autorisation qu'en cas d'absolue nécessité (1).
Constantin étendit la prohibition du sénatus-consulte
aux *prædia urbana* et à certains meubles précieux (2).

Nous sommes arrivés au terme de notre travail ; nous
avons vu par quelle lente progression les Romains sont
arrivés à la théorie de l'hypothèque, par quelle porte
étroite ce mode de sûreté réelle avait pénétré dans leur
législation, et comment une organisation défectueuse
en a paralysé le développement. L'étude des effets du
pignus nous révélerait d'autres imperfections ; mais le
défaut de publicité, la possibilité de constituer des hypothèques générales conventionnelles, tels sont les deux
vices capitaux du régime hypothécaire romain. Il semble
qu'une étude plus approfondie des besoins sociaux et
économiques eût dû facilement indiquer les réformes
nécessaires pour atteindre le but que s'était proposé le
préteur, et que ce qui restait à faire pour le perfection-
nement de l'hypothèque était bien peu de chose à côté
de ce qui avait été fait. Mais comment aurions-nous le
droit de nous étonner de ce que l'hypothèque soit restée, chez les Romains, à l'état pour ainsi dire rudi-
mentaire, lorsque nos législateurs modernes, malgré
l'expérience léguée par les siècles, malgré les immenses
progrès réalisés sous ce rapport, ne sont pas encore
arrivés à nous donner une organisation hypothécaire
exempte de toute obscurité et de tout danger ?

---

(1) LL. 1, § 2; 5, § 9; 8, § 2, et 11 D. *De Rebus eo. um* (27, 9).
(2) L. 22, C. *De Adm. tut.* (5. 37).

8

DROIT FRANÇAIS

DE LA PUBLICITÉ DES HYPOTHÈQUES.

I.

ANCIEN DROIT FRANÇAIS.

Nous avons vu, dans la première partie de notre travail, que le vice fondamental de l'hypothèque, à Rome, était le défaut absolu de publicité. Nous allons rechercher, dans cette seconde partie, comment notre législation a été purgée de ce vice.

L'hypothèque romaine passa en Gaule après la conquête, et, sur ce point comme sur beaucoup d'autres, les principes romains, y compris la clandestinité, restèrent, malgré l'invasion des Francs, la loi des Gallo-Romains.

Il serait, sans doute, téméraire de demander aux institutions barbares, qui régissaient le reste de la Gaule, un système de crédit bien ordonné; l'hypothèque est une conception qui se rattache à des idées juridiques trop abstraites pour être bien en faveur chez des peuples primitifs. Leurs esprits grossiers comprennent bien mieux le gage et l'antichrèse, et, dans des temps de violence où la force brutale l'emportait sur la raison et sur le droit, que le pouvoir social était souvent impuissant à faire respecter, une mise en possession directe devait être considérée comme la meilleure garantie.

Il ne fallait rien moins que les bouleversements des IX⁴ et X⁴ siècles, l'établissement de la féodalité et la consolidation du pouvoir qui en résulta, pour rendre au crédit son utilité et le vivifier en lui procurant une sanction efficace. La clandestinité ne pouvait convenir aux provinces du Nord, qui, dégagées de toute idée préconçue et libres d'esprit d'imitation, sentirent la nécessité de solennités extérieures qui vinssent frapper leurs sens, fixer leurs souvenirs et engager efficacement leur parole.

Aussi, au moment où la lumière se fait dans l'histoire juridique du moyen âge, nous trouvons le droit romain restauré dans tout le midi de la France, pénétrant de son influence les coutumes nationales, et, spécialement en ce qui nous occupe, nous voyons la clandestinité de l'hypothèque à peu près universellement admise, tandis que quelques coutumes du Nord du royaume et des Pays-Bas nous présentent un système assez complet de publicité. C'en est assez pour établir un contraste entre le système des hypothèques occultes et celui des hypothèques publiques, et faire ressortir les avantages du second, avantages qui, du reste, ne manquèrent pas d'attirer à plusieurs reprises l'attention des jurisconsultes et des hommes d'État.

Nous ne dirons rien des provinces où l'hypothèque occulte était en usage : nous ferons simplement remarquer qu'outre la maxime : *Meubles n'ont de suite par hypothèque* (1), maxime générale du droit français, elles avaient encore dérogé aux principes romains en ce point que la garantie hypothécaire n'était attachée, de plein droit, qu'aux actes authentiques et aux actes sous seing privé reconnus en justice ou déposés chez un notaire. Pour emporter hypothèque, l'acte devait être passé chez le notaire, dans le ressort où il lui était permis d'instrumenter. Il n'y avait d'exception que pour les notaires du Châtelet de Paris, d'Orléans et de Montpellier, qui, par privilège, avaient le droit de passer des actes par tout le royaume (2).

Cette intervention des notaires donnait bien à l'hypothèque un caractère d'authenticité, mais le secret de l'hypothèque n'en était pas moins absolu ; une large voie était ouverte au stellionat ; celui qui prêtait sur hypothèque ne pouvait savoir s'il viendrait en rang utile,

---

(1) Dans les coutumes de Paris et d'Orléans, les meubles n'étaient point susceptibles d'hypothèque. Dans quelques autres, telle que celle de Normandie, les meubles étaient susceptibles d'une hypothèque imparfaite, en ce sens qu'elle ne produisait qu'un droit de préférence, mais non un droit de suite ; c'est là le véritable sens de la maxime que nous avons citée et dont l'examen ne rentre pas dans le cadre de notre étude.

(2) Ordonnance de 1302 de Philippe-le-Bel. — Lettres patentes de Louis XII, avril 1510.

celui qui achetait des terres pouvait, d'un jour à l'autre,
être évincé ; de là, des cautions personnelles, des prix
excessifs, des intérêts usuraires, des aggravations de
toute nature dans les conditions des ventes et des em-
prunts.

Il n'en était pas ainsi dans quelques coutumes du
Nord, et nous allons indiquer rapidement les voies qui
y étaient employées pour procurer la publicité des hypothèques, ainsi que les efforts plusieurs fois tentés pour
généraliser ces pratiques. Deux sortes de documents
peuvent servir à cette étude : le texte des coutumes et
les édits des rois de France.

§ 1er. — Coutumes de nantissement.

Nous citerons, parmi les coutumes de nantissement,
celles de Boulonnais, d'Amiens, de Péronne, de Vermandois, de Senlis, de Saint-Quentin, Laon, Reims,
Chauny, d'Alsace, de Flandre et des Pays-Bas envi-
ronnant la Picardie, c'est-à-dire tous les pays qui composent le Nord et le Nord-Est de la France.

D'autres pays adoptèrent aussi les principes du nantissement ; c'est ce qu'attestent les statuts de Cologne,
d'Ulm et de Kiel, ceux de Pologne, qui datent des années
1575 et 1588 ; c'est ce que nous enseignent encore les
anciens usages de l'Ecosse et de l'Irlande, ainsi que les
statuts donnés par la reine Anne aux comtés d'York et
de Middelsex.

La forme essentielle adoptée par ces pays fut le nantissement ou saisine, c'est-à-dire l'inscription d'un nouveau titulaire d'un droit réel d'hypothèque ou autre sur des registres publics tenus par des officiers préposés par le seigneur.

Les seigneurs avaient jadis la propriété pleine et entière de tous les biens, de tous les héritages compris dans leur territoire. Plus tard, ils inféodèrent ou accensèrent des parties de ce territoire à leurs vassaux. Le domaine direct restait entre leurs mains, et le vassal ne pouvait aliéner, et, par conséquent, hypothéquer un immeuble sans l'intervention du seigneur. Les donations, les ventes, les constitutions d'hypothèque qu'il faisait n'étaient, comme le dit Merlin, que des *procurationes ad exhibendum* (1). Ce jurisconsulte assimile le vassal à un bénéficiaire qui, incapable de transmettre directement sa prébende, la remet au collateur, qui, seul, peut la conférer à la personne indiquée par l'acte de résignation.

Les droits réels ne pouvaient donc s'acquérir que par le moyen d'un ensemble de formalités appelé nantissement, qui se résumait en une mise de possession opérée, soit par les officiers du seigneur dont les biens étaient mouvants, soit par les juges royaux dont les biens relevaient. Dans le premier cas, elle comprenait les devoirs de loi qui nécessitaient deux formalités distinctes, une *saisine ou adhéritance ou rest*, une *dessaisine ou déshé-*

---

(1) *Répertoire, v° Nantissement.*

ritance ou décest; dans le second, elle prenait généralement le nom de *main mise* ou de *main assise.* Ces deux sortes de mise en possession avaient, du reste, le même but.

Ces formalités s'appliquaient aux *censives* et aux fiefs; mais le nantissement était-il obligatoire pour les biens de franc-alleu? Les coutumes de Péronne et de Vermandois n'exigent pas l'ensaisinement pour ces sortes de biens, et Merlin ne s'en étonne pas, car il ne voit dans la nécessité du nantissement qu'une sorte de satisfaction donnée au seigneur, pour lequel ces formalités ne seraient qu'une occasion d'affirmer ses prérogatives et de percevoir des droits (1). C'est aller trop loin, ce nous semble; et si les devoirs de loi ont eu pour base nécessaire les principes hiérarchiques de la féodalité, toute loi reposant forcément sur un principe d'autorité; la publicité qui découle du nantissement est d'une utilité si pratique et sauvegarde si bien les droits des créanciers, qu'il est difficile et même injuste de la considérer comme le résultat imprévu et involontaire d'une institution qui n'aurait eu pour but que l'intérêt personnel du seigneur. Nous n'admettrons donc pas en théorie la distinction des coutumes de Péronne et de Vermandois; nous voyons, en effet, que la législation des Pays-Bas et de la Belgique s'appliquait, au point de vue du nantissement, aussi bien aux alleus qu'aux fiefs et censives; car

----

(1) *Répertoire,* v° *Devoir de Loy,* § 1, n° 8.

le but du nantissement, les textes le disent (1), c'est de couper court aux fraudes et aux stellionats. En Hainaut, les œuvres de loi se passent, pour les alleus, devant deux francs alloëtiers, qui ont, sur ces sortes de biens, la même juridiction que les baillis et hommes de fiefs sur les fiefs.

Les coutumes de Picardie et de Vermandois sont celles qui, dans notre matière, nous donnent les détails les plus précis. Le nantissement, nous disent-elles, est un acte judiciaire par lequel le créancier est mis en possession d'une manière feinte des biens de son débiteur. Le créancier qui a négligé de remplir cette formalité pour une dette qui y est sujette, n'a point d'hypothèque sur l'immeuble et n'est colloqué dans un ordre que comme créancier chirographaire, alors même que son acte serait authentique. Les créanciers hypothécaires sont colloqués, non point en raison de la date de leur créance, mais suivant la priorité ou la postériorité de leur nantissement.

Les actes en vertu desquels se passaient les devoirs de loi devaient être authentiques (2). Ils devaient être passés devant notaires, ou un notaire seul assisté de deux témoins; les actes sous seing privé devaient avoir été reconnus en justice. Le créancier devait ensuite s'a-

---

(1) Placards des 10 fév. 1538 et 6 déc. 1585.

(2) *Cout. de Reims*, art. 180; *de Vermandois*, art. 119; *de Chaulny*, art. 8; *de Péronne*, art. 259. — Loyseau, *Du Déguerpissement*, livre III, ch. I, n° 35.

dresser au juge foncier du lieu où les biens hypothéqués étaient situés, et lui demander, en présence de deux témoins, de le nantir, pour sûreté de sa créance, sur ces héritages. Le juge, après une sorte de tradition simulée, dont le cérémonial variait suivant les coutumes, donnait acte du nantissement sur la grosse de l'obligation qui lui était présentée, et le tout était enregistré sur les registres affectés spécialement aux nantissements (1).

En principe, et comme en droit romain pour les *legis actiones*, les devoirs de loi exigeaient la présence des deux parties ; mais la plupart des coutumes s'écartaient, sur ce point, de la législation romaine, et admettaient, en cette matière, la représentation (2). De la manière dont se pratiquaient ces devoirs de loi, il était impossible que l'héritage aliéné ou grevé de droits réels ne fût pas parfaitement déterminé, quant à sa nature, sa situation et sa contenance. Les coutumes, en adoptant le principe de la publicité, avaient compris que la spécialité devait en être le complément nécessaire.

La spécialité met les créanciers, déjà renseignés, par la publicité, sur la position du débiteur, à même de connaître la mesure dans laquelle tel ou tel de ses biens est grevé ; les conflits, en cas d'ordre, deviennent moins fréquents, et les ordres simplifiés deviennent moins coûteux.

---

(1) *Cout. d'Amiens*, art. 137 ; *de Cambrésis*, art. 11, tit. 8.
(2) *Cout. d'Amiens*, art. 138 ; *de Vermandois*, art. 137. — *Charte générale de Hainaut*, ch. 103, art. 1.

La publicité de l'hypothèque était parfaitement organisée dans les pays de nantissement, dont presque
toutes les coutumes s'accordent pour exiger que les
devoirs de loi soient enregistrés aux greffes des juges
fonciers qui les ont reçus dans des registres spéciaux et
par ordre de date.

Chose curieuse, et qui démontre combien nos législateurs modernes ont largement puisé dans les institutions hypothécaires des pays de saisine; nos registres
actuels d'inscription et de transcription, sont presque
la reproduction des registres de nantissement. Il était
enjoint aux juges de veiller à ce qu'ils fussent bien
tenus (1); ils devaient être cotés et paraphés par premier et dernier (2); les greffiers ne devaient y laisser
aucun blanc, le tout sous peine de cinquante écus d'a-
mende. Enfin, les greffiers devaient délivrer des extraits
des registres à tous requérants. Ils délivraient aussi aux
parties qui faisaient nantir un contrat un état des nantissements existant jusqu'à ce jour sur les biens, et
demeuraient responsables des conséquences de leurs
erreurs.

Cette procédure des nantissements était généralement suivie dans toutes les coutumes du nord de la
France et de la Belgique. La publicité si utile qui était

---

(1) Arrêt du Parlement de Paris rendu, pour la coutume de
Vermandois, le 29 novembre 1599.
(2) Bailliage d'Amiens, sentence du 12 fév. 1705.

donnée aux devoirs de loi, recevait cependant, dans certains cas, des exceptions basées, soit sur la qualité du titre, soit sur la nature de la dette.

Première exception. Qualité du titre. — L'ordonnance de Moulins, 1566, déclarait que toute sentence emportait hypothèque du jour de sa date. Les coutumes de nantissement avaient bien toujours admis que toute sentence emportait hypothèque, ni plus ni moins que les obligations passées par-devant notaires, mais à la condition expresse, comme ces dernières, d'être nanties. Aussi, l'ordonnance de Moulins fut-elle vivement combattue. Les jurisconsultes picards tâchèrent même de l'éluder, mais leur manière de l'interpréter fut condamnée par le parlement de Paris, dans un arrêt cité par Brodeau et rendu en forme de règlement, le 29 juillet 1633, pour le bailliage d'Amiens, et pour les sénéchaussées de Ponthieu et de Boulogne. C'était avec raison, cependant, que les juriconsultes picards avaient lutté contre l'exécution de l'ordonnance de Moulins, si défavorable au principe de la publicité; car en cherchant à faciliter l'exécution des jugements, ne faisait-on pas renaître pour les tiers, relativement à l'hypothèque judiciaire, tous les dangers de la clandestinité ?

Deuxième exception. Nature de la dette. — Nous n'avons pas à nous occuper ici des privilèges, qui, dans les pays de nantissement, étaient dispensés du nantisssement; nous ne parlerons que de l'hypothèque.

Une question très controversée était celle de savoir si l'hypothèque du pupille, sur les biens du tuteur, et

celle de la femme mariée, sur les biens de son mari,
étaient dispensées du nantissement.

L'hypothèque légale ou tacite du mineur était reconnue
par plusieurs coutumes de la Flandre flamande, et par
celle de Vermandois ; elle avait été également consacrée
par quelques arrêts du parlement de Flandre, rendus
pour la coutume de Tournai, les 12 mars 1695, 18 juillet 1696 et 27 octobre 1707.

Celle de la femme sur les biens de son mari avait
été également reconnue par deux ordonnances du
Grand-Conseil de Malines, relatives à la coutume de
Namur.

Mais la négative était adoptée par les coutumes de
Lille, d'Artois, et par la jurisprudence du Conseil souverain de Brabant et du Conseil d'Artois. De plus, une
déclaration royale du 12 juillet 1749, adressée au parlement de Flandre, et relative à l'application de l'ordonnance d'août 1747 sur les substitutions, contient la
phrase suivante : « Les officiers de notre Cour de parlement de Flandre, nous ont représenté que..... dans
ces pays, on ne reconnaît pas d'hypothèque légale et
que l'on ne peut en requérir aucune que par les voies et
les formes qui y sont requises. »

Il serait plus curieux qu'utile de signaler les différences
légères qui existaient entre les diverses coutumes des
pays de nantissement. La coutume d'Artois et des
pays environnants présente, toutefois, des particularités
dignes de remarque.

Le créancier avait trois voies ouvertes pour acquérir

l'hypothèque ou d'autres droits réels. En premier lieu, la *mise de fait* ou *main mise*, accomplie par un sergent commis par le juge, et qui constituait une sorte de procédure préparatoire, qui, dans un certain délai devait être suivie d'une tenue de droit, sentence confirmant la mise de fait. En second lieu, le *rapport d'héritage* consistant en une sorte de dévest entre les mains du seigneur dont l'héritage était tenu en fief ou en censive. Enfin, et en troisième lieu, la main assise du comte d'Artois ou d'une autre justice souveraine ou supérieure, le seigneur dont l'héritage est mouvant et les parties intéressées ayant été appelées. Ces œuvres de lois étaient en Artois, comme dans la plupart des autres pays de nantissement rendues publiques au moyen d'un registre spécial tenu dans toute justice seigneuriale, et cela sous peine de nullité de l'hypothèque. Nous avons déjà vu qu'en Artois l'hypothèque du mineur, ainsi que celle de la femme mariée, était soumise à la publicité.

Il est à remarquer que, dans cette province, l'hypothèque judiciaire demeura, malgré l'ordonnance de Moulins, soumise aux formalités du nantissement (1). Mais cette anomalie s'explique facilement; car, à l'époque où parut cette ordonnance (1566), l'Artois était sous la domination de la maison d'Autriche, et lors de la réunion de cette province à la couronne, le pouvoir

---

(1) Art. 74 des *Nouvelles Cout. d'Artois*; art. 48 des *Anciennes*.

royal qui comprenait certainement les avantages de la publicité, même absolue, ne songea pas à faire exécuter en Artois une décision qui y portait atteinte.

§ 2. — Édits.

Les avantages incontestables que présentait dans les pays de nantissement la publicité des hypothèques, avaient frappé les jurisconsultes, et Loyseau s'exprime en termes saisissants, quand, parlant des provinces où la publicité n'existe pas, et constatant que l'usage des hypothèques s'est tourné en « désordre et confusion » parce qu'on a attaché l'hypothèque à tous les actes des notaires, il ajoute : « En quoy, à la vérité, il n'y a nul « inconvénient pour le regard du débiteur ; car il est « bien raisonnable de le faire bon payeur par tous « moyens. Mais l'inconvénient est grand à l'égard d'un « tiers acquéreur de bonne foi, qui, pensant être bien « assuré de ce qu'on lui vend et que l'on met en sa pos- « session, sçachant bien qu'il appartenait à son ven- « deur, s'en voit enfin évincé et privé par un malheur « inévitable, au moyen des hypothèques précédentes, « lesquelles, étant constituées secrètement, il ne lui « était possible de savoir ni découvrir... C'est pourquoi « nous voyons avenir tous les jours du trouble aux « tiers acquéreurs à cause des hypothèques précé- « dentes, dont il se voit infinité de bonnes maisons « ruinées non par mauvais mesnage, mais pour n'avoir

« pas assez sûrement acheté (1). » Le jurisconsulte expose ensuite comment ces inconvénients ont été évités par les coutumes de nantissement.

On tenta à plusieurs reprises de généraliser en France ce système de publicité.

La première tentative date de l'année 1581. Un édit de Henri III ordonnait que tout contrat contenant vente, transport, obligation de plus de 50 écus, fût contrôlé et enregistré sur un registre spécial, faute de quoi on n'acquerrait aucun droit de propriété ni d'hypothèque sur les héritages. Comme cet édit créait des offices de contrôleurs de titres, on affecta de n'y voir qu'une mesure fiscale, et ceux qui avaient intérêt à la clandestinité parvinrent à le faire révoquer, en 1588, par l'édit de Chartres.

Sully émit à son tour le vœu : « Qu'aucune personne de quelque condition ou qualité qu'elle pût être, n'eût pu emprunter sans qu'il fût déclaré quelles dettes avait l'emprunteur, à quelles personnes, sur quels biens (2). » L'édit de juin 1606 consacrait ce principe, mais il eut le même sort que l'édit de 1581, et ne fut reçu qu'au Parlement de Normandie.

Colbert vint à son tour, et essaya de faire triompher le principe de publicité depuis si longtemps consacré dans les pays de nantissement ; un édit de mars 1673

---

(1) *Traité du Déguerpissement*, liv. III chap. I, nos 16, 19.
(2) Sully, *Mémoires*, liv. 26.

généralisait le régime de ces pays. Nous allons rappeler sommairement les dispositions de cette œuvre remarquable, qui, grâce à l'influence de certains personnages qu'elle gênait, fut condamnée à disparaître, un an à peine après sa publication (1674).

Le préambule de l'édit de 1673 constate que, pour assurer la conservation des fortunes et empêcher que les biens d'un débiteur solvable ne soient absorbés par les frais de justice, le meilleur moyen à employer est « de rendre publiques toutes les hypothèques et de perfectionner, par une disposition universelle, ce que quelques coutumes du royaume avaient essayé de faire par la voie des saisines et des nantissements. »

En conséquence, l'édit crée, dans chaque bailliage et sénéchaussée, des greffes d'enregistrement où l'on devra faire enregistrer les *oppositions* (c'est ainsi qu'on désignait l'instrument de publicité aujourd'hui appelé inscription).

Tout titre de créance, soit acte passé devant notaires, soit jugement emportant hypothèque qui aura été ainsi enregistré, donnera au créancier la préférence sur tout autre créancier hypothécaire. Les oppositions formées, dans les quatre mois du contrat par ceux qui habitent le royaume, dans les six mois par ceux qui sont absents, ont un effet rétroactif et donnent rang au créancier à la date du contrat ou du jugement. Passé ces délais, la créance ne prend rang qu'à la date de l'enregistrement.

Le vendeur doit déclarer, à peine de stellionat, en cas d'aliénation de l'immeuble grevé, les charges qui le grévent depuis quatre mois au moins. L'opposition doit mentionner les sommes ou droits pour lesquels elle est formée, le nom du créancier et celui du débiteur, le titre constitutif de la créance, le nom des notaires ou autres personnes publiques qui auront reçu l'acte, et, s'il s'agit d'une sentence, la juridiction qui l'aura prononcée. L'opposition est, en outre, datée et signée de l'opposant et du greffier. Elle contient élection de domicile de la part de l'opposant dans le lieu où se fera l'enregistrement, et énonce la ville, le bourg, le village ou hameau, la paroisse et terroir où l'immeuble est situé, la dénomination dudit immeuble, s'il en a une, et le nom du propriétaire, le tout à peine de nullité. Les bordereaux peuvent être collectifs, c'est-à-dire, le créancier pourra former et faire enregistrer son opposition par un même acte pour différentes dettes et sur plusieurs immeubles appartenant au même débiteur, pourvu qu'ils soient situés en mêmes bailliage et sénéchaussée. Le cessionnaire d'une créance pour laquelle le cédant se sera opposé, doit faire mentionner en marge la cession, à peine de déchoir de son droit de préférence.

La tenue des registres était minutieusement organisée ; les greffiers devaient en délivrer des extraits à tous requérants, et répondaient des inexactitudes ou omissions qui pouvaient entacher les états par eux délivrés.

Toutes les précautions avaient donc été prises pour assurer la publicité des charges réelles qui grevaient les immeubles. Cependant, quelques hypothèques étaient dispensées de toute publicité. C'étaient d'abord celles qui ne garantissaient que des droits ou créances d'une valeur inférieure à deux cents livres en capital, ou dix livres de rente. L'hypothèque des mineurs sur les biens de leurs tuteurs était occulte tant que durait leur incapacité ; mais, une fois la tutelle expirée, les mineurs devenus majeurs avaient un an pour inscrire leur opposition ; passé ce délai, l'opposition qu'ils faisaient enregistrer ne remontait plus, quant à ses effets, au jour de l'acte de tutelle ; elle n'avait d'effet que du jour de son enregistrement. Les femmes jouissaient également d'une hypothèque tacite ; mais, en cas de séparation de biens, elles avaient quatre mois pour l'inscrire ; le délai était d'un an en cas de dissolution du mariage. La sanction était la même que celle prononcée contre les mineurs devenus majeurs.

Étaient encore dispensées des formalités de l'opposition certaines hypothèques d'une catégorie spéciale ; par exemple, celle du roi sur les biens des fermiers comptables, celle des seigneurs féodaux ou censiers, pour la conservation de leurs droits sur les héritages qui sont en leur mouvance, etc.

Les juridictions des pays de nantissement acceptèrent facilement ces innovations, qui, tout en abrogeant leurs pratiques traditionnelles, donnaient satisfaction à toutes les exigences du crédit et ne faisaient que consacrer les principes de la publicité auxquels elles étaient depuis longtemps attachées. Des jurisconsultes même, comprenant et publiant les bons effets de la publicité, allaient plus loin dans leurs vœux que Colbert dans son édit, et demandaient la publicité absolue (1).

Mais le grand ministre, qui avait tout fait dans l'intérêt public, avait compté sans les calculs mesquins de l'intérêt particulier ; la noblesse et le Parlement se liguèrent, et l'édit d'avril 1674 vint abroger celui de 1673, qui vécut à peine une année. « Bien que, disait l'édit de 1674, nos sujets pussent recevoir de très considérables avantages de l'établissement, dans chaque bailliage et sénéchaussée, des greffes d'enregistrement, toutefois, comme les plus utiles règlements ont dans leurs premiers établissements des difficultés, et que ces difficultés ne peuvent être surmontées dans un temps où nous sommes obligés de donner notre occupation aux affaires de la guerre, l'édit de 1673 est révoqué (2). »

Nous verrons dans un moment quels intérêts peu avouables avaient amené cette révocation. Remarquons, auparavant, que tous les partisans de la clandestinité n'étaient pas de mauvaise foi. Le chancelier d'Aguesseau, dont le nom et l'autorité imposent le respect, voit dans la publicité un véritable danger. D'après lui, « il « n'est rien de plus contraire au bien et à l'avantage « des familles que de faire trop connaître l'état et la « situation de fortune des particuliers. Dans un pays

---

(1) De Fourcroy, *Observations sur l'édit de mars 1673.*

(2) D'Héricourt *(Décret d'immeubles)*, s'appuyant sur les termes du décret de 1674, prétend que l'édit de 1673 doit être considéré comme simplement suspendu, mais non révoqué.

« comme la France, où l'opinion a établi le siège de son
« empire, on ne vit et on ne subsiste que par l'opinion.
« Et c'est ôter aux hommes leurs dernières richesses
« que de leur arracher cette réputation qui leur tient
« souvent lieu de biens, lors même qu'ils ont tout
« perdu (1). » D'Aguesseau, en signalant un faible inconvénient du système de la publicité, semblait ne pas
voir combien le système opposé favorisait la fraude et
les procès. Cependant, la pratique n'avait-elle pas depuis
longtemps révélé les vices si nombreux du régime hypothécaire en usage dans les provinces qui n'avaient pas
adopté le nantissement?

Mais laissons à Colbert lui-même le soin de nous
révéler les véritables raisons pour lesquelles son innovation fut repoussée; voici dans quels termes il se venge
à la fois de la noblesse et de la magistrature : « Le Par-
« lement, dit-il, n'eut garde de souffrir un si bel établis-
« sement qui eût coupé la tête à l'hydre des procès,
« dont il tire toute sa substance. Il remontra que la for-
« tune des grands de la cour s'allait anéantir par là, et
« qu'ayant pour la plupart plus de dettes que de biens,
« ils ne trouveraient plus de ressources d'abord que
« leurs affaires seraient découvertes. Ainsi ayant su, sous
« ce prétexte, engager quantité de gens considérables
« dans leurs intérêts, ils cabalaient si bien tous ensem-
« ble, qu'il fut sursis à l'édit qui en avait été donné (2). »

(1) Projet d'établissement de conservateurs des hypothèques.
(2) *Testament politique*, chap. xii, p. 351.

Ce ne fut qu'un siècle plus tard, en 1771, que parut un édit qui avait pour but, non pas de faire revivre l'innovation de Colbert, mais de simplifier les voies jusqu'alors usitées pour purger les hypothèques et consolider la propriété entre les mains des tiers. Cet édit abrogeait la voie du décret volontaire, dont les frais étaient ruineux et les retards excessifs, et lui substituait la voie plus simple des lettres de ratification, qui consistait en un dépôt de l'acte translatif de propriété au greffe du bailliage ou de la sénéchaussée.

Le greffier exposait dans l'auditoire un extrait de l'acte, et, dans les deux mois qui suivaient, tout créancier du vendeur devait former opposition entre les mains du greffier-conservateur des hypothèques, même les femmes mariées, et les tuteurs pour leurs pupilles. Les deux mois expirés, des lettres de ratification devaient être présentées au sceau par le conservateur, qui déclarait, sur le repli, qu'il n'existait pas d'opposition, ou qui mentionnait celles existantes. Dans le premier cas, les lettres de ratification étaient scellées purement; dans le second, elles n'étaient scellées qu'à la charge des oppositions, et un ordre s'ouvrait qui fixait le rang et distribuait le prix entre les créanciers.

Cet édit très favorable au tiers acquéreur laissait subsister à l'égard des créanciers tous les dangers de l'hypothèque occulte. Ce qu'il y a d'étonnant, c'est que, ne rétablissant pas la publicité des hypothèques, il abrogeait l'usage des nantissements. Mais parmi les coutumes qui les pratiquaient et qui avaient sans hésitation accepté l'édit de 1673, parce qu'il fournissait un mode de publicité équivalent, quelques-unes refusèrent énergiquement de se soumettre à l'empire de celui de 1771, qui ne rendait pas d'une part ce qu'il supprimait de l'autre.

Le parlement de Flandre, le conseil d'Artois, refusèrent d'enregistrer cet édit ; l'autorité royale condescendit à leurs justes remontrances, et dispensa ces provinces de son observation. C'était la plus éclatante consécration que pouvait recevoir le principe de publicité.

Tous les efforts de l'autorité royale pour généraliser ce principe avaient donc échoué. La révolution allait avoir son tour, et la réforme hypothécaire devait trouver sa place dans l'immense travail de démolition et de reconstruction qu'elle allait entreprendre.

II.

DROIT INTERMÉDIAIRE.

L'abolition de la féodalité, et par suite la suppression des justices foncières, l'égalité pour tous substituée aux principes hiérarchiques qui subordonnaient la propriété vassale à la propriété suzeraine : telles avaient été les premières étapes de la révolution. Les bases sur les-

quelles reposaient les formalités du nantissement avaient
donc disparu ; il fallait les remplacer par d'autres :
mais comme la réforme générale du système hypothécaire ne pouvait être l'œuvre des premiers jours, il
était nécessaire de veiller à ce que le fonctionnement du
système de publicité ne fût pas interrompu dans les
provinces de nantissement.

On y pourvut par la loi provisoire du 27 septembre 1790. « A compter du jour où les tribunaux
de district seront installés dans les pays de nantissement,
les formalités de saisine, dessaisine, déshéritance, vest,
dévest, reconnaissance échevinale, mise de fait, et
généralement toutes celles qui tiennent au nantissement féodal ou censuel, seront et demeureront abolies :
et jusqu'à ce qu'il en ait été autrement ordonné, la
transcription des grosses des contrats d'aliénation ou
d'hypothèque, en tiendra lieu et suffira en conséquence
pour consommer les aliénations et constitutions d'hypothèques, sans préjudice, quant à la manière d'hypothéquer les biens, de l'art. 35 de l'édit du mois de juin 1771,
et de la déclaration du 27 juin 1772, dans les pays de
nantissement où elles ont été publiées. » (Art. 3).
L'art. 4 décidait que la transcription serait faite par les
greffiers des tribunaux de district de la situation des
immeubles grevés.

La transcription remplissait ici le but du nantissement ; non seulement elle devenait un mode de transférer la propriété à l'égard des tiers, mais encore aucune
hypothèque n'était opposable aux tiers si elle n'avait été

transcrite. Elle produisait cumulativement les effets de la transcription et de l'inscription actuelles.

On considéra même la transcription comme une forme essentielle de la constitution d'hypothèque, en sorte que, même après l'abrogation de la loi de 1790 par la loi de brumaire, on ne put inscrire une hypothèque acquise, dans les pays de nantissement, sous l'empire de la loi abrogée, qu'après avoir fait transcrire le titre constitutif (1). La formalité créée par la loi de 1790 prit le nom général de réalisation du contrat.

La loi dont nous venons de parler n'avait été faite que pour les pays de nantissement qui avaient été dispensés de l'exécution de l'édit de 1771. Mais comme l'Assemblée constituante avait supprimé les bailliages, les sénéchaussées et les justices royales, dans les greffes desquels s'accomplissaient, en vertu de cet édit, les formalités des lettres de ratification, il fallait, en laissant l'édit de 1771 provisoirement en vigueur, ne pas en rendre l'application impossible. Divers décrets y pourvurent; un décret du 27 janvier 1793, notamment, prescrivit que : « Les registres, minutes et autres actes existant dans les chancelleries supprimées seraient, sous inventaires, remis aux chancelleries des tribunaux de district dans l'arrondissement desquels les anciennes existaient. »

Toutes les mesures transitoires dont nous venons de

---

(1) Grenier, Traité des Hypothèques, t. 1, n° 132.

parler n'avaient pour but que de mettre l'application des anciennes lois d'accord avec les idées nouvelles, en attendant la réalisation de la promesse, que la Constituante avait faite à la France, d'un Code de lois civiles uniformes pour tout le royaume.

Le 9 messidor an III, la Convention adoptait, presque sans discussion, une loi qui réglait, tout à la fois, le régime hypothécaire, les procédures d'ordre et d'expropriation, et la conservation des hypothèques. Cette loi, votée dans un moment de troubles et de bouleversements politiques, à une époque de fureur et de haine où l'on se préoccupait moins de réformes sérieuses que de la destruction absolue de tout ce qui, de loin ou de près, rappelait l'ancien régime; cette loi, disons-nous avec M. Grenier, « vient à l'appui de l'histoire pour attester l'esprit des temps dont nous nous éloignons (1). »

Les innovations qu'elle contient ont paru, pour la plupart, impraticables ; mais, comme elle pose en principe la publicité des hypothèques, elle mérite, comme point de départ de notre régime moderne, une rapide analyse. « Il n'y a d'hypothèques, disait l'article 3, que celles résultant d'actes authentiques inscrits dans des registres publics ouverts à tous les citoyens. » Et comme conséquence du principe, elle n'admettait que les hypothèques conventionnelles et judiciaires. Plus d'hypothèques légales, plus d'hypothèques tacites. En outre,

---

(1) *Traité des Hypothèques*, t. II, p. 181.

toute obligation résultant, soit d'un acte public, soit d'un jugement, conférait de plein droit hypothèque, sans qu'il fût besoin de stipulation expresse. Pour valoir, l'hypothèque était simplement soumise à l'inscription. Une fois inscrite, elle s'étendait « sur les biens présents et à venir des obligés et condamnés, et ceux de leurs héritiers. » L'art 22 disposait que tout acte de la juridiction volontaire ou contentieuse donnait hypothèque du jour de sa date, s'il était inscrit dans le mois ; passé ce délai, l'hypothèque n'existait et n'avait rang que du jour de son inscription. Tout titre de créance pouvait être inscrit dans l'arrondissement que le créancier jugeait le plus convenable, fût-ce même dans un arrondissement où le débiteur n'aurait pas eu de propriétés foncières. Il résultait de ce mode de procéder que la valeur des biens acquis postérieurement à l'inscription pouvait s'élever à un taux bien supérieur à celui de la créance dont ces biens formaient la garantie. Le débiteur avait, dans ce cas, le droit de faire restreindre l'inscription ; il pouvait même faire rayer, aux dépens des créanciers, celle qui aurait été prise dans un arrondissement autre que celui de la situation des biens.

Les art. 20 et 21 réglaient sommairement les formalités de l'inscription. Le créancier devait fournir au conservateur, en double expédition sur papier timbré, le bordereau de sa créance. L'un des bordereaux était conservé au bureau, l'autre rendu au créancier avec mention de l'accomplissement de l'inscription.

Toutes ces dispositions concouraient efficacement à

la publicité de l'hypothèque ; mais tandis que, d'une part, on supprimait l'hypothèque indéfinie en prescrivant à peine de nullité, d'énoncer dans le titre le montant de la créance, nous avons vu que, d'autre part, on ne consacrait pas le principe de la spécialité quant aux immeubles grevés. Toutefois, dans le § 7 (ch. 1er, titre 1er), nous trouvons certaines dispositions qui avaient évidemment pour but de corriger les effets de la généralité des hypothèques. Mais le remède était pire que le mal, puisqu'il imposait au débiteur le devoir, trop rigoureux, de déposer, séparément pour chaque commune, la déclaration foncière des biens situés dans l'arrondissement du bureau où l'inscription avait été opérée, et de la faire consigner sur le livre de raison des hypothèques. Faute par le débiteur de justifier de cette consignation dans le mois de la sommation qui lui était faite par le créancier, la dette devenait de plein droit exigible.

Cette loi de messidor an III créait, en outre, une innovation réellement curieuse : l'hypothèque sur soi-même. Le conservateur pouvait, sous sa responsabilité, délivrer au propriétaire une *cédule* hypothécaire garantie par la valeur de la terre. Cette cédule était transmissible par voie d'endossement à ordre, et elle formait un titre exécutoire, contre le propriétaire qui l'avait souscrite, au profit de l'individu à l'ordre duquel elle était passée. Nous n'entrerons pas dans de plus grands détails sur ce dernier mode de procéder, mais nous pouvons dire qu'il constitua l'un des griefs principaux élevés contre la loi du 9 messidor an III. Elle offrait, dit-on, des

moyens faciles à la dissipation. Cependant, le projet en
fut repris dans l'enquête de 1841 ; les cours d'Aix,
Amiens, Bordeaux. Dijon, Montpellier, Riom, Pau,
Rouen et Toulouse ; les facultés de droit de Grenoble,
Dijon et Poitiers se prononcèrent pour son adoption (1).
Les adversaires de la transmissibilité des titres hypothécaires par voie d'endossement reprochent à cette idée
d'entraîner une effrayante mobilisation du sol : à quoi
la Cour de Montpellier répond que « c'est confondre
l'immeuble, qui est le gage de la créance, avec la créance,
qui n'est qu'une opération de crédit (2). » L'innovation de
la loi de messidor peut donc parfaitement être défendue
en théorie ; mais peut-être aussi faut-il dire, avec la
Cour de Nîmes, que c'est là une de ces difficultés rares
dont la solution législative n'est ni urgente, ni suffisamment préparée (3). Du reste, en 1795, les circonstances
n'étaient rien moins que favorables à la réussite de ce
système ; les assignats étaient déjà fort dépréciés, et l'on
pouvait penser que le législateur n'avait imaginé les cé-
dules hypothécaires que pour leur faire jouer le rôle
d'une nouvelle monnaie fiduciaire. Cette innovation eut
le sort de la loi elle-même, et ne reçut jamais son exécution. Prorogée cinq fois par cinq décrets successifs, la
loi de l'an III fut encore prorogée indéfiniment par la

---

(1) *Docum. hyp.*, t. t, introd., pp. 91 et 500.
(2) *Loc. cit.*, p. 562.
(3) *Loc. cit.*, p. 563.

loi du 28 vendémiaire an V, et enfin définitivement
abrogée par la loi du 11 brumaire an VII.

Cette dernière loi doit être, à juste titre, considérée
comme le monument le plus parfait de notre législation
hypothécaire. Dans leur impartialité, les législateurs de
brumaire an VII surent, tout en faisant une large part
au progrès, puiser dans nos anciennes institutions en
matière hypothécaire, ce qu'elles offraient de sage et
d'utile. Exempts des passions qui avaient animé les
conventionnels de l'an III, ils ont laissé une œuvre à
jamais remarquable. Ils ont organisé la transcription
que les rédacteurs du Code oublièrent. Leur système
hypothécaire n'entra dans notre Code qu'après avoir
subi certaines modifications ; mais, au bout de cinquante
années d'expérience, nous avons dû en venir à une res-
tauration à peu près complète de la loi de brumaire.

Le projet, précédé d'un rapport, fut déposé par Crassous (de l'Isère) le 27 pluviôse an VI, et adopté par le
Conseil des Cinq-Cents le 16 germinal (5 avril 1798).
Le 11 brumaire an VII (1er novembre 1798), il fut converti en loi par le Conseil des Anciens.

La loi nouvelle, comme celle de l'an III, posait en
principe la publicité : « L'hypothèque ne prend rang et
les privilèges sur les immeubles n'ont d'effet que par
leur inscription dans les registre publics à ce destinés. »
(Art. 2.)

Les hypothèques légales étaient rétablies, mais soumises à l'inscription. (Art. 3.) « Le règlement de la publicité doit être absolu et général, disait Crassous, où il est

inutile. Que l'on mette une exception, la certitude du gage est détruite, le principe moral de la publicité ne donne plus de résultat. Dispenser les femmes et les mineurs de l'inscription, ce serait violer la maxime constitutionnelle que la loi est égale pour tous. »

Un autre principe, qui n'est que le corollaire de celui de la publicité, fut consacré par la loi de brumaire ; c'est la spécialité : « Toute stipulation volontaire d'hypothè- que doit indiquer la nature et la situation des immeu- bles hypothéqués : elle ne peut comprendre que des biens présents, appartenant au débiteur, lors de la sti- pulation. Toutefois, l'hypothèque judiciaire atteint tous les biens présents. Il en est de même pour les hypothè- ques légales ; mais, dans ce cas, le créancier peut en- core, par des inscriptions ultérieures, sans préjudice de celles antérieures à la sienne, faire porter son hypothè- que sur les biens qui écherraient à son débiteur ou qu'il acquerrait par la suite. »

Certains privilèges rappelant assez exactement ceux de l'article 2101 de notre Code, et qui, d'ailleurs, ne s'exercent sur les immeubles que subsidiairement et en cas d'insuffisance du mobilier, étaient seuls dispensés de l'inscription. (Art. 11.)

La loi de 1790 avait exigé, comme forme de publicité, la transcription intégrale, sur le registre du conservateur, du contrat constitutif d'hypothèque ; la loi de brumaire restreint la formalité à une simple inscription ne conte- nant que les énonciations nécessaires. (Art. 17, 18-21.) En ce point, notre Code ne fait que reproduire les dispositions de la loi de brumaire. Les inscriptions devaient être prises à la conservation des hypothèques de la situation des biens grevés. L'élection de domicile était attributive de compétence pour les actions auxquelles l'inscription pouvait donner lieu (art. 20). L'inscription garantissait de plein droit et au même rang que l'hypothèque du capital, deux années d'arrérages (art. 19). Elle conservait l'hypothèque pendant dix ans, à compter du jour de sa date ; son effet cessait si elle n'avait pas été renouvelée dans ce délai (art. 23). Sauf stipulation contraire, les frais étaient à la charge du débiteur. L'ordre des inscriptions déterminait le rang de préférence des créanciers entre eux, et si plusieurs inscriptions avaient été prises le même jour, il y avait concours entre les différents titulaires. (Art. 14-4°.)

Enfin, la loi de brumaire complétait le système de publicité en disposant dans son célèbre article 26 : « Les actes translatifs de biens et de droits susceptibles d'hypothèque, doivent être transcrits sur les registres du bureau de la conservation des hypothèques dans l'arrondissement duquel les biens sont situés. Jusque-là ils ne peuvent être opposés aux tiers qui auraient contracté avec le vendeur, et qui se seraient conformés aux dispositions de la présente. » C'était l'organisation de la transcription, empruntée aux pays de nantissement.

La purge des hypothèques, dont nous n'avons pas à nous occuper, était réglementée par les art. 30 à 36. Tout ce qui concernait la publicité des registres et la responsabilité du conservateur était prévu par les articles 51 à 54, tel que cela existe dans notre Code.

Enfin, et en conséquence de la loi de brumaire, la loi du 21 ventôse an VII, qui nous régit encore, organisait la conservation des hypothèques. Elle était remise à la régie de l'enregistrement, qui devait la confier à un préposé dans chaque arrondissement judiciaire. La compétence du conservateur, son cautionnement, les détails de manutention, etc., toutes choses dont la réglementation exclusivement pratique ne rentre pas dans le cadre de notre étude, sont déterminés par cette loi spéciale.

Cette période de notre droit intermédiaire est donc caractérisée par l'affirmation et la généralisation du principe de publicité et du principe de spécialité de l'hypothèque. Le travail des rédacteurs du Code est bien simplifié; ils n'ont rien à créer, ils n'ont plus qu'à choisir parmi tous les systèmes, depuis celui de la clandestinité jusqu'à celui de la publicité absolue.

III.

CODE CIVIL.

GÉNÉRALITÉS.

Il était permis aux rédacteurs du Code d'hésiter entre l'hypothèque occulte et l'hypothèque publique. La

première avait pour elle les lois romaines et la presque
unanimité des coutumes nationales, les tentatives faites
par de grands génies, tels que Sully et Colbert, pour généraliser la seconde et faire triompher le principe de la
publicité, avaient toutes échoué ; et si d'éminents jurisconsultes, tels que Loyseau, Basnage et d'Héricourt,
avaient signalé les dangers de la clandestinité, elle avait
trouvé dans l'illustre chancelier d'Aguesseau un défen-
seur aussi imposant par son nom que par sa science.
Cependant, au moment de la rédaction du Code, le
principe de la publicité avait été consacré par deux lois
importantes de l'époque intermédiaire, et, chose remarquable, bien que d'origine féodale, il représentait le
progrès et recueillait toutes les sympathies qui s'atta-
chent d'ordinaire aux innovations heureuses.

Le système romain avait cependant rallié les suffrages
de tous les membres de la commission chargée de prépa-
rer le Code ; elle revenait purement et simplement à
l'édit de 1871, qu'elle ne faisait que modifier sur certains points. Ce projet, soumis aux cours et tribunaux,
y souleva d'unanimes protestations. Le Tribunal de
cassation déclara formellement qu'il ne pouvait que repousser une théorie « qui ne faisait connaître les créanciers d'un homme qu'au moment de la discussion générale de ses biens, qui ne révélait son insolvabilité qu'au
moment où toutes les actions éclatent, où il n'y a plus
de remèdes, où ce qui reste va même être dévoré par
des frais énormes. » Et, s'inspirant de la loi du 11 brumaire an VII, le Tribunal de cassation opposait au projet

de la commission un contre-projet, dont les conclusions
étaient : « Que les hypothèques ne prennent rang qu'autant qu'elles sont rendues publiques par l'inscription
sur les registres du conservateur des hypothèques, de
la manière déterminée par la loi, et à compter de cette
inscription, sauf les modifications que la loi établit expressément (1). » L'une et l'autre solution trouva au
Conseil d'Etat de résolus défenseurs.

Portalis, Bigot-Préameneu et Tronchet, à la tête des
partisans de la clandestinité, invoquaient, comme autrefois d'Aguesseau, le danger que faisait courir au crédit
public lui-même une mesure qui ruinait le crédit privé,
en divulguant le secret des fortunes et des familles. La
publicité des hypothèques, disait-on, ne fait qu'entraver
la circulation des biens et compromettre la liberté des
conventions ; et l'on ajoutait, argument fort peu sérieux,
du reste, que malgré la publicité, les créanciers n'é-
taient pas à l'abri des surprises, puisque le conservateur
pouvait les tromper, soit en commettant des erreurs,
soit en dissimulant, de mauvaise foi, par des omissions
volontaires, la situation véritable du débiteur. Puis l'on
évoquait encore ce reproche de fiscalité qui avait été si
funeste aux édits de 1588 et de 1674.

Les partisans du régime de publicité, ayant à leur
tête Treilhard, l'auteur de l'exposé des motifs, et Réal,

---

(1) Art. 4 du contre-projet de la Cour de cassation. — Voy.
Fenet, t. ii, p. 608 et 650.

répondaient que si la clandestinité ne déplaisait pas au débiteur, elle était on ne peut plus défavorable aux intérêts des créanciers et des acquéreurs, et que ces derniers étaient beaucoup plus dignes de protection qu'un débiteur de mauvaise foi; car le débiteur qui cherche à faire des dupes, est le seul qui ait intérêt à dissimuler l'état d'épuisement de son crédit.

Ils faisaient ressortir en outre combien il était utile de donner, par la publicité, aux placements hypothécaires une solidité et une sûreté incomparables, qui, méritant désormais toute la confiance des capitalistes, les détourneraient, en grande partie, des spéculations, si hasardeuses, du commerce et de l'industrie, et feraient affluer les capitaux vers l'agriculture. Quant à l'argument fondé sur les conséquences possibles de l'erreur ou de la prévarication du conservateur, il était inacceptable. S'il fallait condamner toutes les institutions, bonnes en elles-mêmes, dans la pratique desquelles l'erreur ou même la mauvaise foi peut avoir quelque influence fâcheuse, rien ne subsisterait, ni fonctions, ni offices, ni tribunaux. Au reste, outre les garanties morales que l'on exige du conservateur, il fournit, au moyen du cautionnement, des garanties matérielles qui rassurent les tiers et les mettent à l'abri de tout dommage. Enfin, au reproche de fiscalité, on répondait que la question de l'impôt était accessoire, indépendante du droit civil et ne devait pas intervenir dans une question de principe.

Le premier Consul prêta l'appui de son autorité à cette argumentation qui triompha devant le Conseil d'État, et dans la séance du 9 février 1801, il fut arrêté, en principe, que toute hypothèque serait publique.

Toutefois, et sur l'observation du premier Consul, il fut fait des exceptions ou plutôt des modifications au principe de la publicité en faveur des incapables. On pensa que le mineur et la femme mariée, étant donné leur état d'incapacité ou de subordination, devaient être protégés par la loi, et dispensés de prendre les mesures qui dans le droit commun conservent seules l'hypothèque et lui donnent son efficacité (1).

Il faut cependant bien se garder de confondre l'inscription, instrument de publicité, avec l'hypothèque elle-même. L'hypothèque a une existence indépendante de l'inscription, qui la suppose valablement établie ; ce qui donne naissance à l'hypothèque, ce n'est pas la formalité de l'inscription, mais bien la convention, le jugement ou la loi ; aussi, le débiteur ne pourrait en aucun cas invoquer le défaut d'inscription ; et vis-à-vis de lui le titre constitutif d'hypothèque conserverait toute sa valeur, alors même que l'inscription serait déclarée nulle pour quelque vice de forme, alors même que le créancier l'aurait laissé périmer. L'inscription ne peut pas, à son tour, rendre efficace une hypothèque dont l'acte constitutif serait nul. Mais à l'égard des tiers, elle est seule capable de faire produire son effet à l'hypothèque, seule elle fixe le rang entre les créanciers.

----

(1) Voy. chap. sixième.

Insistons sur ce point, et supposons un créancier hypothécaire non inscrit, en concours avec de simples créanciers chirographaires. Lui donnerons-nous un droit de préférence ou déclarerons-nous son hypothèque inefficace ? Admettre la première solution, c'est reconnaître quatre catégories de créanciers, les créanciers privilégiés, les créanciers hypothécaires inscrits, les créanciers hypothécaires non inscrits et enfin les créanciers chirographaires. Les partisans de ce système trouvaient juste que les créanciers inscrits fussent préférés aux créanciers non inscrits, mais prétendaient que l'existence seule de l'hypothèque devait suffire pour écarter tout créancier non hypothécaire. L'on ajoutait que puisque le débiteur ne peut pas invoquer le défaut d'inscription, ses créanciers chirographaires n'étant que ses ayants cause ne pouvaient pas avoir un droit plus étendu que le sien. Cette théorie qui était vraie dans le système de l'édit de 1673, n'est pas admissible sous l'empire de notre Code. La Cour de cassation a consacré le système contraire dans deux arrêts dont nous allons analyser les motifs (1).

Les biens du débiteur sont le gage de ses créanciers. Ceux-ci seront payés sur le prix au prorata de leur créance, sauf les causes légitimes qui feront préférer tel créancier à tel autre. (Art. 2093 et 2094, C. N.) Ces

---

(1) Rej., 19 décembre 1809; Sirey, 10, 1, 101. — Cass, 11 juin 1817; Sirey, 18, 1, 41.

causes légitimes sont les privilèges et les hypothèques. Mais l'art. 2106 et l'art. 2134 apportent des restrictions à ce principe : le premier nous dit que les privilèges ne produisent d'effet, à l'égard des tiers, qu'autant qu'ils sont rendus publics par l'inscription : le second s'exprime ainsi : « Entre les créanciers, l'hypothèque n'a *de rang* que du jour de l'inscription prise par le créancier. » Une hypothèque qui n'a pas de rang est sans contredit de nul effet et les deux articles que nous venons de citer ont voulu subordonner l'efficacité de l'hypothèque et du privilège à leur publicité. Les rédacteurs du titre des hypothèques exprimaient du reste nettement leur pensée à ce sujet : « L'hypothèque conventionnelle, disaient-ils, doit être nécessairement rendue publique par l'inscription..... Elle doit être suivie d'inscription pour produire son effet. L'hypothèque judiciaire doit aussi acquérir la publicité par l'inscription. » Donc, si l'inscription est nulle ou périmée, l'on rentre à l'égard des créanciers hypothécaires ou privilégiés, dans le droit commun des art. 2092 et 2093. Et ceci est encore confirmé par le texte de l'art. 2135, qui reconnaît l'existence des hypothèques légales de la femme mariée, de l'interdit et du mineur, *indépendamment de toute inscription*. Etablir ces exceptions, c'est reconnaître qu'en règle générale l'hypothèque n'existe à l'égard des tiers que par l'inscription (1).

(1) Grenier, t. 1, n° 60. — Troplong, t. II, n° 563 — P. Pon°. n° 729 et suiv. — Aubry et Rau, t. III, n° 267.

Par le mot tiers, on doit entendre ici non seulement les autres créanciers hypothécaires ou privilégiés et les tiers acquéreurs, mais encore les créanciers chirographaires du débiteur commun ; car ces derniers ont un intérêt évident à repousser un droit de préférence, et en le faisant, ils n'agissent pas comme ayants cause du débiteur. Il ne suffirait pas que les tiers, créanciers chirographaires et autres, eussent eu personnellement connaissance de l'existence d'un privilège ou d'une hypothèque, pour qu'ils pussent, sans inscription, leur être opposables ; la loi ne connaît qu'une manière d'informer les tiers, l'inscription. Mais si, tant que l'hypothèque n'est pas inscrite, les tiers sont censés l'ignorer, il ne peut pas en être de même du débiteur lui-même, auquel une hypothèque, valablement constituée d'ailleurs, est toujours opposable, inscrite ou non (1)

Pour étudier avec quelque clarté les matières qui se rattachent au principe de la publicité des hypothèques, nous rechercherons successivement :

1° Où l'inscription doit être prise ;

2°. Quand elle peut l'être ;

3° Qui peut la requérir ;

4° Quelles en sont les formalités ;

5° Quelle est sa durée ;

6° Dans quel cas il a été dérogé au principe de la publicité :

---

(1) Req., 24 juillet 1855 ; Dalloz, 55, 1, 396. — Paris, 16 mai 1822 ; Sirey, 27, 2, 381.

7° Quels sont les effets de l'inscription ;

8° Comment les registres d'inscription sont rendus publics ;

Et dans une dernière partie nous étudierons les innovations introduites en notre matière par la loi du 23 mars 1855.

CHAPITRE I.

Où doit être prise l'inscription.

Eclairer les tiers sur le crédit hypothécaire du propriétaire foncier, faire connaître l'état de ses immeubles et les charges qui les grèvent, tel est le but de l'inscription, il est donc tout naturel qu'elle doive se produire à l'endroit même où le débiteur a ses propriétés. Ce principe a reçu son application dans toutes les législations qui ont admis la publicité ; chez les Grecs qui plaçaient leurs poteaux sur l'immeuble grevé lui-même, comme dans les pays de saisine où le nantissement s'opérait à la justice foncière dont les biens relevaient ; sous les édits de 1673 et de 1771, lorsque la compétence des préposés s'étendait au ressort des bailliages ou des sénéchaussées, comme sous l'empire des lois du 9 messidor an III et du 11 brumaire an VII, qui donnent au conservateur compétence dans la limite du district ou arrondissement. La même règle a passé dans notre Code, et l'article 2146 nous dit que « les inscriptions se font au bureau de la conservation des hypothèques dans l'arrondissement duquel sont situés les biens soumis au privilège ou à l'hypothèque. »

Le législateur a donc admis pour la circonscription territoriale des conservateurs, la même division que pour les tribunaux de première instance (1).

Un bureau d'hypothèque par arrondissement suffit pour les besoins des affaires ; cependant, certains juris-consultes ont proposé d'en multiplier le nombre, et d'éta-blir, par exemple, dans chaque canton, un bureau qu'on annexerait à celui d'enregistrement, comme, du reste, la chose a lieu dans quelques chefs-lieux d'arrondissement peu importants. Assurément, l'on rapprocherait ainsi en-core davantage le registre hypothécaire de l'immeuble hypothéqué, mais à ce point de vue-là même, étant don-née la rapidité et la facilité de nos moyens actuels de communication, cette mesure offrirait peu d'avantages ; elle donnerait d'ailleurs, dans la pratique, naissance à de nombreux inconvénients. Il arrive souvent, par exemple, qu'un débiteur ait des propriétés dans plusieurs can-tons ; il est naturellement beaucoup plus rare qu'il soit propriétaire dans plusieurs arrondissements ; tandis que dans le système du Code, on pourra s'inscrire sur plu-

_____

(1) Une exception a été faite pour le département de la Seine dont les trois conservateurs résident à Paris.

sieurs de ses biens et même sur tous, la plupart du temps, au moyen d'une seule inscription ; il faudra, dans le système proposé, autant d'inscriptions qu'il y aura de cantons différents. Même inconvénient pour les réquisitions d'états et pour beaucoup d'autres formalités.

Le système de l'art. 2146 est d'autant plus rationnel, qu'il est absolument nécessaire que le bureau des hypothèques soit établi dans la même ville que le tribunal de première instance. A chaque instant les avoués chargés des intérêts privés devant les tribunaux, ont besoin de recourir au conservateur ; ainsi pour la transcription de saisie (art. 678, C. de proc. civ.), et les différentes formalités de la saisie immobilière, prévues par les art. 692 et 693 du même Code ; pour les purges d'hypothèques, pour les sommations et notifications à faire en matière d'ordre, etc., etc. Obliger les avoués à demander par correspondance des renseignements dont ils ont, pour ainsi dire, besoin à chaque instant, ce serait augmenter inutilement les lenteurs et les frais de procédure.

Les inscriptions doivent donc être prises au bureau dans l'arrondissement duquel est situé l'immeuble hypothéqué ; elles ne sont valables qu'à cette condition, et si l'on veut grever un corps de domaine situé sur plusieurs arrondissements, il faut prendre l'inscription dans chacun de ces arrondissements, sinon il n'y aurait de grevée que la portion du domaine située sur l'arrondissement où la formalité aurait été faite.

Par application de ce principe, il faut décider, en ce qui concerne les actions de la Banque de France, immo-

bilisées par décrets du 16 janvier 1808 et 10 mars 1808,
que les inscriptions d'hypothèques sur ses valeurs devront être prises à Paris, où est le véritable siège de la
Banque de France et non au domicile, essentiellement va-
riable, du propriétaire de titres. Bien qu'à cet égard les décrets précités ne contiennent aucune disposition formelle,
cette solution est dictée par la logique des principes (1),
et il est facile de comprendre combien, dans l'opinion
contraire, les recherches hypothécaires deviendraient
difficiles, sinon impossibles. On peut, du reste, tirer un
argument d'analogie de l'art. 5 de la loi du 17 mai 1834,
qui exige des propriétaires qui voudraient rendre à
leurs actions le caractère de valeurs mobilières, la transcription de leur déclaration au bureau des hypothèques
de Paris.

L'hypothèque des navires, créée et organisée par la
loi du 22 décembre 1874, doit être inscrite sur un registre spécial, tenu, non par le conservateur des hypothèques, mais par le receveur des douanes du lieu où
le navire est en construction, ou de celui où il est imma-
triculé. (Art. 6.)

---

(1) Delvincourt, t. III, p. 163, note 1. — P. Pont, n° 868.

CHAPITRE II.

Quand l'inscription peut être prise.

En principe, toute hypothèque peut être inscrite dès qu'elle est acquise au créancier; elle ne peut plus être inscrite dès que les biens qu'elle grève sont sortis du patrimoine du débiteur. Nous allons successivement examiner chacune de ces règles, qui n'ont ni l'une ni l'autre une portée absolue.

1° Une hypothèque peut être rendue publique dès qu'elle est acquise, mais non auparavant (1). Le créancier peut donc faire inscrire son hypothèque dès qu'elle lui est assurée. L'hypothèque légale du mineur et de la femme mariée, étant, sous l'empire du Code, perpétuellement dispensée de la formalité de l'inscription, nous n'en avons pas ici à en parler; mais il est d'autres hypothèques légales qui sont sujettes à l'inscription: ce sont celles au profit du Trésor et des établissements publics sur les biens des comptables, et celle des légataires sur les immeubles de la succession; ces hypothèques pourront être inscrites dès l'ouverture de la

---

(1) Req. rejet., 12 juin 1807; Sirey, 7, 1, 315. — Id., 1er mars 1859; Sirey, 61, 1, 267.

succession ou dès l'entrée en fonction des comptables.

En ce qui concerne les hypothèques conventionnelles, pas de difficulté, la date de leur acquisition étant fixée par l'acte authentique de constitution d'hypothèque.

L'hypothèque judiciaire peut être inscrite dès le moment de la prononciation du jugement ; il n'est pas nécessaire que le jugement ait été signifié à partie ou à avoué. L'inscription pourrait même être valablement prise pendant le délai suspensif de l'exécution. La formalité de l'inscription n'étant qu'une mesure conservatoire, on comprend qu'elle puisse s'accomplir même avant que le jugement puisse être mis à exécution. Notre règle s'applique aux jugements contradictoires comme aux jugements par défaut, contrairement à ce qui avait lieu dans l'ancien droit, où les jugements par défaut n'entraînaient hypothèque que du jour de la signification à procureur (1). Il en est de même, que le jugement soit définitif ou provisoire, en premier ou dernier ressort. Toutefois, si le jugement qui n'est qu'en premier ressort est infirmé en appel, l'inscription sera radiée en vertu d'une injonction expresse contenue dans l'arrêt.

Nous savons que l'inscription d'hypothèque générale

---

(1) Pothier, *Traité de l'Hypothèque.* n° 24.

qui peut être prise dès son acquisition, frappe les biens à venir comme les biens présents.

Tout ceci est conforme au principe d'après lequel l'inscription peut être prise dès l'acquisition de l'hypothèque.

Passons maintenant aux exceptions :

L'hypothèque spéciale, en raison de sa nature même, ne peut pas frapper les biens à venir ; cependant, l'article 2130 du Code civil permet exceptionnellement en cas d'insuffisance des biens présents, d'engager les biens futurs ; dans ce cas, le créancier, bien que l'hypothèque lui soit acquise, devra s'inscrire sur les biens au fur et à mesure de leur entrée dans le patrimoine du débiteur, l'inscription primitive ne suffisant pas pour les atteindre.

Nous avons dit que l'hypothèque judiciaire pouvait être inscrite dès le prononcé du jugement ; or, en vertu du Code, non seulement les jugements portant condamnation, mais encore les reconnaissances ou vérifications d'écritures faites en justice, avant ou après l'échéance, emportaient hypothèque. (Art. 2123). La loi n'avait pas prévu la fraude à laquelle les créanciers chirographaires allaient se livrer ; car ces derniers pouvaient très légalement imposer à leur débiteur une hypothèque générale, alors que ceux-ci n'eussent jamais, en contractant, consenti même à conférer une hypothèque spéciale. Le créancier, muni de son titre sous seing privé, pouvait dès la formation de la convention, assigner son débiteur en reconnaissance d'écriture, et la fraude était consommée.

La loi du 3 septembre 1807 a mis fin à ces surprises déloyales en décidant que : « Lorsqu'il aura été rendu un jugement sur une demande en reconnaissance d'obligation sous seing privé, formée avant l'échéance ou l'exigibilité de ladite obligation, il ne pourra être pris aucune inscription hypothécaire en vertu du jugement, qu'à défaut de paiement de l'obligation après son échéance ou son exigibilité, à moins qu'il n'y ait eu stipulation contraire. » Le jugement en reconnaissance rendu avant l'échéance, aura encore pour effet de permettre au créancier de s'inscrire sans perdre de temps dès l'échéance, et de primer ainsi même des créanciers à échéances antérieures, qui ne pourront s'inscrire qu'après avoir obtenu jugement, c'est-à-dire après un délai plus ou moins long.

Une troisième exception à notre premier principe consisterait, suivant M. Merlin (1), en ce que le créancier hypothécaire ne pourrait s'inscrire pendant les soixante jours accordés aux copartageants pour inscrire leur privilège, ni pendant les six mois concédés aux créanciers et légataires pour conserver par l'inscription le droit de préférence que leur assure la séparation des patrimoines. La rédaction des articles 2109 et 2111 du Code civil est peut être défectueuse, mais ces articles ne dérogent nullement à notre principe ; ils n'interdisent pas aux créanciers hypothécaires de s'inscrire dans ces

(1) Rép., v° Inscript., § 4, n° 4.

délais de soixante jours et de six mois ; les inscriptions prises par eux seront parfaitement valables ; mais si les copartageants ou les créanciers séparatistes s'inscrivent en temps utile, ils primeront ces créanciers hypothécaires ; ayant rempli les conditions exigées par la loi pour la conservation de leur privilège, ils jouissent de toutes les prérogatives des créanciers privilégiés.

2° Les hypothèques ne peuvent plus être inscrites dès que les biens qu'elles frappent sont sortis du patrimoine du débiteur. Mais à quel moment l'immeuble pourra-t-il être considéré comme ne faisant plus partie du patrimoine du débiteur ? A l'égard des parties au contrat d'aliénation, pas de difficulté, la propriété sera transférée dès que le contrat sera parfait. La question n'est pas aussi facile à résoudre en ce qui concerne les tiers ; et notre législation a traversé sur ce point des phases diverses.

L'article 26 de la loi du 11 brumaire an VII décide que : « Les actes translatifs des biens et droits susceptibles d'hypothèque, doivent être transcrits dans les registres du bureau de la conservation des hypothèques, dans l'arrondissement duquel les biens sont situés. Jusque-là, ils ne peuvent être opposés aux tiers qui auraient contracté avec le vendeur et qui se seraient conformés aux dispositions de la présente. » A partir de la transcription, toute constitution de droits réels, du chef des anciens propriétaires, sur l'immeuble aliéné, était nulle ; de plus, en ce qui concerne la constitution d'hypothèque, comme elle ne devient effective que par l'inscription, non seulement l'hypothèque constituée postérieurement à la transcription, mais encore celle constituée antérieurement, mais non inscrite, ne pouvaient plus être inscrites après cette formalité. Mais jusqu'à la transcription, le bien aliéné n'était pas, pour les tiers, sorti du patrimoine de l'aliénateur, qui pouvait le revendre, le grever d'hypothèques nouvelles, tandis que les créanciers hypothécaires en retard pouvaient, eux-mêmes, valablement s'inscrire.

La question de savoir si l'on devait maintenir l'application du système de la publicité aux mutations de propriété, embarrassa considérablement les rédacteurs du Code. Une première occasion de la résoudre se présenta lors de la discussion du titre des obligations, les adversaires de la transcription remportèrent une victoire partielle en faisant, au moyen de l'art. 1140, renvoyer la solution de la difficulté au titre de la vente et à celui des privilèges et hypothèques.

Au titre de la vente, l'art. 1583 décida que la vente serait parfaite *entre les parties* dès que l'on serait convenu de la chose et du prix ; mais à l'égard des tiers rien n'était résolu. Enfin, lors de la discussion du titre des hypothèques, la question fut reprise, sérieusement discutée ; et la transcription vivement attaquée, notamment par M. Tronchet, non moins vivement défendue par M. Treilhard, semblait devoir enfin ou triompher ou légalement succomber. Il n'en fut rien, par un concours de circonstances difficile à expliquer, probablement par suite d'un malentendu, peut être d'un escamotage,

11

suivant M. Troplong (1); la question ne fut vidée par aucun vote et le Code restera muet sur la transcription.

Dans cette situation, il fallait donc admettre, comme le fit, du reste, la jurisprudence, que pour les aliénations volontaires ou forcées, la formation du contrat entraînait, à l'égard du tiers, comme à l'égard des parties, transmission de la propriété à l'acquéreur, et que dès ce moment les inscriptions du chef du précédent propriétaire ne pouvaient plus être prises utilement. Il était impossible de dire, comme quelques auteurs le voulaient cependant, que la loi de brumaire, en présence du silence du Code, devait être considérée comme étant encore en vigueur sur ce point. La loi de ventôse an XII n'avait-elle pas abrogé expressément toutes les lois antérieures dont les dispositions pouvaient contrarier celle du Code ?

Le ministre des finances, dans un but purement fiscal, prescrivait cependant aux conservateurs de recevoir les inscriptions jusqu'à la transcription du contrat. Le ministre de la justice soutenait au contraire que la transcription devenait inutile dans la législation nouvelle. La difficulté fut tranchée dans ce dernier sens par un avis du Conseil d'État du 20 thermidor an XIII.

Les art. 834 et 835 du Code de procédure vinrent parer à quelques-unes des nombreuses fraudes auxquelles le système du Code civil laissait la voie ouverte ; in-

(1) *Tr. des Priv. et Hyp.*, préface, p. 39.

troduisant une exception toute de faveur pour les créanciers hypothécaires qui n'avaient pas eu le temps ou qui,
trop confiants, avaient négligé de s'inscrire avant l'aliénation qui venait les surprendre, ils décidaient que ces
créanciers pourraient encore utilement s'inscrire dans
l'intervalle de l'aliénation à la transcription, et même
dans la quinzaine, à partir de l'accomplissement de cette
formalité. Cette faveur n'était accordée qu'aux créanciers dont le titre constitutif d'hypothèque était antérieur
à l'aliénation, c'était pour eux une sorte de mise en demeure de s'inscrire ; mais le Code de procédure ne dé-
rogeait pas au principe du Code civil, d'après lequel
l'acte d'aliénation suffisait pour transférer erga omnes
la propriété de l'aliénateur à l'acquéreur. Une nouvelle
constitution d'hypothèque, une revente de l'immeuble
faite par le même vendeur à un second acquéreur, après
la première aliénation, même avant la transcription,
eussent été complètement nulles. En un mot, la transcription n'avait pour but que de faire courir le délai
pendant lequel les créanciers hypothécaires non inscrits
pouvaient encore procéder à cette formalité. Remarquons en passant, qu'il n'était pas interdit aux créanciers du nouvel acquéreur de s'inscrire à partir du moment de l'acquisition, et pendant tout le délai accordé
aux créanciers hypothécaires de l'aliénateur, la préférence entre ces deux classes de créanciers, se réglait
uniquement par la date des inscriptions. Ajoutons que
les créanciers hypothécaires de l'aliénateur, inscrits antérieurement à la transcription, étaient dans une meil-

leure situation que ceux qui s'inscrivaient après cette formalité; car, en vertu de l'art. 835 du Code de procédure, c'était seulement aux premiers que l'acquéreur était obligé de faire les notifications à fin de purge prescrite par les art. 2183 et 2184 du Code civil.

Le Code de procédure n'avait modifié les principes du Code que relativement aux ventes volontaires; ces modifications furent étendues aux ventes sur expropriation pour cause d'utilité publique, par l'art. 17 de la loi du 7 juillet 1833, dont les dispositions ont été reproduites par la loi du 3 mai 1841. La transcription est dans ce cas particulier rendue obligatoire pour l'acquéreur.

Toutes ces dispositions législatives, sauf la loi du 3 mai 1841, ont été abrogées par la loi du 23 mars 1855, dont nous ferons, relativement au sujet qui nous occupe, une étude spéciale, et qui fait revivre en notre matière les principes de la loi de brumaire.

En somme, et quelle que soit la législation sous l'empire de laquelle on se trouve, la règle générale est que l'on ne peut plus s'inscrire quand, erga omnes, l'immeuble a cessé d'appartenir au débiteur; le tout est de savoir quand l'aliénation a eu lieu, erga omnes. Sous la loi de brumaire, c'est lorsque l'acte a été transcrit; sous l'empire du Code, c'est dès la formation du contrat. Le Code de procédure sans renier le principe du Code, introduit un simple délai de faveur pour les créanciers hypothécaires de l'aliénateur; enfin, depuis la loi de 1855, c'est encore par la transcription seule, comme nous le verrons, que la propriété est transférée, à l'égard des tiers, sans qu'aucun délai de faveur soit accordé aux créanciers, sauf cependant en matière d'expropriation pour cause d'utilité publique, les dispositions de la loi de 1841, en cette matière, n'étant pas abrogées par celles de la loi de 1855.

Il peut cependant, par exception, se présenter des cas dans lesquels, même avant l'aliénation erga omnes de l'immeuble hypothéqué, le créancier ne peut pas s'inscrire. L'art. 2146 du Code civil nous en indique deux : la faillite du débiteur et l'acceptation de sa succession sous bénéfice d'inventaire.

1° *Faillite.* Cette première exception a pour cause et pour objet l'intérêt du commerce ; elle a été empruntée par le Code à notre ancienne législation. L'édit du mois de mars 1673 (1) déclarait nuls les transports, cessions, ventes et donations de biens, meubles ou immeubles, faits en fraude des créanciers, et décidait que les biens, ainsi distraits, seraient rapportés à la masse commune. Une déclaration royale du 18 novembre 1702 rendue dans le même esprit développa et appliqua cette décision, spécialement aux hypothèques.

Le but de cette ordonnance était d'empêcher qu'un négociant, sur le point de tomber en faillite, ne pût favoriser quelques créanciers aux dépens de la masse, ou diminuer la garantie de tous en aliénant ses biens ;

1: *Ord. du Commerce.* mars 1673, tit. xi, art. 4.

aussi, décidait-elle « que toutes cessions et transports sur les biens des marchands qui font faillite, seraient nuls s'ils étaient faits dans les dix jours qui précèdent la faillite publiquement connue ; en second lieu, que les contrats ou obligations passés devant notaire, ou les sentences prononcées en justice, ne pourraient conférer aucun droit de préférence à un créancier, quel qu'il fût, s'ils intervenaient dans les dix jours précédant la cessation de paiement. » Ces dispositions fort justes atteignaient parfaitement le but que s'était proposé le législateur.

Notre droit moderne emprunta ces règles de l'ordonnance de 1702, mais il voulut trop les étendre ; l'article 5 de la loi de brumaire an VII porte que l'on ne peut même dans les dix jours qui précèdent la faillite, inscrire une hypothèque antérieurement et valablement acquise. A son tour, l'article 2146 du Code civil nous dit : « Les inscriptions ne produiront aucun effet si elles sont prises dans le délai pendant lequel les actes faits avant l'ouverture des faillites sont déclarés nuls. »

Ces deux lois avaient le tort de s'attaquer non pas directement aux actes intervenus en temps suspect, mais à l'inscription qui n'ayant pour but que de conserver une hypothèque légitimement acquise, ne comporte pas la même défiance que l'acte constitutif d'hypothèque lui-même ; et il était dur que le retard mis à faire inscrire une hypothèque valablement acquise, fît tomber le droit lui-même et que l'on perdit tout privilège pour ne l'avoir pas fait inscrire dans les dix jours qui précèdent la faillite.

Le Code de commerce, promulgué en 1807 et dont l'art. 443 portait que: « Nul ne peut acquérir privilège ni hypothèque sur les biens du failli dans les dix jours qui précèdent la faillite, » ne changea rien à la situation.

Enfin, la loi du 28 mai 1838 vint remplacer l'ancien titre I du livre III du Code de commerce, et désormais c'est avec les textes nouveaux de cette loi que doivent être combinés les termes de l'art. 2146 du Code civil. Les nouveaux articles 446 et 448 du Code de commerce concilient équitablement les intérêts de la masse chirographaire de la faillite et ceux des créanciers hypothécaires du failli, et font une juste distinction entre les acquisitions d'hypothèques et la conservation d'hypothèques antérieures.

Au point de vue des constitutions nouvelles d'hypothèques, les prohibitions de la loi ne s'appliquent plus qu'aux hypothèques conventionnelles ou judiciaires. (Art. 446.) Quant à la faculté de s'inscrire, qui doit seule nous occuper, elle est prévue par l'art. 448. « Les droits d'hypothèque et de privilège valablement acquis pourront être inscrits jusqu'au jour du jugement déclaratif de la faillite. » Toutefois, comme il pourrait se faire que par une collusion concertée entre le débiteur et le créancier, ce dernier ait à dessein retardé l'inscription pour ménager au débiteur un crédit apparent, afin d'induire les tiers en erreur sur sa véritable position. Comme il pourrait également arriver que la simple négligence du créancier, en dehors de tout cas de force majeure, produisit le même résultat, et attendu qu'il est juste que les autres créanciers de la faillite ne soient victimes ni de la fraude ni de la négligence du retardataire, l'art. 448 ajoute que « néanmoins les inscriptions prises après l'époque de la cessation de paiement, ou dans les dix jours qui précèdent, pourront être déclarées nulles, s'il s'est écoulé plus de quinze jours entre la date de l'acte constitutif de l'hypothèque ou du privilège et celle de l'inscription. » Ce dernier délai est susceptible d'augmentation à raison des distances. Les tribunaux sont ici souverains appréciateurs, en fait, de la validité de ces inscriptions, qui seront toujours annulées si ledit accomplissement tardif a causé quelque préjudice aux tiers, à moins que le retard ne soit imputable ni à la fraude ni à la faute du créancier (1).

On peut donc, sous réserve de ce droit d'appréciation laissé aux tribunaux, s'inscrire jusqu'au jour du jugement déclaratif ; mais seulement jusque-là. L'inscription prise le jour même du jugement serait tardive et devrait être, sur la demande des créanciers de la masse, déclarée nulle par le tribunal.

N'oublions pas de remarquer que les diverses nullités prononcées par les art. 446 et 448 ne peuvent être invoquées que par les créanciers du failli. Le failli lui-même ne saurait prétendre que les hypothèques qu'il a consenties librement doivent être nulles, erga omnes,

----

(1) Cass., 20 janvier 1857.

lorsqu'il se trouve remis à la tête de ses affaires après le concordat ou le règlement de la faillite (1).

L'application de l'art. 448 donne lieu à certaines difficultés en ce qui concerne les privilèges soumis à l'inscription ; mais nous ne pourrions, sans excéder les limites que nous nous sommes imposées, parler d'autre chose que des hypothèques.

Les principes de l'art. 448 s'appliquent sans difficulté aux hypothèques judiciaires et conventionnelles, ainsi qu'aux hypothèques légales assujetties à la formalité de l'inscription. Quant aux hypothèques légales des mineurs et des femmes mariées, il est clair « que l'art. 448 n'a pu avoir pour effet de changer les conditions qui lui ont été faites par la loi civile, et de les faire tomber pour n'avoir pas été inscrites avant le jugement qui déclare la faillite du débiteur, alors que la loi civile les a expressément dispensées d'inscription (2). » De même il ne faut appliquer l'art. 448 qu'à l'inscription d'une créance en capital, et non à l'inscription des intérêts d'une créance valablement inscrite.

Sous l'empire de la loi du 23 mars 1855, que nous étudierons plus tard, la faillite ne forme aucun obstacle ni aux inscriptions à requérir sur des immeubles acquis par le failli qui a négligé de faire transcrire son titre, ni aux inscriptions d'hypothèques légales des femmes ou

---

(1) Req., rej., 10 févr. 1863; Sirey, 63, 1, 169.
(2) M. Pont, Priv. et Hyp., n° 890.

des mineurs, durant le délai d'un an depuis la cessation du mariage ou de la tutelle.

Nous connaissons l'influence de la faillite sur l'inscription à prendre pour la conservation d'une hypothèque valablement acquise; nous pouvons maintenant nous demander si ces mêmes effets, que nous venons de signaler, ne peuvent pas être également produits par certaines situations assimilables à la faillite; nous voulons parler de la déconfiture et de la cession de biens.

Les dispositions des art. 446 et 448 ne peuvent pas s'appliquer à la déconfiture; s'il existe, en effet, des moyens légaux pour déterminer l'époque de la faillite d'un commerçant, il n'en est pas pour fixer celle de la déconfiture. S'il est vrai que dans certains cas la loi a assimilé la déconfiture à la faillite (1), elle a toujours pris soin de s'en expliquer expressément; or, elle ne l'a pas fait ici. Enfin, l'application de l'art. 448 à la déconfiture entraînerait des cas de nullité d'inscriptions non prévus par la loi, et il est de principe que l'on ne peut créer, par voie d'interprétation, des causes nouvelles de caducité des actes. Aussi, la doctrine et la jurisprudence sont-elles d'accord pour adopter cette solution (2).

Une question plus délicate est celle de savoir s'il en sera de la cession de biens comme de la déconfiture.

---

(1) Articles 1446, 1613, 1923, 2032, Code civ.
(2) Merlin, *Rép.*, v° *Faillite.* — Grenier, t. i, p. 123. — Troplong, iii, 661. — Baudot, *Traité des Format. hyp.*, n° 206. — Aubry et Rau, t. iii, § 272, 3°, et les arrêts cités par ces auteurs.

Il n'est pas douteux, d'abord, que les hypothèques ne puissent plus être concédées par le débiteur, dès que la cession a été acceptée ou admise judiciairement, le débiteur se trouvant dessaisi de la faculté de disposer des biens cédés. Quant aux hypothèques consenties avant la cession, peuvent-elles être inscrites après la cession ? Toute disposition prohibitive étant essentiellement de droit étroit, et la loi n'ayant visé que la faillite, ses prohibitions ne peuvent pas plus s'étendre à la cession de biens qu'à la déconfiture, bien que la cession ait de plus que la déconfiture un point de départ déterminé. Cette opinion est adoptée par la majorité des auteurs (1).

2° *Succession bénéficiaire.* — Les inscriptions ne produisent aucun effet entre les créanciers d'une succession, si elles n'ont été faites par l'un d'eux que depuis l'ouverture de la succession, et dans le cas où la succession n'est acceptée que sous bénéfice d'inventaire. (Art. **2146** *in fine.*)

On a allégué divers motifs pour justifier cette disposition de la loi. L'acceptation bénéficiaire, a-t-on dit, fait présumer l'insolvabilité de l'hoirie et crée pour celle-ci un état comparable, à certains égards, à la faillite. Elle empêche la confusion des biens du défunt avec ceux de l'héritier, elle fixe, au moment du décès, les droits des créanciers, et, dès lors, aucun d'eux ne doit

---

(1) Troplong, III, 632. — Zachariæ, t. II, p. 162. — Pont, n° 877. — Aubry et Rau, t. III, § 372, 3°, A. — *Contrà* Grenier, I, 134. — Dalloz, *Rép.,* v°, *Privilèges et Hyp.,* n° 1429.

plus obtenir, au préjudice des autres, un droit de préférence sur la chose commune.

Cependant, lorsqu'une hypothèque a été valablement acquise, n'est-il pas injuste que la mort, et l'acceptation bénéficiaire de la succession du constituant, enlèvent au créancier la possibilité de conserver son droit? S'il est juste que sa condition ne soit pas rendue meilleure que celle des autres, il est injuste qu'elle devienne pire, à la suite d'un fait indépendant de sa volonté. Ces considérations sont tellement vraies, qu'il fut question de la suppression de l'art. 2146-2° dans les projets de réforme hypothécaire de 1841 (1), et de 1849-51 (2); mais comme ces travaux n'ont donné le jour à aucune décision définitive, rien n'est venu, en matière de succession bénéficiaire, atténuer l'imperfection de la loi.

Telle qu'elle est, nous devons donc rechercher quand elle doit être appliquée. C'est d'abord dans le cas d'une succession acceptée par un majeur, sous bénéfice d'inventaire; peu importe, le temps écoulé depuis l'ouverture de la succession jusqu'à l'acceptation, cette dernière rétroagit, en effet, au jour de l'ouverture et fait tomber toutes les inscriptions prises depuis cette époque. En sera-t-il de même en cas d'acceptation d'une succession pour le compte d'un mineur? Ne peut-on pas

---

(1) *Docum. hypoth.*, t. iii, p. 365 et suiv.
(2) Rapport de M. de Vatimesnil à l'Assemblée nationale législative, 1849.

dire ici, avec M. Grenier (1), que l'acceptation étant forcément sous bénéfice d'inventaire, en vertu de la loi, il n'est plus question d'insolvabilité présumée du *de cujus*, principal motif sur lequel est basée la disposition de l'art. 2146 *in fine*, et que par suite cet article devient, en ce cas, inapplicable? L'argument est parfaitement raisonnable, mais il se heurte malheureusement contre la rigidité du texte de la loi, qui ne distingue aucun cas spécial d'acceptation bénéficiaire, et s'applique par conséquent à tous. C'est l'opinion de tous les auteurs.

Que décider maintenant pour le cas où la succession a été acceptée purement et simplement par quelques héritiers, sous bénéfice d'inventaire par les autres ? Suivant quelques auteurs, l'acceptation bénéficiaire d'un seul des héritiers suffirait pour rendre l'art. 2146-2° applicable (2). Mais puisque ce n'est, pour ainsi dire, qu'à contre-cœur que l'on est obligé d'appliquer une disposition aussi mal justifiée que celle de notre article, il vaut mieux en restreindre autant que possible la portée, déjà trop étendue, et adopter l'opinion des auteurs qui laissent le sort des inscriptions en suspens jusqu'au partage. Si les immeubles sont vendus en commun par les héritiers, ou sur la poursuite des créanciers, les inscriptions tomberont; si, au contraire, le partage se fait

(1) T. i, p. 122.
(2) Pont, n° 919.

en nature, les inscriptions grevant les lots attribués aux héritiers purs et simples, subsisteront (1).

Ce serait également trop étendre l'application de l'article 2146-2°, que de décider que, sur la demande des créanciers du *de cujus*, les tribunaux pourraient arrêter le cours des inscriptions, en cas d'acceptation d'une succession notoirement mauvaise par un héritier insolvable. Enfin, les inscriptions prises depuis l'ouverture de la succession ne tombent pas irrévocablement par l'effet de l'acceptation sous bénéfice d'inventaire; il faut admettre que si, dans la suite, l'héritier faisait acte d'héritier pur et simple, s'il était condamné comme tel, ces inscriptions sortiraient leur plein et entier effet, l'héritier étant désormais considéré comme ayant accepté purement et simplement du jour de l'ouverture de la succession.

A quelles hypothèques s'applique la prohibition de l'art. 2146-2°? Aux hypothèques conventionnelles et judiciaires, ainsi qu'à celles des hypothèques légales, dont l'inscription est toujours nécessaire. Quant aux hypothèques légales des mineurs et des femmes mariées, sous l'empire de la loi du 23 mars 1855, elles peuvent être inscrites pendant toute l'année qui suivra la dissolution du mariage ou la cessation de la tutelle, alors même que, pendant cette année, le tuteur ou le mari serait décédé et que sa suc-

---

(2) Aubry et Rau, t. III, § 272, texte et note 38.

cession n'aurait été acceptée que sous bénéfice d'inventaire.

En matière de succession bénéficiaire, comme en matière de faillite, il faut décider que l'on pourrait s'inscrire, du chef du précédent propriétaire, sur un immeuble dont la succession serait seulement tiers détentrice, et aussi sur un immeuble qui aurait appartenu au défunt, mais qui aurait été aliéné par lui.

Il faut admettre, avec la grande majorité des auteurs et la jurisprudence (1), que, dans le cas qui nous occupe, la succession vacante doit être assimilée à la succession bénéficiaire, la répudiation d'une succession faisant plus encore, si c'est possible, que l'acceptation bénéficiaire, présumer qu'elle est insolvable.

CHAPITRE III.

Qui peut requérir l'inscription?

Le créancier étant le premier intéressé à la conservation de son droit, c'est à lui qu'appartient, avant toute autre personne, la faculté de requérir inscription. Cette

(1) Aubry et Rau, t. III, § 272, note 39. — *Contrà* Mourlon, *Tr. de la Transcription*, n° 680. — Orléans, 26 août 1869. D. p. 69, 2, 185.

solution est si naturelle, que l'art. 2148 du Code civil juge inutile d'en parler expressément, et suppose ce droit établi a priori au profit du créancier.

La faculté d'inscrire appartient même au créancier qui n'aurait pas le plein exercice de sa capacité civile. Ainsi, la femme, sans le consentement de son mari, le mineur, sans l'assistance de son tuteur, peuvent requérir l'inscription. C'est, d'ailleurs, une nécessité de la situation. Subordonner l'action de l'incapable à ce consentement ou à cette assistance, ce serait en réalité le priver du bénéfice de l'article 2139. Cet article ne concerne il est vrai que les hypothèques légales, mais sa disposition doit être généralisée; car si la femme ou le mineur sont de par la loi autorisés à rendre publiques, par l'inscription, des hypothèques qui pourraient, sans inconvénient rester occultes, ces incapables sont, a fortiori, autorisés à conserver, par l'inscription, des hypothèques qui ne produisent d'effet que par elle.

Le créancier n'est pas obligé de requérir lui-même, en personne, l'inscription; il peut charger un tiers de le faire en son nom. « Pour opérer l'inscription, dit l'art. 2148, le créancier représente soit par lui-même, soit par un tiers, au conservateur des hypothèques, l'original en brevet, etc.. ... » Ce tiers mandataire n'a pas besoin d'une procuration écrite, et le conservateur n'a le droit d'exiger de lui, à part les pièces nécessaires pour l'accomplissement de la formalité, aucune justification des pouvoirs reçus.

M. Tarrible (1) a cependant soutenu le contraire.
Suivant lui, pour que l'inscription opérée ainsi, sur la
requête d'un tiers non muni d'une procuration écrite,
fût valable, il faudrait qu'elle revêtit le caractère d'une
gestion d'affaires ; or, l'espèce prévue n'est pas visée
par l'art. 1375 qui ne va pas jusqu'à permettre au
gérant d'exercer les droits du maître contre son débiteur. L'art. 1119 dispose, d'un autre côté, que l'on ne
peut s'engager, ni stipuler en son propre nom, que pour
soi-même. L'art. 2139 permet aux amis du mineur de
requérir une inscription à son profit, ne peut-on point
conclure de cette disposition qui semble exception-
nelle, que les amis du créancier n'ont point qualité
pour inscrire leurs hypothèques. Ce qui corrobore cet
argument a contrario, c'est le refus autorisé tant par le
texte de l'art. 2139 que par des considérations de mora-
lité publique, d'étendre aux amis de la femme le droit
de faire inscrire son hypothèque légale. De même,
enfin, s'il est permis, sans procuration écrite, de faire
inscrire l'hypothèque d'un créancier, l'art. 775 du Code
de procédure, qui permet aux créanciers d'inscrire les
hypothèques appartenant à leur débiteur, devient inutile,
n'étant plus qu'une application particulière d'une règle
très générale.

Nous répondrons d'abord, que, logiquement, en présence : 1° du silence de la loi, relativement à la forme

(1) *Rép. de Merlin,* v°, *Inscr. hyp.*

12

dans laquelle le mandat devrait être donné; 2° des termes généraux de l'art. 2148, il faut décider que l'inscription peut être prise par un tiers en vertu d'un mandat verbal, et que la preuve des pouvoirs reçus par le mandataire résulte suffisamment du fait, de sa part, d'avoir entre les mains et de représenter au conservateur les pièces exigées par l'art. 2148 pour l'accomplissement de la formalité.

Nous irons plus loin, et nous dirons que même sans mandat verbal, l'inscription prise par un tiers peut être valable, à titre de negotiorum gestio. D'abord, on ne peut pas restreindre, comme le fait M. Tarrible, la portée de l'art. 1375 du Code civil; tout ce qu'une personne fait au nom et dans l'intérêt d'un tiers, quoique sans mandat, est valable, si ce tiers l'approuve postérieurement; tel est évidemment le principe de la gestion d'affaires. Quant à l'art. 1119 que l'auteur invoque, il n'a rien à faire ici; celui qui prend l'inscription la prend au nom du créancier absent, et non en son propre nom. L'argument tiré de l'art. 2139 n'est pas non plus irréfutable; cet article ne fait qu'appliquer la règle générale de la gestion d'affaire au cas spécial de l'hypothèque légale, et l'on peut dire, jusqu'à un certain point, que l'on ne rappelle ici la règle générale que pour faire ressortir l'exception que l'on y introduit, relativement à l'inscription de l'hypothèque légale de la femme. Enfin, l'art. 775 du Code de procédure civile, qui nous dit que « tout créancier peut prendre des inscriptions pour conserver les droits de son débiteur, » n'a jamais voulu dire, qu'en matière d'inscription d'hypothèque, il ne pouvait y avoir gestion d'affaire que dans le cas qu'il prévoit, et cela pour une bonne raison, c'est que cet article ne constitue pas une application du principe posé par l'art. 1375 du Code civil, mais bien une application de la règle de l'art. 1166 du même Code. Ce n'est pas dans l'intérêt de leur débiteur que les créanciers agissent ici, c'est dans le leur propre. Quand, du reste, un tiers non créancier et sans mandat fait inscrire une hypothèque, le maître peut très bien ne pas ratifier cette opération, et le débiteur, d'accord avec lui, peut faire ordonner, aux dépens du requérant, et même avec dommages et intérêts, la radiation de cette inscription (1). Il n'en est certes pas ainsi quand l'inscription a été prise au nom du créancier hypothécaire, par un tiers créancier, en vertu de l'art. 775 du Code de procédure civile.

Toute la doctrine (2) repousse l'opinion de M. Tarrible, et, dans la pratique, le conservateur n'exige et ne peut exiger du requérant que la présentation des pièces énumérées dans l'art. 2148.

Nous venons de voir incidemment que les créanciers du titulaire d'une créance hypothécaire pouvaient, pour la conservation des droits de leur débiteur, requérir

----

(1) Aubry et Rau, t. III, § 270, 2° *in fine* et note 18.
(2) Zachariæ. t. II, p. 157. — Troplong, n° 675. — Baudot, *Traité des Formalités hypothécaires*, 217 — P. Pont, n° 935. — Aubry et Rau, t. III, § 270, n° 2.

l'inscription de cette créance. Les termes très compréhensifs de l'art. 775 du Code de procédure ne permettent de faire aucune distinction touchant la nature du titre de ces créanciers. Mais bien qu'ils agissent dans leur propre intérêt, il faut décider que l'inscription ne peut être prise en leur faveur, mais bien en faveur et sous le nom du titulaire de la créance hypothécaire, sinon le ou les créanciers inscrivants profiteraient seuls du gage ainsi assuré, qui doit, au contraire, être réparti entre tous les créanciers (1).

Certaines personnes, chargées par la loi de l'administration de la fortune d'autrui, doivent, en vertu du mandat légal qui leur a été confié, veiller aux inscriptions qui intéressent le patrimoine qu'elles sont chargées de gérer. Nous citerons, comme exemple, les maris, tuteurs, curateurs, les héritiers bénéficiaires, les curateurs à une succession vacante, les syndics d'une faillite. L'usufruitier d'une créance hypothécaire, nous disent MM. Aubry et Rau, peut et doit en requérir l'inscription, non seulement dans son intérêt personnel, mais encore au nom du propriétaire.

Que décider à l'égard du notaire, qui, après avoir constaté la convention d'hypothèque, aurait négligé d'en requérir l'inscription? Ni le Code, ni les lois spéciales ne l'ont déclaré responsable des conséquences de cette omission, et la jurisprudence s'est prononcée, dans de

---

(1) En ce sens, P. Pont, *Hyp.*, t. II, n° 632.

nombreux arrêts, pour la non-responsabilité du notaire, à moins qu'il n'ait été expressément chargé par les parties d'accomplir les formalités de l'inscription (1). Dans ce cas, comme, du reste, tous les mandataires, conventionnels ou légaux, il serait tenu d'exécuter le mandat à lui confié, à peine de tous dommages et intérêts, si sa négligence avait porté préjudice au créancier hypothécaire.

Dans les différentes hypothèses que nous venons de parcourir, c'est toujours le créancier qui agit par lui-même, ou par l'intermédiaire d'un mandataire conventionnel ou légal. Il peut se faire, au contraire, que le créancier primitif disparaisse pour faire place à une personnalité nouvelle qui se substitue à la sienne dans le rapport d'obligation. C'est ce qui arrive, notamment lorsqu'il meurt ou lorsqu'il cède sa créance. Voyons, au point de vue qui nous occupe, quels seront les effets de ces divers événements.

A la mort du créancier, ses héritiers ou successeurs peuvent faire inscrire l'hypothèque qui garantit la créance dont ils ont hérité. L'inscription peut même être prise avant le partage, au nom de l'hoirie du créancier, sans qu'il soit nécessaire d'indiquer le nom des héritiers.

En cas de cession de créance, le cessionnaire n'a pas

---

(1) Req., rej., 4 juillet 1847; Sirey, 48, 1, 903. — Req., rej., 14 février 1855; Sirey, 55, 1, 171. et les nombreux arrêts cités par MM. Aubry et Rau, t. III, p. 340, note 15.

besoin de procéder à une nouvelle inscription de l'hypothèque qui la garantit, lorsque cette formalité a déjà été
faite par le cédant; l'inscription prise au nom de ce dernier profite au cessionnaire comme si elle l'avait été en
son propre nom. Cependant, une nouvelle inscription
prise au nom et sur la requête du cessionnaire, aurait
pour effet de le mettre à l'abri des manœuvres d'un cédant de mauvaise foi, qui, sans cette nouvelle formalité,
pourrait concéder frauduleusement une main-levée au
débiteur, et faire ainsi tomber l'hypothèque. Si, lors de
la cession, l'hypothèque n'a pas encore été rendue publique, le cessionnaire peut la faire inscrire, soit en son
nom personnel, soit au nom du cédant. Il peut requérir
l'inscription en son nom personnel, même avant toute
signification ou acceptation du transport. Il peut la requérir au nom du cédant, même après la signification
ou l'acceptation du transport. Quant au transport lui-
même, peu importe qu'il ait été fait sous forme authentique ou sous seing privé (1). On avait douté, à l'origine,
que l'inscription au nom du concessionnaire fût possible avant la signification au cédé. (Art. 1690). Un arrêt
de la Cour de Paris avait même consacré la négative (2);
mais cette juridiction revint bientôt à une interprétation
plus exacte, aujourd'hui admise par tous les auteurs et

---

(1) Req. rej., 11 août 1819; Sir., 19, 1, 450. — MM. Aubry et
Rau, t. III, n° 270, 1°.
(2) Cour de Paris, 10 ventôse an XII; Sir., 4, 9, 704.

la jurisprudence (1). L'on reconnut, en effet, que la signification et l'inscription sont deux actes essentiellement distincts, la première étant nécessaire dans le but d'empêcher que le cédé ne se libère entre les mains du cédant, la seconde n'étant, au contraire, qu'un acte conservatoire.

La même solution ne pourrait pas être admise en matière de délégation ; tant que le délégataire n'a pas accepté la délégation, expressément ou tacitement (2), il ne peut faire inscrire en son nom personnel l'hypothèque qui garantit la dette du délégué, parce que « l'indication d'une personne pour recevoir paiement ne forme pas un titre de créance au profit de cette personne tant qu'elle n'a pas été acceptée par elle (3). » L'inscription prise par le délégataire avant son acceptation devrait être considérée comme non avenue et ne pourrait profiter ni à lui, ni au déléguant. Mais le fait de prendre l'inscription ne pourrait-il pas être considéré comme une acceptation tacite de la délégation? M. Troplong nous dit en peu de mots pourquoi il ne peut en être ainsi. L'inscription ne peut servir d'acceptation, parce que, « faite pour conserver le titre,

(1) Cour de Paris, 13 ventôse an XIII; Sir., 5, 2, 568. — Cass., 25 mars 1816; Sir., 16, 1, 233. — Req. rej., 11 août 1819; Sir., 19, 1, 150. — Bourges, 12 fév. 1811 ; Sir., 41, 2, 613.
(2) La jurisprudence admet que l'acceptation puisse être tacite. Voy. entre autres Req. rej., 27 janv. 1826; Sir., 56, 1, 605.
(3) Cass., 22 février 1810. Voy. Dalloz, v° Hypothèque, p. 229.

elle ne peut ni le précéder, ni le suppléer, ni le former (1). »

Le conservateur des hypothèques, sauf le cas prévu par l'art. 2108 du Code civil, peut-il opérer une inscription sans en avoir été régulièrement requis ? La Cour de cassation a jugé expressément qu'un conservateur pouvait, sans réquisition de la part d'un tiers, prendre, dans l'intérêt d'un créancier, une inscription d'hypothèque conventionnelle (2). D'autre part, un arrêt de la Cour de Nîmes (3) décide que le conservateur n'a pas qualité pour inscrire d'office les hypothèques conventionnelles, même celles stipulées dans un acte de donation qui lui est présenté pour la transcription.

Prendre d'office une inscription, c'est l'opérer en vertu de la loi, et sans qu'il soit nécessaire du consentement formel ou tacite des parties ; l'inscription d'office peut, doit même être prise, malgré la volonté contraire des parties, et le conservateur, responsable du préjudice que leur causerait le défaut d'inscription (art. 2108), n'aurait certes pas à répondre du dommage qui résulterait pour elles de l'inscription. Or, nulle part la loi ne donne au conservateur le droit de prendre une inscription d'office dans d'autre cas que celui prévu par l'art. 2108, encore ne s'agit-il ici que d'une mesure d'ordre, et non

(1) Troplong, Hyp., t, n° 368.
(2) Civ. rej., 13 juillet 1841 ; Sir., 41, 1, 731. — Colmar, 30 mai 1865 ; Sir., 65, 2, 348.
(3) Nîmes, 29 nov. 1851 ; Sir., 55, 2, 512.

pas d'un acte conservatoire du privilège du vendeur. On peut donc dire, à ce point de vue, que le conservateur ne pourra jamais d'*office* inscrire, soit des hypothèques légales, soit des hypothèques conventionnelles. Mais, est-ce à dire que le conservateur, précisément à raison de ses fonctions, ne pourra pas, aussi bien que le premier venu, muni des pièces nécessaires, opérer pour un tiers, pour un ami, par exemple, une inscription d'hypothèque conventionnelle. Rien ne motiverait une pareille affirmation. Le conservateur peut, si bon lui semble, jouer le rôle d'un gérant d'affaires ; mais les opérations qu'il fera à ce titre seront toujours soumises à la ratification du maître, et n'emprunteront à sa qualité de conservateur aucun caractère obligatoire pour les parties. Si donc l'inscription prise dans de telles conditions était préjudiciable aux parties, si, par exemple, un débiteur qui a consenti une hypothèque à son créancier, a obtenu de ce dernier qu'il ne ferait pas inscrire cette hypothèque, ou qu'il retarderait jusqu'à nouvel ordre l'accomplissement de cette formalité, il est certain qu'il serait dur pour ce débiteur, qui espère conserver son crédit intact, de perdre le bénéfice de la faveur qu'avait bien voulu lui faire son créancier, par le fait de l'intervention d'un tiers. Dans ce cas, et dans d'autres analogues, le débiteur pourrait certainement, d'accord avec le créancier, obtenir non seulement la radiation de l'inscription indûment prise, mais encore des dommages-intérêts. Si, au contraire, l'inscription prise par le conservateur a été utile aux parties, si, en agissant ainsi, il leur a rendu un véritable service, il ne faut pas douter que son opération ne soit valable. L'inscription pourra être maintenue et profiter au créancier comme si elle avait été faite à la requête d'un gérant d'affaires. C'est là le sens de la décision de la Cour de cassation, et la nullité absolue de l'inscription d'hypothèque conventionnelle prise, sur sa propre initiative, par le conservateur, constituerait une dérogation aux principes généraux qui ne pourrait être introduite que par une décision législative spéciale (1).

Pas plus que les tiers qui ne rentrent pas dans les catégories de personnes énumérées dans les art. 2136, 2137 et 2139, le conservateur étranger au mineur ou à la femme mariée, ne peut, sur sa propre initiative, rendre publiques leurs hypothèques légales (2). Mais sa qualité de préposé ne doit ni le priver du droit d'inscrire ces hypothèques comme parent de l'incapable, et même comme ami du mineur, ni l'exempter de l'obligation de remplir ces formalités, s'il est marié ou tuteur.

Nous savons du reste, en ce qui concerne spécialement la femme mariée, qu'en dehors du pouvoir confié par l'art. 2138 au ministère public, l'inscription de son hypothèque légale ne peut être requise par une personne étrangère à la famille des époux. La rédaction de l'art. 2139 ne peut laisser aucun doute à ce sujet.

---

(1) En ce sens, MM. Aubry et Rau, t. III, § 270, n° 3.
(2) Circulaire du ministre de la justice du 15 septembre 1808.

Il a même été décidé que l'inscription, ainsi opérée au mépris des prohibitions de la loi, eût-elle été utile à la femme, pouvait toujours motiver de la part du mari une demande en dommages-intérêts contre l'inscrivant (1).

CHAPITRE IV.

Des formalités de l'inscription.

Pour plus de clarté, nous étudierons d'abord, d'une manière générale, ce que nous pouvons appeler les formalités extrinsèques de l'inscription, c'est-à-dire la représentation au conservateur des titres et bordereaux, et la transcription matérielle du contenu des bordereaux sur le registre d'inscription. Nous examinerons ensuite, avec quelque détail, les énonciations que les bordereaux doivent contenir, et nous terminerons ce chapitre en indiquant les moyens employés pour rectifier les inscriptions irrégulières, et par qui doivent être supportés les frais de l'inscription.

§ I. — Formalités extrinsèques.

1° *Production du titre.* L'article 2148 du Code civil exige la représentation au conservateur de l'original en

---

(1) Cir. e., 4 août 1871. D., p. 75, 1, 163.

brevet, ou d'une expédition authentique du jugement ou de l'acte qui donne naissance à l'hypothèque. Cette formalité est formellement ordonnée par la loi pour les inscriptions d'hypothèques conventionnelles et judiciaires ; mais l'art. 2153 du Code civil ne l'exige pas pour les inscriptions d'hypothèques légales des mineurs et des femmes mariées, ni pour celles de l'État, des communes et des établissements publics, sur les biens des comptables ; il n'est pas même nécessaire que les bordereaux fassent mention du titre, puisque cette mention n'est pas comprise parmi les énonciations que ces bordereaux d'inscription d'hypothèque légale doivent *seulement* contenir, suivant notre article 2153 (1). Quant à l'hypothèque légale accordée aux légataires par l'art. 1017 du Code civil, comme elle ne figure pas dans l'énumération de l'art. 2152, il faut décider que le conservateur doit exiger de celui qui en requiert l'inscription, la représentation d'une expédition du testament contenant le legs.

La représentation du titre n'est pas non plus nécessaire pour l'inscription requise par les agents et syndics d'une faillite, en exécution de l'art. 490 du Code de commerce, sur les immeubles du failli ; mais les bordereaux doivent énoncer qu'il y a faillite et relater la date du jugement de nomination des syndics ou agents. Lorsque, au contraire, les syndics requièrent au nom

(1) Instruction du 2 avril 1834.

du failli des inscriptions qu'il a négligé de prendre sur les immeubles de ses débiteurs (art. 490 du Code de commerce), ils doivent représenter les titres constitutifs des hypothèques et un extrait du jugement qui les a nommés (1).

Sauf les cas exceptionnels que nous venons de mentionner, le conservateur a le droit de refuser d'opérer l'inscription, lorsqu'il n'a pas sous les yeux le titre constitutif d'hypothèque. On comprendrait très bien qu'en théorie, et sous sa responsabilité personnelle, le conservateur pût ne pas exiger cette représentation du titre ; mais ce serait aller trop loin, que de prétendre, comme certains auteurs, que la loi eût mieux fait de ne demander à l'inscrivant que la présentation des deux bordereaux (2). Assurément, l'inscription prise en vertu d'un titre supposé, ne pourrait nuire aux tiers, puisqu'elle tomberait tôt ou tard, le prétendu créancier ne pouvant, lorsqu'un ordre s'ouvrirait, fournir aucune justification de sa créance ; mais elle nuirait au grevé, en diminuant son crédit. Le grevé pourra, il est vrai, dès qu'il s'apercevra de l'existence de l'inscription, s'adresser aux tribunaux et en obtenir mainlevée ; mais ne doit-on compter pour rien les soucis d'une instance à introduire, instance dont les frais peuvent, en outre, rester à la charge du demandeur, si celui qui a requis l'ins-

---

(1) Charles Géraud, *Dictionnaire de comptabilité, manut. et procéd.*, v°, *Hypothèque.*

(2) P. Pont, 940. — Merlin, *Rép.*, v°, *Inscr. hyp.*, § 6, n° 6.

cription est insolvable ou inconnu? L'art. 2148 n'est donc pas trop rigoureux lorsqu'il exige la production du titre ; le conservateur ne peut plus, d'ailleurs, se montrer moins sévère que la loi, depuis une instruction de la règle, du 13 avril 1865, qui lui prescrit d'exiger la présentation du titre, et de mentionner, comme preuve de l'accomplissement de cette formalité, le nombre de rôles qu'il contient, sur le registre de dépôts.

Le titre que le conservateur exige doit consister, d'après l'art. 2148, en l'original en brevet ou une expédition authentique du jugement, ou de l'acte qui donne naissance à l'hypothèque. Faut-il conclure de ces mots : *original en brevet*, que les notaires peuvent recevoir en brevet les conventions emportant hypothèque? La négative semble résulter de l'art. 20 de la loi du 25 ventôse an XI, qui prescrit aux notaires de garder minute des actes qu'ils font, et qui n'accepte point de cette règle les conventions hypothécaires ; aussi M. Duranton soutient-il que l'hypothèque ne peut être constituée que par un *acte en minute* (1). Toutefois, l'opinion contraire nous semble préférable. Les mots « *original en brevet,* » de l'art. 2148 ne peuvent, en effet, s'entendre que d'actes notariés délivrés en brevet ; si donc, le conservateur doit se contenter, pour opérer l'inscription de la représentation de pareils actes (2), c'est éviden-

---

(1) Duranton, t. xx, n° 88.
(2) Cela n'a jamais fait de difficulté dans la pratique.

ment que la loi considère comme valable l'hypothèque ainsi constituée (1).

En ce qui concerne l'inscription d'une hypothèque judiciaire, qui a lieu le plus souvent sur la production d'une expédition authentique du jugement, les auteurs admettent généralement que le conservateur peut être tenu de l'opérer sur le vu de la minute dudit jugement. Cette décision est cependant contraire non seulement au texte de l'art. 2148, mais encore à la loi du 21 ventôse an VII, qui défend expressément aux greffiers de faire, en aucun cas, remise des minutes et de les laisser sortir de leur greffe. En second lieu, les arrêts invoqués en faveur de cette opinion disent bien qu'une inscription prise, sans que le jugement ait été enregistré, signifié, même expédié, est valable, ce dont nous sommes parfaitement convaincus, puisque nous avons dit que la production du titre que le conservateur a le droit et le devoir d'exiger, n'est cependant pas une formalité substantielle (2); mais nous ne voyons nulle part que le conservateur puisse être, malgré lui, contraint d'inscrire sur le vu de la minute d'un jugement, lorsque la loi parle d'une expédition authentique.

Aussi, dans la pratique, il faut que le jugement dé-

---

(1) En ce sens, Pont, n° 665 et 912. — Aubry et Rau, t. III. § 266, note 16.

(2) Cass., 18 juin 1823; Sir., 23, 1, 337. — Req. rej., 19 juin 1833; Sir., 33, 1, 641.

cide formellement que l'inscription sera opérée sur la présentation de la minute, pour que le conservateur s'en contente (1).

2° *Remise des bordereaux.* La représentation du titre doit être accompagnée de la remise de deux bordereaux sur papier timbré, mais dont l'un pourtant peut être porté sur l'expédition du titre. Cette formalité, requise pour toutes sortes d'hypothèques, a sa raison d'être ; la responsabilité du conservateur déjà si considérable, serait trop engagée, s'il était tenu d'extraire lui-même, de l'acte constitutif, toutes les énonciations requises pour l'inscription. C'est pourquoi ce soin est laissé au requérant lui-même, qui connaît mieux que qui que ce soit les diverses conditions de son droit d'hypothèque. La représentation des bordereaux est, d'ailleurs, requise tout à la fois dans l'intérêt du conservateur et du créancier ; l'une de ces pièces est rendue à l'inscrivant avec mention de la date, du numéro et du coût de l'inscription, l'autre reste entre les mains du conservateur. Grâce à cette disposition, si l'inscription contenait quelques irrégularités préjudiciables aux parties, le conservateur pourrait, d'un côté, échapper au recours que le créancier voudrait exercer contre lui, en prouvant que son registre est conforme au bordereau, et d'un autre côté, le créancier pourrait justifier que l'irrégularité de son

---

(1) Ch. Géraud, *Dict. de comptab., manut. et procéd*, v°, *Hypothèque.*

inscription ne provient que d'une erreur du conservateur.

Les bordereaux étant destinés à servir de preuve pour ou contre le conservateur, l'on comprend qu'il lui soit interdit d'en rédiger aucun par lui-même. Mais ce qu'il est plus difficile de concevoir, c'est que l'on n'exige pas que les bordereaux portent la signature du requérant. (Avis du Conseil d'Etat, 6 octobre 1831.)

L'art. 2148 garde, il est vrai, le silence sur ce point, mais il est bien d'autres cas où la loi, tout en s'occupant de formalités à remplir et de règles à suivre, ne descend pas aux moindres détails, et ne détermine pas que telle ou telle pièce devra être signée, alors qu'elle n'aurait en réalité aucune valeur si elle ne l'était pas. Dira-t-on que lorsque le conservateur a entre les mains le titre constitutif, la signature des bordereaux est inutile? Mais si le conservateur a commis une erreur en transcrivant le bordereau sur son registre, ne pourra-t-il pas, si cette erreur est préjudiciable aux parties, et en cas de recours contre lui, se mettre à l'abri en modifiant le bordereau qu'il a entre les mains? D'un autre côté, l'inscrivant ne pourra-t-il pas imputer au conservateur les renvois, ratures et surcharges que lui, requérant, aura faits sur le bordereau, du moment que ces renvois, ratures et surcharges ne sont pas approuvés? La comparaison des deux bordereaux ne fera pas toujours cesser le doute; pourquoi ajouter foi plutôt à celui qui est entre les mains des parties qu'à celui qui est déposé à la conservation? Il a, du reste, presque toujours été admis que le dernier seul doit faire titre (1). Si le danger est tel, même lorsque le conservateur a eu le titre constitutif d'hypothèque sous les yeux, combien ne devient-il pas plus considérable dans les cas où la représentation du titre n'est pas exigée : en matière d'hypothèque légale, en matière de renouvellement ? La signature que l'inscrivant serait tenu de donner ne ferait-elle pas reculer celui qui agirait sans mandat et dans le but de porter atteinte au crédit d'un tiers, dès lors qu'il ne pourrait plus se cacher et éviter les poursuites en se couvrant du voile de l'anonyme ? Si, enfin, une inscription a été prise en vertu d'un titre supposé, ou d'un acte passé en brevet et égaré depuis, quelle garantie aura le conservateur contre l'action en dommages et intérêts que le grevé, de bonne foi dans le premier cas, de mauvaise foi dans le second, pourra intenter contre lui ? On le voit donc, la signature obligatoire des bordereaux, qui était certainement dans l'esprit de la loi, constituerait une réforme utile au premier chef, et d'autant plus facile à introduire, qu'il serait impossible de signaler dans son application le moindre inconvénient.

La présentation des bordereaux n'a, du reste, été exigée que dans l'intérêt respectif du conservateur et des créanciers, et ne constitue pas un des éléments essentiels à la publicité. Aussi, faut-il admettre que cette formalité n'est pas substantielle, et que le fait, de la part du con-

---

(1) Baudot, *Traité des formalités hypothécaires*, n° 371.

servateur, de ne l'avoir pas demandée, n'engage ni sa responsabilité à l'égard des tiers, ni la validité de l'inscription (1). Toutefois, objecte-t-on, la loi semble bien dire le contraire, puisque l'art. 2200 exige la mention, sur le registre des dépôts, de la remise des bordereaux. Mais la sanction même attachée à l'exécution de cet article nous indique clairement l'esprit de la loi. La loi ne dit pas que l'inscription faite en violation de sa volonté sera nulle, mais elle punit d'une amende de 200 à 1,000 francs le conservateur qui a contrevenu à ses prescriptions, et de la destitution le conservateur récidiviste ; elle ne pose, en somme, qu'une règle de manutention.

Il arrive souvent que, par un acte commun, plusieurs débiteurs s'obligent envers une même personne, ou bien qu'un même individu se reconnaisse débiteur envers plusieurs créanciers distincts et séparés. Le conservateur peut-il, dans ces deux cas, exiger la remise d'autant de bordereaux en double qu'il y a de débiteurs ou de créanciers? Deux décisions ministérielles qui, longtemps, ont servi de guide aux conservateurs, l'une du 16 floréal an VII, l'autre du 6 décembre 1822, avaient cru devoir établir une distinction ; elles admettaient qu'un bordereau collectif suffisait, quel que fût le nombre des débiteurs ou des créanciers, s'il y avait obligation solidaire ou unité de créance, sinon, il fallait au-

---

(1) Aubry et Rau, t. III, § 275 et note 6. — Contrà, Tarrible, Rép., v°, Inscr. hyp., § 5, n° 7. — Baudot, n° 216.

tant de bordereaux en double qu'il y avait de créances distinctes et séparées. Cette théorie a été, depuis 1839, repoussée par la généralité des auteurs, et formellement condamnée par la jurisprudence (1). L'art. 2148, en effet, ne distingue point ; il suppose même établie la faculté de requérir des inscriptions collectives par des bordereaux collectifs, en autorisant le requérant à porter l'un des bordereaux sur l'expédition même du titre, puisque le titre peut contenir des chefs distincts et créer divers droits d'hypothèque. Le conservateur ne perçoit, du reste, qu'un droit par inscription, même collective (2).

3° *Mention des pièces déposées sur le registre d'ordre, et remise du bulletin de dépôt. (Art. 2200 du Code civil.)* — Comme il est toujours impossible d'opérer les inscriptions au fur et à mesure de la présentation des titres, la loi a prescrit au conservateur d'inscrire jour par jour, et par ordre numérique, sur un registre d'ordre, appelé registre des dépôts, toutes les remises de titres, et les bordereaux ne peuvent être inscrits, sur le registre de formalités, qu'à la date et dans l'ordre mentionnés sur le registre de dépôt. L'inscription est donc considérée comme opérée et publique, pour ainsi dire, dès l'ins-

---

(1) Cour de Besançon, 19 nov. 1839. — Cass., 17 décembre 1815 ; Sir., 46, 1, 185. — Pont, n°° 952 et suiv; — Aubry et Rau, t. III, § 275. — *Contrà,* Baudot, t. I, n° 356.

(2) Art. 2 de la loi de ventôse an VII. — Décret du 21 septembre 1810.

tant de la remise, au conservateur, du titre et des bordereaux (1), alors même que la formalité ne pourrait être
remplie que deux, trois..., huit jours plus tard. On comprend facilement quelle est, au point de vue de l'ordre
des hypothèques entre elles, l'importance d'une tenue
rigoureuse et minutieuse du registre des dépôts; aussi,
la loi exige-t-elle, pour la garantie des déposants, que
le conservateur leur remette une reconnaissance sur papier timbré (bulletin de dépôt) énonçant le numéro du
registre sur lequel la remise des titres a été inscrite. La
question de savoir si le requérant pouvait être contraint
à recevoir cette reconnaissance et à payer le timbre, a
soulevé autrefois quelques doutes. Plusieurs décisions
ministérielles (2) admirent qu'il pouvait y être obligé, à
moins, ajoutaient-elles, que le conservateur ne puisse
accomplir la formalité sous ses yeux (3).

---

1 Toutefois, deux inscriptions requises le même jour, quoique
à des heures différentes, doivent concourir, le registre de dépôt
n'indiquant que la date et non l'heure de la présentation des
pièces.

(2) Décis. minist. des 11 et 28 ventôse an xiii, 8 août 1821. —
V. Baudot, i, p. 157; Troplong, n° 1009; Trib. de Poitiers, 19 août
1829.

(3. Ce qui n'arrive jamais, car alors même qu'un bureau d'hypothèque serait complètement à jour, fait qui ne peut, pour ainsi
dire, se produire que dans les conservations de minime importance, une inscription ne peut pas s'opérer ainsi hic et nunc:
l'examen des pièces, l'inscription au dépôt, la formalité elle-
même, puis l'inscription sur le répertoire, sur les tables alpha-
bétiques, sur le registre des salaires, etc., constituent une série
d'opérations qui demande un temps relativement considérable.

Au reste, dans la pratique, même avant la loi du
5 janvier 1875, la délivrance du bulletin de dépôt a toujours été obligatoire, soit pour le conservateur, soit pour
le requérant, et le conservateur qui s'en dispenserait,
non seulement engagerait sa responsabilité vis-à-vis des
tiers, mais encore s'exposerait à une destitution, ni plus
ni moins que s'il négligeait de mentionner sur son registre d'ordre les pièces déposées. La loi du 5 janvier
1875 a décidé que le registre de dépôt serait tenu double, et l'un des doubles déposé, sans frais, et dans les
trente jours qui suivront sa clôture, au greffe du tribunal
civil d'un arrondissement autre que celui où réside le
conservateur. Mais, outre cette mesure de précaution,
elle ordonne, dans un but purement fiscal, qu'il sera
délivré aux déposants autant de reconnaissances timbrées qu'il y aura de formalités requises, tandis qu'avant
cette modification de l'art. 2200, un seul bulletin de
dépôt suffisait, quel que fût le nombre des pièces déposées (1).

4° *Copie du bordereau sur le registre des inscriptions. (Art. 2150.)* — « Le conservateur fait mention
sur son registre du contenu aux bordereaux. » Il doit
procéder sans retard à cette formalité. (Art. 2199.) D'ailleurs, il n'est pas juge de la validité des titres qu'on lui
présente, et ne pourrait refuser l'accomplissement de la

---

1. Les bulletins sont actuellement rédigés sur des formules
timbrées, extraites d'un registre à souche. (Instruction du 16 janvier 1875.

formalité sous prétexte qu'elle est inutile, ou que les bordereaux à lui présentés sont incomplets, inexacts, en un mot, entachés de quelque nullité. Il suffit que les titres produits soient réguliers.

Le conservateur doit-il copier littéralement le bordereau sur son registre ? Le texte précité de l'art. 2150 semble résister à cette interprétation, et nous pouvons soutenir que le fait même d'avoir analysé le bordereau et d'en avoir retranché les énonciations inutiles, n'engagerait pas la responsabilité du conservateur vis-à-vis des tiers ou des parties ; mais, depuis une décision ministérielle du 11 février 1863, qui prescrit la copie littérale, il s'exposerait, en ne s'y conformant pas, à des peines disciplinaires (1). D'ailleurs, vis-à-vis des tiers, en cas de dissemblance entre les bordereaux et le registre, le registre seul fait foi. Nous avons déjà dit, qu'à l'égard des parties et relativement à la responsabilité du conservateur vis-à-vis d'elles, si les deux bordereaux étaient dissemblables, le conservateur était, dans la pratique, complètement à couvert en cas de conformité entre le registre et le bordereau resté entre ses mains. La jurisprudence n'est cependant pas encore absolument fixée sur ce point (2) ; aussi, le conservateur doit-il, dans son propre intérêt, non seulement reproduire littéralement

1. Le fisc est lui-même intéressé à ce que le bordereau soit copié *in extenso* sur le registre.
2. Voy. Aubry et Rau, t. III, § 268, texte et note 27, et les arrêts cités par ces auteurs.

les bordereaux sur son registre, mais encore s'assurer de leur conformité entre eux.

La transcription du bordereau accomplie, le conservateur remet au requérant tant le titre ou l'expédition du titre que l'un des bordereaux, au pied duquel il certifie avoir fait l'inscription. (Art. 2150.) Il indique, dans la relation, la date et le numéro du registre sous lequel l'inscription est portée.

Tel est, dégagé bien entendu des nombreux détails de la manutention hypothécaire, le mécanisme extérieur de l'inscription ; nous allons examiner, maintenant, quelles sont les énonciations que doit contenir le bordereau, ou, pour mieux dire, l'inscription.

§ 2. — Formalités intrinsèques.

L'art. 2148 énumère en détail les énonciations que doivent contenir le bordereau et l'inscription ; nous allons d'abord étudier séparément chacune d'elles ; puis, dans un paragraphe spécial, nous rechercherons quelle est la sanction de ces diverses formalités.

L'inscription doit faire connaître :

1° « *Les nom, prénoms, domicile du créancier, sa profession, s'il en a une, et l'élection d'un domicile pour lui dans un lieu quelconque de l'arrondissement du bureau.* » Quelle est, tout d'abord, l'utilité de ces désignations ? Ce que les tiers ont intérêt à connaître, c'est la personnalité du débiteur, le montant de la dette, et la consistance du gage fourni ; le créancier, ses noms et ses qualités leur importent peu. Ces énonciations ne présentent également aucune utilité pour le débiteur. C'est donc dans l'intérêt presque exclusif du créancier qu'elles sont exigées. Elles sont, en effet, nécessaires pour lui adresser les notifications à fin de purge (art. 2183), les assignations en radiation d'inscriptions (art. 2156), les sommations de prendre connaissance du cahier des charges en cas d'expropriation forcée (Code de procédure, art. 692), et les sommations de produire à l'ordre (art. 753 du même Code).

Il importe donc, pour que ces diverses notifications ne puissent faire fausse route, que le créancier soit désigné aussi exactement que possible par ses nom, prénoms et profession. La mention du domicile réel, outre qu'elle complète la désignation du créancier, a encore son utilité propre en matière de radiation forcée, cette radiation ne pouvant être effectuée par le conservateur que sur la présentation d'un certificat de l'avoué, contenant la date de la signification du jugement faite au domicile réel du créancier. (Art. 548, Code de procédure.)

Toutes les notifications dont nous parlions plus haut, devant se faire au domicile élu, l'élection de domicile présente, dans le groupe des énonciations requises, un intérêt spécial (1). En présence des termes absolus de la

---

(1) L'élection de domicile ne s'appliquerait pas aux offres réelles faites par un créancier postérieur pour se faire subroger dans le rang du créancier qui le prime. Cass., 5 décembre 1851; Sir., 51, 1, 282.

loi, l'indication d'un domicile élu paraît nécessaire, même
dans le cas où le créancier a son domicile réel dans l'arrondissement du bureau. Au reste, une première élection de domicile ne lie irrévocablement ni le créancier
ni ses héritiers ou ayants cause, et l'art. 2152 du Code
civil leur permet d'en changer, en remplissant certaines
conditions, exigées toujours dans leur intérêt, En effet,
si le changement est requis, soit par le créancier lui-
même ou ses héritiers, soit par un cessionnaire, une
nouvelle élection doit être faite dans le même arrondissement, sinon l'inscription serait nulle ou incomplète,
comme si, dès l'origine, aucune élection de domicile
n'avait été faite. Le cessionnaire qui requiert un changement de domicile, doit en outre, toujours en vertu de
la loi, être muni d'une cession authentique. Nous
croyons toutefois, que cette dernière exigence, n'ayant
pour but, comme la première du reste, que de sauvegarder les intérêts du créancier, le conservateur pourrait, sans engager sa responsabilité, se contenter, pour
opérer la mention du changement de domicile, d'une
cession sous seing privé, pourvu que la requête fût faite
par le cessionnaire avec le concours du créancier. En
cas de renouvellement d'inscription, il n'est pas douteux
que le cessionnaire, même par acte sous seing privé,
puisse élire un nouveau domicile dans l'inscription renouvelée, comme aurait pu le faire le créancier cédant
lui-même (1). Le changement de domicile est indiqué

(1) Baudot, t. 1, n° 721.

en marge de l'inscription par une mention qui doit être signée du requérant. S'il ne sait ou ne peut signer, il doit être dressé un acte notarié qui est transcrit en marge de l'inscription (1).

Nous verrons dans le paragraphe troisième, quelle est la sanction attachée aux énonciations diverses relatives à la désignation du créancier. Nous croyons cependant pouvoir dire, dès à présent, qu'en dehors de l'élection de domicile, il n'est pas indispensable de se conformer rigoureusement au texte de la loi ; l'essentiel est de préciser l'individualité du créancier d'une manière suffisante pour rendre toute erreur impossible.

2° « *Les nom, prénoms, domicile du débiteur, sa profession, s'il en a une connue, ou une désignation individuelle et spéciale, telle que le conservateur puisse reconnaître et distinguer dans tous les cas l'individu grevé d'hypothèque.* » La loi semble se montrer moins exigeante pour la désignation du débiteur que pour celle du créancier, puisque l'art. 2148-2° autorise expressément l'emploi des équipollents, non seulement pour suppléer à la profession, mais pour toutes les énonciations, comme le prouve l'art. 2153-2°. La désignation exacte du débiteur a cependant une importance beaucoup plus considérable, non seulement au point de vue de l'intérêt du créancier, mais encore au point de vue de l'intérêt des tiers, que l'indication du créancier. Si

1 Décision ministérielle du 28 pluviôse an ix.

donc la loi autorise, dans l'art. 2148-2°, l'emploi des équipollents, il faut l'admettre a fortiori lorsqu'il s'agit de la désignation du créancier, et ne pas attacher aux termes trop rigoureux de l'art. 2148-1° une importance exagérée. La doctrine et la jurisprudence sont, du reste, sur ce point, absolument d'accord.

C'est toujours le constituant qui doit être désigné dans l'inscription, peu importe qu'il soit débiteur principal, ou qu'il n'intervienne qu'en qualité de caution, garantissant par une hypothèque concédée sur ses propres biens, la dette d'autrui. Si l'immeuble avait changé de mains depuis la constitution d'hypothèque, il ne serait pas nécessaire de désigner, dans l'inscription prise ou renouvelée depuis cette mutation, le détenteur actuel ; inutile de dire que l'inscription serait nulle si elle était prise contre ce dernier seulement, figurant comme débiteur (1).

Si le constituant était décédé, le créancier hypothécaire pourrait s'inscrire contre tous ses héritiers individuellement désignés ; mais l'art. 2149 du Code civil l'autorise à le faire sous la simple désignation du défunt ; l'inscription ne serait même pas viciée si l'on avait omis d'y mentionner le décès du débiteur originaire (2).

Le décès du constituant, le nombre et la qualité de ses héritiers sont autant de circonstances qu'il est per-

1. Cass., 27 mai 1816; Sir., 16, 1, 265.
2. Cass. 2 mars 1812.

mis au créancier d'ignorer, et il eût été injuste de faire dépendre l'exercice de son droit, de la connaissance de faits qu'il lui est souvent difficile de vérifier. D'ailleurs, que le créancier connaisse ou ne connaisse pas les héritiers du débiteur originaire, il a toujours le droit d'user de la faculté qui lui est accordée par l'art. 2149 ; et nous déciderons que cette faculté subsisterait encore, alors même que les héritiers auraient personnellement reconnu la dette et fourni un nouveau titre (1).

3° « *La date et la nature du titre.* » Tout en n'offrant pas une aussi grande importance que les précédentes, ces indications sont néanmoins utiles pour faire connaître aux tiers la nature du droit appartenant au créancier qui les prime. Ils savent ainsi, s'ils ont affaire à un créancier privilégié, ou bien à hypothèque légale, judiciaire ou conventionnelle, ce qui peut les éclairer sur l'étendue même du droit, et sur la proportion dans laquelle les immeubles sont frappés. La date permet, en outre, d'apprécier si le titre, en vertu duquel l'inscription a été prise, était ou non prescrit.

Le titre auquel il est fait allusion dans l'art. 2148-3°, est celui qui constate la constitution de l'hypothèque. Ainsi, le créancier qui a réuni entre ses mains les diverses parties d'une créance provenant de plusieurs individus, et qui a obtenu pour cette créance une hypothèque unique, doit seulement mentionner le titre qui

_____

(1) *Contrá*, Persil, art. 2149, n° 3.

lui a conféré son droit hypothécaire. Un cessionnaire n'a pas à indiquer dans son bordereau l'acte de transport-cession, mais seulement le titre originaire. Lorsque le créancier a obtenu de son débiteur un acte recognitif ou titre nouvel, l'énonciation de ce titre n'est pas nécessaire. Que si le titre constitutif était entaché de quelque vice, et qu'il eût eu besoin, plus tard, d'être confirmé par un acte de ratification, les deux actes devraient figurer au bordereau.

L'énonciation requise par l'art. 2148-3° se compose de deux éléments : la date de l'acte qui a créé l'hypothèque et la nature de cet acte.

Par ces derniers mots, il faut entendre une désignation suffisamment précise pour faire connaître la cause génératrice de l'hypothèque. Ainsi, l'on dira que l'inscription est requise en vertu d'un jugement, d'un acte de vente, d'une obligation, etc.....

4° « *Le montant du capital des créances exprimées dans le titre, ou évaluées par l'inscrivant pour les rentes et prestations, ou pour les droits éventuels, conditionnels ou indéterminés, dans les cas où cette évaluation est ordonnée, comme aussi le montant des accessoires de ces capitaux, et l'époque de l'exigibilité.* » Ces énonciations, ou tout au moins la première d'entre elles, constituent une des parties essentielles de l'inscription. En effet, par le chiffre plus ou moins élevé des dettes qui grèvent le débiteur, les tiers peuvent connaître la mesure du crédit qu'on peut encore lui accorder, sans manquer de prudence, et, de plus, en matière d'hypo-

thèque spéciale, la proportion dans laquelle tel ou tel
immeuble est grevé, et si, oui ou non, il peut servir de
base à de nouvelles affectations.

a) Montant de la créance. Lorsque le montant de la
créance est liquidé, fixé par un chiffre, rien n'est plus
simple que d'énoncer ce chiffre. Mais, dans le cas même
où le montant du capital n'est point exprimé dans le
titre, parce que la créance est conditionnelle ou indéter-
minée, une évaluation est nécessaire. L'article 2132
l'exige expressément pour les créances conditionnelles,
et l'art. 2148 y ajoute les créances éventuelles et indéterminées. Il faut remarquer seulement que les créances
conditionnelles peuvent avoir, d'ores et déjà, un objet fixe
et précis; dans ce cas, il suffira de mentionner leur chiffre, en indiquant toutefois la condition ou l'éventualité
qui les grève. Une évaluation sera nécessaire encore,
quand il s'agira d'une obligation de faire ou de ne pas
faire, d'une créance de prestation en nature. Dans ce
dernier cas, l'évaluation sera faite d'après les mercuria-
les au moment où l'inscription est prise. Que s'il s'agit
d'une rente perpétuelle ou viagère en argent, il y a dis-
sentiment entre les auteurs. Les uns se contentent
d'exiger l'énonciation des arrérages et du taux de la
rente; ces indications donnent tous les éléments nécessaires pour calculer le capital. D'autres veulent que,
dans ces cas même, le calcul soit fait dans l'inscription.
Si, en effet, disent-ils, le premier système est suffisant
pour établir le capital d'une rente perpétuelle, il en est
autrement d'une rente viagère, à cause de l'alea qui s'y

rattache. Dans cette hypothèse, le créancier devra esti-
mer le capital nécessaire pour assurer le service de la
rente pendant toute la vie du crédit rentier (1). Dans la
pratique, c'est ce dernier système qui est adopté, avec
cette différence que le capital d'une rente viagère est
toujours estimé au denier vingt, quel que soit l'âge du
crédit rentier; c'est, en effet, le capital ainsi calculé qui
est nécessaire pour assurer le service de la rente.

Il faut remarquer que l'art. 2148-4° ne prescrit cette
évaluation du montant de la créance en capital que dans
les cas où cette évaluation est ordonnée. L'art. 2132
l'ordonne pour les inscriptions d'hypothèques conventionnelles. L'art. 2153-3° en dispense formellement les
hypothèques légales. Mais la loi garde le silence sur les
hypothèques judiciaires. Que décider à leur égard?
Faut-il les soumettre à la règle de l'art. 2148-4°?
Faut-il, au contraire, étendre jusqu'à elles le bénéfice
de l'exception? La question est controversée. La jurisprudence et quelques auteurs (2) refusent d'appliquer
l'art. 2148-4° aux hypothèques judiciaires. L'évaluation, disent-ils, est nécessaire dans les cas où la loi l'ordonne; elle n'a rien dit des hypothèques judiciaires;
donc, cette classe d'hypothèque échappe à cette exi-

---

1) Dans le premier sens, MM. Persil, art. 2148, § 4, n° 4;
Pont, n° 590. — Dans le second; Aubry et Rau, t. III, p. 338,
note 3.

(2) Voy. notamment Req. rej., 4 août 1825; Sir., 26, 1, 122. —
Rouen, 8 février 1851; Sir., 51, 2, 715. — Troplong, III, 684.

gence particulière. Cette opinion est assurément spécieuse et semble une conclusion déduite logiquement des textes de la loi. Néanmoins, la majorité des auteurs refuse d'y voir l'expression fidèle de la pensée du législateur. L'énonciation, dans l'inscription, du montant de la dette, est, on ne saurait le nier, un des éléments les plus importants de la publicité des hypothèques. Il semble donc naturel qu'il soit prescrit d'une façon aussi générale que la publicité elle-même. L'examen attentif des textes confirme absolument cette manière de voir : l'article 2148, qui ordonne l'évaluation, a une portée très générale et règle les formes communes aux inscriptions de toutes les hypothèques. Quand le législateur a voulu apporter quelques exceptions à ces formes communes, il s'en est formellement expliqué. C'est ce qui est arrivé pour les hypothèques légales (art. 2153-3°), à raison de la faveur particulière qui leur est due. Quant aux hypothèques judiciaires, il serait difficile d'expliquer pourquoi elles devraient être, au point de vue de l'évaluation, l'objet d'une faveur particulière et dispensées d'une énonciation aussi essentielle à la publicité. Le premier système ne fournit pas une explication suffisante des textes. Il réduit à la valeur d'une simple exception la règle qui semble posée d'une manière générale dans l'art. 2148, et surtout il rend complètement inutile l'exception formulée à l'art. 2153. Quant aux mots « dans les cas où cette évaluation est ordonnée, » sur lesquels se fonde cette opinion, il est à remarquer qu'ils en sont plutôt la condamnation que la base ; si, en effet, le lé-

14

gislateur n'avait voulu faire allusion qu'au seul cas
prévu par l'art. 2132, il aurait employé le singulier et non le pluriel (1). Enfin, dans la pratique, l'évaluation du capital, garanti par une inscription d'hypothèque judiciaire, est indispensable, puisque le droit proportionnel d'inscription est dû, pour ces sortes d'hypothèques, au moment même où l'inscription est requise.

b) Le montant des accessoires. Les accessoires comprennent les intérêts et les frais, mais il ne faut pas se méprendre sur la portée exacte de ces termes. Il faut entendre ici, par intérêts, les intérêts échus ; nous verrons plus tard, en étudiant les effets de l'inscription, que les intérêts à échoir font l'objet d'une disposition spéciale. (Art. 2151.) Quant aux frais, ce ne sont pas non plus ceux à faire pour arriver à la réalisation du gage, car ceux-là se conservent par privilége et sans inscription. (Art. 2101-1°.) Ce sont, par exemple, les frais faits par le créancier pour l'obtention ou l'enregistrement de son titre, les frais même de l'inscription, dont il doit faire l'avance. (Art. 2155.) Cette énonciation est utile aux tiers de même que celle du capital, puisque les accessoires augmentent le montant total de la créance garantie, et, par conséquent, la charge qui grève l'immeuble hypothéqué.

c) Exigibilité de la créance. Cette mention offrait

(1) Pont, II, n° 989. — Aubry et Rau, t. III, p. 339, note 7.

certainement plus d'intérêt sous l'empire de la loi du
11 brumaire que sous l'empire du Code civil. L'art. 17
de la loi de brumaire, sur lequel a été calqué notre article 2148, demandait aussi l'indication de l'époque de
l'exigibilité de la dette, mais par un motif facile à comprendre, si l'on remarque que l'art. 15 de la même loi
s'exprimait ainsi : « L'acquéreur et l'adjudicataire joui-
ront des mêmes termes et délais qu'avaient les précédents propriétaires de l'immeuble, pour acquitter les
charges et dettes hypothécaires inscrites. » Les acquéreurs avaient alors grand intérêt à trouver dans les inscriptions les diverses époques d'exigibilité des différentes
dettes ; mais il n'en est plus de même aujourd'hui, puisque l'acquéreur qui veut purger doit se déclarer prêt à
acquitter, sur-le-champ, les dettes et charges hypothécaires, sans distinction entre celles qui sont exigibles et
celles qui ne le sont pas. (Art. 2184.) Pas plus que les
acquéreurs, ceux qui se proposent de prêter n'ont besoin de connaître l'époque de l'exigibilité. Cette énonciation n'est pas cependant tout à fait superflue ; elle
peut donner une mesure plus exacte du crédit que mérite le débiteur, en vertu du principe : *Minus solvit qui
tardius solvit.* Il semblerait, en considération de cette
minime utilité, que cette indication ne soit que secondaire ; nous verrons cependant, en étudiant la sanction
de ces diverses formalités, que la difficulté s'est compli-
quée par l'intervention même du législateur. (Loi du
4 septembre 1807.) Toutefois, il faudrait se garder d'ou-
tre-passer les exigences de la loi. Si, par exemple, la

dette était exigible dès avant l'inscription, il suffirait
d'indiquer qu'elle l'est, sans être tenu de préciser depuis quelle époque. Nous croyons, de même qu'il est
inutile d'énoncer l'époque de l'exigibilité des intérêts
et arrérages. La date du titre suffit à en procurer la
connaissance.

5° « *L'indication de l'espèce et de la situation des
biens sur lesquels il (le créancier) entend conserver son
privilège ou son hypothèque.* » C'est ici le moyen pris
par la loi pour assurer la spécialité de l'hypothèque, qui
est, avec la publicité, la base de notre régime hypothécaire ; cette énonciation est donc une des plus importantes que l'inscription doive contenir. Toutefois, par la
nature même des choses, cette énonciation ne peut être
exigée que dans les inscriptions d'hypothèques spéciales, c'est-à-dire dans les inscriptions d'hypothèques
conventionnelles et dans celles des légataires, sur les
biens de la succession. (Art. 1017.) Les hypothèques
légales qui ont été spécialisées conformément aux articles 2140 à 2145, les hypothèques judiciaires réduites
conformément aux art. 2161-2165, tombent aussi sous
l'application de l'art. 2148-5°. Quant à celles qui ont
conservé le caractère de généralité qui leur est attribué
par la loi, elles en sont formellement exceptées, à raison
de leur caractère même. Pour ces hypothèques, une
seule inscription frappe tous les immeubles situés dans
l'arrondissement du bureau. La question de savoir si
l'inscription générale frappe les immeubles à venir
comme les immeubles présents, n'est plus discutée au-

journd'hui, et l'opinion de M. Tarrible (1) n'a trouvé d'écho ni dans la doctrine, ni dans la jurisprudence.

Les biens hypothéqués, nous dit la loi, doivent être indiqués par leur espéce et leur situation. Pour se conformer strictement à cette double exigence, il faudrait indiquer, d'une part, la superficie et l'assolement, d'autre part, l'arrondissement et la commune, et, autant que possible, les tenants et aboutissants. Mais il est évident que, dans cet ordre d'idées, tout ce qui est utile n'est pas nécessaire. La désignation d'une parcelle demandera, il est vrai, une plus grande précision que l'indication d'un corps de domaine; mais nous croyons pouvoir admettre, sans nous placer en opposition avec l'esprit de la loi, que tout ce que l'on peut désirer, c'est que l'immeuble grevé soit suffisamment individualisé pour qu'aucune confusion ne puisse avoir lieu dans l'esprit des tiers.

§ 3. — Sanction de ces diverses formalités.

Nous venons de voir avec quelle minutie et avec quels détails l'art. 2148 énumère les différentes énonciations que doivent contenir les inscriptions. Nous avons pu déjà nous rendre compte de la nécessité de quelques-unes d'entre elles, de l'utilité des autres, mais si nous voulons savoir quelle serait la valeur de l'inscription où

---

1) *Inscrip. hyp.*, § 5, n° 12.

l'une d'elles viendrait à manquer, ou quel serait l'effet
d'une indication incomplète, c'est en vain que nous
nous adresserions à la loi ; elle est absolument muette
sur ce point, et du silence inexplicable du législateur,
sont nées d'innombrables difficultés, dont la plupart
restent encore dans le domaine de la controverse. Que
si l'on se retourne du côté de la jurisprudence, l'on
constate avec étonnement que la série des arrêts rendus
sur la matière n'offre que contradictions. Quant à la
doctrine, elle cherche encore à édifier, au milieu de ces
incertitudes, un système certain, mais la difficulté est
considérable et ne semble pas encore vaincue.

On peut, à la rigueur, distinguer trois phases dans
l'histoire de ces variations.

« L'esprit de la loi est dans sa lettre, » tel est, suivant M. Grenier, le principe sévère dont s'inspira à
l'origine la jurisprudence. A l'objection que les nullités ne se suppléent pas, on répondait que, dans
l'espèce, la loi accorde un bénéfice, qu'elle est libre
de soumettre sa concession à l'observation de certaines
formes, et qu'il est juste de subir ses exigences si l'on
veut profiter de la faveur qu'elle a mise à ce prix. En
conséquence, toutes les énonciations prescrites par
l'art. 2148, ainsi que tous les éléments qui les composent sont, sans aucune exception, indispensables
pour que l'inscription ne soit pas nulle (1).

1, Cass., 8 sept. 1807. Dalloz, *Hyp.*, p. 412. — Bruxelles, 16
avril 1809. Dalloz, p. 260. — Cass., 22 avril 1807. Dalloz, p. 270.

Des protestations nombreuses avaient accueilli une
sévérité si exorbitante, et à plusieurs reprises, devant
la Cour de cassation, les magistrats du ministère public
avaient combattu cette excessive exigence qui ne distin-
guait aucunement, par la sanction, les formes de
l'art. 2148, si distinctes pourtant par leur utilité
respective. M. Merlin, notamment, dans un réquisitoire
de 1809, posa en principe qu'il fallait reconnaître,
d'une part, dans l'art. 2148, des formalités substantielles, dont l'omission entraînerait la nullité, et, d'autre
part, des formalités secondaires qui ne méritaient pas
une sanction aussi sévère (1). Les distinctions introduites
par ce second système dénotaient, comme le remarque
M. Pont, « une heureuse invasion de l'équité naturelle sur la rigueur des textes. » Restait à savoir
comment l'on appliquerait un principe si simple en
apparence, et comment on arriverait à établir une ligne
de démarcation entre les formalités substantielles et
les formalités secondaires énumérées, sans aucune
distinction, par le législateur. Les auteurs se sont mis à
l'œuvre et ont recherché en théorie quelles étaient les
énonciations dont la connaissance était indispensable au
tiers : celles-là sont sanctionnées par la nullité, et cette
nullité doit être prononcée par les tribunaux, alors
même qu'aucun préjudice ne serait résulté de leur

---

1) Voy. arrêt de rejet, 15 mai 1809; Req. de Merlin; *Rép.*, v°,
Inscr. Hyp, § 5, n° 8, à la note.

inobservation; il suffit que le préjudice soit possible (1).
L'inobservation des formalités secondaires qui ne sont
pas indispensables aux tiers, n'entraine, au contraire,
jamais la nullité. Nous allons voir quelles contradictions
et, par suite, quelles difficultés sans nombre entraine
l'application de ce système.

L'indication du créancier, n'étant requise que dans
son intérêt, pour les notifications à lui faire, ne pa-
rait pas à la majorité des auteurs une indication
substantielle. Son défaut ou son insuffisance ne pourra
donc jamais entrainer la nullité de l'inscription et
n'aura comme résultat, forcé du reste, que de dispenser
les tiers de toute notification au créancier non désigné
ou imparfaitement connu, ou sans domicile élu.

De nombreux arrêts ont été rendus en ce sens, et,
cependant, la Cour de cassation, quelques auteurs et
quelques Cours d'appel persistent à annuler l'inscription
qui ne contient pas d'élection de domicile (2). Tantôt la
Cour de cassation admet que l'indication du domicile
réel peut suppléer au domicile élu, tantôt elle repousse
cette équipollence (3).

L'indication du débiteur est, de l'avis de tous, une
formalité substantielle. Nous savons, du reste, qu'ici

---

1. Voy. aussi Rouen, 21 avril 1871. D. p. 75. 2. 13-14.
2. Voy. MM. Aubry et Rau, t. III, § 276, et les arrêts qu'ils
citent.
3. Voy. depuis, dans le premier sens, Rennes, 27 janvier 1871.
D. p. 75. 2. 13.

la loi autorise expressément l'usage des équipollents. On comprend sans peine que l'inscription manquerait totalement son but si elle ne désignait pas d'une manière précise le débiteur.

Quant à l'indication de la date et de la nature du titre, son classement offre plus de difficulté. En cas d'omission absolue, une jurisprudence à peu près constante se prononce pour la nullité. Néanmoins, quelques arrêts résistent à cette solution et, sur ce point particulier, on peut dire que la doctrine se divise en deux camps à peu près égaux. Quelques auteurs, mais en petit nombre, vont jusqu'à attacher la nullité à l'omission, soit de la date, soit de la nature du titre, et de nombreux arrêts autorisent cette sévérité.

La mention de la créance est considérée comme substantielle, en ce sens que l'omission absolue de cette indication rendrait, sans aucun doute, l'inscription nulle. Mais la nullité ne résulterait pas d'une évaluation inexacte. Si le capital mentionné est plus fort que le montant de la créance, les créanciers ne pourront qu'en réclamer la réduction. Si, au contraire, le capital indiqué est inférieur à la créance, l'inscription n'aura d'effet que jusqu'à concurrence du capital mentionné. De même, en négligeant de faire figurer dans l'inscription les accessoires de sa créance, le créancier perdrait le droit de les réclamer au même rang que le principal.

La mention de l'exigibilité est-elle une des formalités essentielles de l'inscription ? Il semble, à ne considérer que son utilité minime pour les tiers, que l'on puisse la rejeter parmi les énonciations secondaires ; mais une circonstance particulière est venue compliquer la difficulté : conséquente avec son système de rigoureuse exigence, la Cour de cassation annulait impitoyablement les inscriptions ne portant pas mention de la date d'exigibilité. Comme dans la pratique cette formalité n'était pas estimée très importante et avait été fréquemment omise, la sévérité de la Cour de cassation jeta une véritable perturbation dans le fonctionnement du crédit hypothécaire. Ce fut au point qu'une intervention législative fut jugée nécessaire, et une loi du 4 septembre 1807 donna six mois pour rectifier les inscriptions ainsi viciées. Sous cette condition de ratification, l'inscription, disait l'art. 2 de la loi, serait considérée « comme complète et valable. » Toutefois, à cause du principe de non rétro-activité, la loi se déclarait impuissante à valider les inscriptions annulées par jugements passés en face de chose jugée. (Art. 3.) Cette adhésion formelle donnée par le législateur à la sévérité de la jurisprudence, a déterminé la presque unanimité des auteurs à classer l'exigibilité parmi les formalités substantielles, bien qu'elle n'en présente aucun des caractères. M. Troplong ne voit dans cette loi qu'une disposition transitoire suscitée par les réclamations publiques et n'ayant d'autre but que de tempérer les rigueurs d'une jurisprudence trop sévère, sans intention de rien disposer pour l'avenir (1).

---

1. *Priv. et Hyp.*, III, n° 685.

Ce texte, il est vrai, s'accorde difficilement avec la distinction des formalités substantielles et secondaires, mais il est impossible de faire prévaloir contre lui une œuvre de doctrine. Nous admettrons, d'ailleurs, que l'inexactitude dans l'indication de l'exigibilité ne serait point une cause de nullité, et que si elle avait nui aux tiers, par exemple, parce que l'époque a été reculée, les créanciers seuls qui en ont souffert pourraient se plaindre.

Enfin, dans ce système, on est d'accord pour donner le caractère de formalité substantielle à l'indication précise des immeubles grevés, dans le cas où cette mention est nécessaire. Il est, en effet, essentiel pour les tiers de bien connaître la consistance du gage et l'étendue des charges qui le grèvent; ils pourront ainsi mesurer le crédit qu'ils accorderont au débiteur.

Hâtons-nous d'ajouter que les partisans de cette opinion n'exigent pas que les formalités qu'ils considèrent comme substantielles soient accomplies par l'inscrivant dans leur forme spécifique; ils généralisent le système des équipollents, spécialement autorisé par la loi en ce qui concerne la désignation du débiteur.

Cette distinction des formalités en substantielles ou secondaires une fois posée, les partisans de ce système admettent naturellement que la question de savoir si telle ou telle formalité substantielle a été accomplie, constitue une question de droit, sur laquelle la Cour de cassation a pleine autorité, et cette Cour qui, à diverses reprises, l'avait jugé ainsi, a néanmoins décidé que la

question de savoir si la désignation des immeubles est
suffisante pour satisfaire aux exigences de la loi,
n'est qu'une question de fait, qui échappe à sa juridiction (1).

Le simple exposé de cette doctrine, qui semble
dominer dans la jurisprudence et qui compte parmi
les auteurs de nombreux partisans, suffit pour nous
démontrer que si elle a pour point de départ un principe logique, elle donne naissance, au point de vue des
applications de détail, à de nombreuses divergences
parmi ses partisans; l'étude approfondie de toutes les
hypothèses de fait réglées par les arrêts, nous ferait
découvrir bien des contradictions. En un mot, cette
théorie nous semble livrer à l'arbitraire le sort des
inscriptions et les droits des créanciers (2).

Il est, en effet, difficile d'admettre, qu'en présence
de la diversité pour ainsi dire infinie des hypothèses
qui peuvent se produire, la doctrine ou la jurisprudence
puissent arriver à établir une liste définitive et concor-
dante des formalités essentielles. Aussi, quelques
auteurs, touchés des contradictions et des incertitudes
que suscite, dans la pratique, le système précédent,
proposent une théorie nouvelle. L'inscription a pour
but de fournir aux tiers qui veulent prêter ou acheter,
tous les renseignements qui leur sont nécessaires pour

(1) Cass , 15 févr. 1836; Sir., 36, 1, 81.
(2) En ce sens, M. Merlin, v° Inscr. hyp., § 5. — Grenier, t. 1,
n° 70 et suiv. — Aubry et Rau, t. III, p. 376 et notes 13 à 33.

sauvegarder leurs intérêts. La loi nous indique diverses
désignations, de nature à remplir parfaitement ce but;
mais elle n'y attache aucune sanction, précisément
parce qu'elle envisage plutôt la fin que les moyens.
Par suite, toutes les fois qu'une inscription sera attaquée, les juges n'auront qu'une question à se poser :
le vice, signalé dans l'inscription, a-t-il, oui ou non,
causé un préjudice aux tiers ? Et l'inscription ne devra
être annulée que si la réponse est affirmative. Que
l'inscrivant, qui, par des omissions ou de fausses indications, a nui aux tiers, soit puni par la perte de son
droit, ce n'est que justice. Mais pourquoi le faire souffrir lui-même d'une erreur dont personne n'a souffert ?
N'est-ce pas là le système de la loi, et ne semble-t-il pas
découler tout naturellement de la théorie des équipollents, admise par les auteurs que nous combattons.
Cette opinion était, du reste, celle qui, lors de l'enquête,
comptait parmi les Cours d'appel les plus nombreux
suffrages : « La validité ou la nullité de l'inscription,
disait la Cour d'Orléans, doit dépendre de la question
de savoir si l'omission reprochée a ou non lésé un
intérêt que la publicité devrait éclairer (1). »

L'application de cette théorie produira bien souvent
en pratique les mêmes résultats que les solutions dictées
par la première; les omissions préjudiciables aux tiers
seront presque toujours des omissions de formalités

---

1) *Dxum. hyp.*, t. III, p. 523.

considérées par nos adversaires comme substantielles ;
mais ne pourra-t-il pas arriver, ou qu'une formalité
jugée substantielle ait été omise sans faire tort à personne, ou qu'une formalité ordinairement secondaire
ait pris dans un cas particulier une importance telle,
que son omission ait entraîné un préjudice ? Notre
système, dans ces hypothèses, n'aurait-il pas l'immense
avantage de dicter aux juges des décisions plus confor-
mes à l'équité que celle que leur imposerait, dans les
mêmes cas, le système précédent ? Qu'on ne reproche
pas à notre théorie d'effacer du Code les art. 2148 et
2153 ; ils seront toujours les guides infaillibles de
l'inscrivant et sa sauvegarde lorsqu'il aura accompli
exactement toutes les formalités qu'ils énumèrent. Mais
si, en oubliant une de ces indications, on n'a lésé personne, ne serait-il pas injuste, en l'absence de sanction
prononcée par la loi, de sacrifier un droit légitime à
un intérêt purement théorique et pour satisfaire le principe des nullités substantielles ? Prétendre que la
forme de l'art. 2148 et l'énumération qu'il contient
« indiquent nettement que le législateur a jugé nécessaire de déterminer lui-même, et en dehors de toute
appréciation judiciaire des faits de la cause, les éléments
que l'inscription doit contenir, » c'est d'abord se servir
d'une arme à deux tranchants ; car cet article ne faisant
aucune distinction, chacune des formalités qu'il indique
serait substantielle ; c'est, en second lieu, affirmer
précisément ce qui fait le fond de la question. Remarquons, enfin, que notre système ne livre pas, comme le

précédent, le sort des inscriptions à l'appréciation arbitraire du juge. Un préjudice est un fait matériel, dont le quantum peut être délicat à fixer, mais dont l'existence peut toujours être nettement établie. Il y a là, ce nous semble, un criterium plus certain que cette prétendue distinction si confuse, si controversée des formalités substantielles ou secondaires. Ajoutons que la théorie que nous soutenons a trouvé sa consécration dans l'art. 85 de la loi belge du 16 décembre 1851 (1).

§ 4. — De la rectification des inscriptions irrégulières.

L'irrégularité des inscriptions peut procéder de deux causes : 1° de l'irrégularité des bordereaux présentés au conservateur ; 2° de la transcription inexacte sur le registre de bordereaux d'ailleurs réguliers. Dans le premier cas, la rectification ne peut être faite d'office par le conservateur, qui n'est pas juge de la validité des bordereaux qu'on lui présente. Il doit attendre qu'une nouvelle réquisition lui soit adressée par le créancier, avec nouveaux bordereaux à l'appui. Cette nouvelle inscription ne prendra rang qu'à sa date.

Si l'irrégularité provient du fait du conservateur, qui a omis sur le registre une énonciation nécessaire contenue au bordereau, il pourra, d'office, rectifier l'inscrip-

---

(1) Voy. Troplong, iii, n° 665 et suiv. — Pont, n° 939 et suiv. — Doc. hyp., p. 470 et suiv.

tion et en prendre une autre sur le registre courant, en mentionnant la première, tant en marge de la seconde que dans les extraits qu'il délivrera. Il se mettra ainsi à l'abri des dommages-intérêts qu'aurait pu entraîner contre lui l'annulation de l'inscription primitive, tout en restant responsable du préjudice qui résulterait, pour le créancier, de la perte de son rang.

Dans aucun cas, il n'est nécessaire d'observer un jugement pour autoriser cette rectification (1).

§ 5. — Des frais de l'inscription.

Les frais de l'inscription comprenant : 1° les frais de rédaction des bordereaux ; 2° le prix du timbre des bordereaux, bulletin, dépôt, registre des inscriptions ; 3° les salaires du conservateur ; 4° un droit proportionnel de 1 franc par mille, plus les décimes à payer au Trésor.

Ces frais doivent être, en définitive, supportés par le débiteur, mais l'avance doit en être faite par l'inscrivant (Art. 2155.) Il n'y a d'exception qu'en ce qui concerne les hypothèques légales.

Le plus souvent, ceux qui requièrent l'inscription de ces hypothèques ne sont pas directement intéressés à leur conservation ; ils agissent, soit dans l'intérêt des incapables, soit même dans l'intérêt de la loi et du prin-

---

(1) Avis du Conseil d'Etat des 11-25 décembre 1810.

cipe de publicité. Pour faciliter leur intervention, à la fois utile et désintéressée, la loi les dispense de faire l'avance des frais, mais donne au conservateur recours contre le débiteur.

Si, toutefois, l'inscription d'hypothèque légale était requise par le débiteur lui-même ; par exemple, par le mari ou par le tuteur, nous croyons qu'il ne pourrait pas invoquer l'exception contenue dans l'art. 2155. Remarquons cependant, en ce qui concerne les tuteurs et curateurs, que l'art. 24 de la loi de brumaire ne les considérait pas comme chargés des frais de l'inscription, puisqu'il les autorisait à faire figurer ces frais dans leur compte des dépenses. Cette décision était équitable, la tutelle étant une charge que l'on est souvent obligé d'accepter malgré soi. Quelques auteurs pensent que cette disposition, à cause de son utilité, doit survivre à l'abrogation de la loi de brumaire (1) ; d'autres sont d'avis qu'on ne peut la maintenir dans le silence de la loi (2).

---

(1) MM. Persil, sur l'art. 2153, n° 4. — Morton, III, 1175. — Aubry et Rau, t. III, § 275, 9, note.

(2) MM. Troplong, III, 730 bis; Pont, n° 1053.

———

CHAPITRE V.

De la durée des inscriptions d'hypothèques Du renouvellement.

————— ·

« Les inscriptions, nous apprend l'art. 2151, conservent l'hypothèque pendant dix années, à compter du jour de leur date ; leur effet cesse si elles n'ont pas été renouvelées avant l'expiration de ce délai. »

Nous allons rechercher les motifs pour lesquels la loi ordonne ce renouvellement décennal ; quelles inscriptions y sont soumises, et pour quelles inscriptions particulières un délai plus ou moins long a été fixé par des lois spéciales. Nous verrons ensuite comment doit être calculé le délai de péremption, quels sont les effets du renouvellement, et enfin quelles circonstances postérieures à l'inscription en rendent le renouvellement inutile.

§ 1er. — Motifs de l'art. 2154.

Lors de la discussion du Code, les dispositions de cet article furent l'objet de vives critiques. La section de législation proposait de conserver à l'inscription son effet tout le temps que dureraient l'obligation et l'action personnelle contre le débiteur, e' ction hypothécaire contre le tiers détenteur. En 1841, lorsque, sous l'influence de M. le garde des sceaux, on s'occupa de la réforme du régime hypothécaire, la pensée des législateurs de 1807 se trouva reproduite et défendue par des jurisconsultes éminents (1).

Il semble, à un point de vue purement théorique, que l'hypothèque, étant un droit accessoire, doive durer autant que le droit principal auquel elle est attachée. En admettant ce principe on ne doit pas dépouiller l'inscription de son effet conservatoire, tant que le droit à l'hypothèque subsiste. Ces arguments sont spécieux, mais ils se brisent contre des impossibilités matérielles. L'obligation personnelle peut se prolonger indéfiniment, grâce aux actes conservatoires ou par suite de causes suspensives de la prescription, telles qu'une suite de minorités. Or, plus l'on s'éloigne de l'époque de la création des bureaux d'hypothèques, plus les registres s'accumulent ; comment les recherches seraient-elles possibles si elles devaient embrasser une si longue suite d'années ? D'un autre côté, le législateur qui avait mobilisé les rentes et les avait déclarées essentiellement rachetables, était logique avec lui-même en ne permettant pas qu'un créancier pût grever indéfiniment les immeubles de son débiteur.

Certains jurisconsultes, admettant, d'ailleurs, le principe et la nécessité du renouvellement, ont critiqué le délai de dix ans fixé par la loi, quelques-uns voulaient

---

(1) Bethmond, rapport. — Persil, id. — Projet de la Commission du gouvernement, art. 2170. — Projet du Conseil d'État, art. 2171. Voy. *Doc. hyp*, t. II, pp. 613, 615 et 657.

qu'il fût porté à quinze, vingt et même trente ans. La
péremption par dix années est, disait-on, à raison
même de sa brièveté, la cause de la perte d'un trop
grand nombre de créances. Ce danger détourne les capitalistes de prêter à long terme. Un délai plus long, le
délai de trente ans, par exemple, ferait disparaître en
partie cet inconvénient. Le remboursement aurait presque
toujours lieu avant l'expiration de ce long terme, et, dans
le cas contraire, on n'oublierait jamais le renouvellement,
car le créancier, obligé de se procurer un nouveau titre à
l'expiration de ce même délai, penserait en même temps
à prendre une inscription nouvelle (1). Ces arguments
ont certainement leur valeur, mais il faut reconnaître
que si la brièveté du délai de dix ans offre le faible inconvénient de nécessiter, de la part du créancier, une
certaine vigilance, il présente, d'ailleurs, de grands
avantages au point de vue de l'intérêt du débiteur et du
crédit en général, en facilitant le dégrèvement de la propriété foncière. De plus, grâce aux dispositions de l'art.
2154, l'omission volontaire devient un moyen économi-
que de purger un très grand nombre d'inscriptions
dont les causes n'existent plus, et dont il faudrait obtenir la radiation, soit en vertu d'actes notariés, soit par
des actions judiciaires.

---

1) La loi belge du 16 décembre 1851 fixe à quinze ans la durée
des inscriptions.

§ 2. — Quelles inscriptions sont soumises au renouvellement décennal. — Exceptions résultant de lois spéciales.

Toutes les fois que l'inscription est nécessaire pour donner la vie à l'hypothèque, le renouvellement est, en principe, obligatoire. Pas de doute en ce qui concerne les hypothèques conventionnelles ou judiciaires. Pour les hypothèques légales, il faut établir une distinction : celles du Trésor, des communes et des établissements publics, sont soumises à la règle du renouvellement. Quant aux hypothèques légales des femmes et des mineurs, qui, sous l'empire du Code, se conservaient toujours sans inscription, il n'est pas douteux que si elles ont été inscrites conformément aux art. 2136 et suivants, le défaut de renouvellement ne préjudicie nullement aux incapables. Toutefois, dans l'intérêt des tiers, un avis du Conseil d'Etat du 22 janvier 1808 décide que les tuteurs et maris sont tenus de procéder au renouvellement, sous les peines portées en l'art. 2136(1).

***

(1) Le même avis du Conseil d'Etat décide que l'inscription prise d'office par le conservateur, en transcrivant un acte de vente, doit être renouvelée par le créancier intéressé. Faut-il conclure de là que si l'inscription d'office n'est pas renouvelée, le privilège tombera si l'immeuble vendu a changé de mains? Faut-il, au contraire, admettre que la transcription suffit pour conserver le privilège? L'examen de cette question, qui se rattache, à la fois, à la transcription et aux privilèges, dépasserait le cadre de notre étude. Contentons-nous de dire que, suivant nous, cet avis du Conseil d'Etat a eu surtout pour but de

La solution reste la même sous l'empire de la loi du 23 mars 1855, tant que le délai fixé par cette loi pour l'inscription de ces hypothèques légales n'est pas expiré.

L'art. 7 de la loi de ventôse an VII, touchant les inscriptions que les conservateurs sont tenus de prendre eux-mêmes sur les immeubles compris dans leur cautionnement, disposait que ces inscriptions n'avaient pas besoin d'être renouvelées. Mais cette disposition étant incompatible avec les termes de l'art. 2154 du Code civil, on décide que les conservateurs sont tenus de renouveler eux-mêmes, dans le délai de dix ans, les inscriptions qui les grèvent.

Par une faveur particulière, les inscriptions prises au profit de la Société du Crédit foncier ont été dispensées, pendant toute la durée du prêt, du renouvellement décennal.

Quant à l'hypothèque des navires, créée par la loi du 22 décembre 1874, elle périme par trois ans, et doit, par conséquent, être renouvelée avant l'expiration de ce délai.

---

décharger le conservateur du soin du renouvellement des inscriptions d'office. Il ne lui appartenait, du reste, en aucune manière, de changer la portée de la loi, en faisant du renouvellement de l'inscription d'office une condition nécessaire pour la conservation du privilège. La solution contraire à celle que nous adoptons a été longtemps admise par la jurisprudence; mais notre opinion a été récemment consacrée par la Cour de cassation. Voy. Civ. rej., 4 août 1853, D. p., 74. 1. 25.

Les dispositions des décrets des 9 septembre, 8 octobre 1870 et de la loi du 26 mai 1871, qui ont suspendu les prescriptions et péremptions, en matière civile, pendant la durée de la guerre, ont donné lieu à de
nombreuses difficultés. Ces décisions s'appliquaient-elles
seulement aux prescriptions et péremptions qui auraient
pu être acquises pendant la durée de la guerre? De-
vaient-elles, en outre, concerner celles qui ne s'accom-
pliraient qu'ultérieurement? — Nous croyons que le législateur n'a voulu suspendre que les péremptions ou
prescriptions devant s'accomplir pendant la durée de
la guerre. Venir momentanément au secours des
débiteurs qui ne pouvaient remplir leurs obligations
à une époque désastreuse où toute transaction était
impossible, telle était, pensons-nous, son intention.
La loi était, il est vrai, défectueuse, en ce sens que
la date de la cessation de la guerre pouvait surprendre le débiteur à un moment où, les affaires
n'ayant pas eu le temps de renaître, sa situation
n'avait pu s'améliorer; mais rien n'eût été plus facile
que d'éviter cet inconvénient, en fixant le terme du
délai, non pas à la date même de la signature de la
paix, mais, par exemple, à six mois, un an, à compter
de cette date.

En appliquant, au contraire, la suspension aux prescriptions ou péremptions devant s'accomplir, non seulement pendant, mais après la durée de la guerre, on décidait que tout délai de péremption ou de prescription
était prolongé d'une durée égale à celle de la guerre.

c'est-à-dire de onze mois et deux jours (1). Cette question offrait, spécialement en matière d'inscription hypothécaire, un grand intérêt. Toutes les inscriptions péri-
mant pendant la guerre avaient pu, sans le moindre
doute, être renouvelées jusqu'au 11 juin 1871 ; mais, à
partir de cette époque, devait-on rentrer dans le droit
commun ou considérer, jusqu'en 1881, toutes les inscriptions datant de moins de dix ans onze mois et deux
jours, comme non périmées ? La question fut à plusieurs
reprises posée devant les Tribunaux et les Cours d'appel,
qui donnèrent des solutions contradictoires (2); enfin, un
arrêt de cassation du 20 avril 1875 a fixé la jurisprudence, en décidant que les dispositions précitées s'appliquaient, non seulement aux prescriptions et péremptions
qui auraient pu être acquises pendant la durée de la
guerre, mais encore à celles qui ne devaient s'accomplir qu'ultérieurement (3).

---

(1) Du 9 juillet 1870 au 11 juin 1871.

(2 Voy., en faveur de la première solution, jugement du trib.
de Marseille du 27 déc. 1873. — Trib. de Béziers, 11 avril 1871,
Journal de l'Enregistrement, art. 19176. — *Contrà*, trib. de
Grenoble, 23 novembre 1873. — Angoulème, 2 mars 1873. —
Cour de Paris, 20 janvier 1871, *Journal de l'Enregistrement*,
art. 19751. — Cour de Montpellier, 8 fév. 1875, *Journal de l'Enregistrement*, art. 19763.

(3) Voy. Sir., 75, 1, 301. Depuis, et dans le même sens, Aix,
11 décembre 1875, *Journal de l'Enregistrement*, art. 20180. —
Trib. de la Seine, 11 juillet 1877, *Journal de l'Enregistrement*,
art. 20567.

§ 3. — Du calcul du délai.

Nous avons vu, au commencement de ce chapitre, que le délai de dix ans, fixé par le Code pour la péremption de l'inscription, et emprunté par lui à la loi du 11 brumaire an VII (art. 23), avait soulevé quelques critiques parmi d'éminents jurisconsultes. La supputation de ce même délai de dix ans a donné lieu à une controverse que nous allons rapidement analyser. Dans une première opinion, on comprend, dans le délai décennal, à la fois le *dies a quo* et le *dies ad quem*. Ainsi, une inscription prise le 1er avril 1879 devrait, sous peine de déchéance, être renouvelée le 31 mars 1889. C'est l'opinion la moins favorable au créancier (1). Dans un second système, on ne compte, dans les dix ans, ni le *dies a quo*, ni le *dies ad quem*. Ainsi, l'inscription prise le 1er avril 1879 pourra être encore utilement renouvelée le 2 avril 1889 (2). Enfin, dans une troisième doctrine, on applique au calcul de ce délai la règle commune : « Dies termini non computatur in termino, » c'est-à-dire qu'on n'y comprend pas le *dies a quo*, mais qu'on y compte le *dies ad quem* (3). Nous croyons de-

(1) Merlin, *Rép.*, v* *Inscr. hyp.*, § 8 *bis*, n° 1. — Duranton, xx, 160. — Toulouse, 2 janvier 1811. Sirey, 11, 2, 46 .

(2) Delvincourt, t. iii, p. 353. — Persil, sur l'art. 2151, n° 8. — Paris, 21 mai 1814, Sirey, 15, 2, 228.

3 Grenier, t. i, n° 107. — Troplong, n° 711. — Pont. n° 1039. — Aubry et Rau, § 289-3*.

voir adopter ce dernier avis. En effet, que nous dit l'article 2154? « Les inscriptions conservent l'hypothèque pendant dix ans, à compter du jour de leur date. » Si le jour où l'inscription est prise devait être compté dans le délai, le créancier n'aurait plus les dix années accordées pour la durée de son inscription, puisque ce jour-là est en partie écoulé quand l'inscription est prise. C'est donc le 1er avril 1889 que l'inscription prise le 1er avril 1879 devra être renouvelée.

Que décider si le *dies ad quem* tombait un jour férié? Nous croyons qu'il faudrait appliquer, par analogie, non pas l'art. 1033 du Code de procédure, mais l'art. 134 du Code de commerce. S'il était permis de retrancher le dernier jour parce qu'il est férié, il n'y aurait pas de motif pour ne pas retrancher aussi tous les autres jours du délai qui sont fériés, et dans lesquels le créancier ne peut pas agir. Du reste, celui-ci n'est pas sans reproche d'avoir attendu jusqu'au dernier moment pour renouveler son inscription.

§ 4. — Des formes du renouvellement.

Le renouvellement de l'inscription peut être requis par tous ceux qui avaient qualité pour prendre l'inscription originaire. Nous nous référons, en ce point, aux explications que nous avons fournies quand nous avons recherché qui pouvait inscrire. Pour opérer le renouvellement d'une inscription, il n'est plus nécessaire de représenter au conservateur le titre constitutif d'hypothé-

que : en effet, la légitimité du droit du créancier hypothécaire n'a plus besoin d'être constatée, la seule existence de l'inscription primitive atteste qu'il a fourni
une première fois toutes les justifications demandées (1).
Il suffit donc que le créancier rédige et présente de
nouveaux bordereaux.

Ces bordereaux doivent-ils contenir toutes les énonciations requises, soit par l'article 2148, s'il s'agit d'une
hypothèque conventionnelle ou judiciaire, soit par l'art.
2153, s'il s'agit d'une hypothèque légale ? Oui, d'après
certains auteurs (2) ; non répondent d'autres, pourvu que
l'inscription nouvelle se réfère expressément à l'ancienne (3). Cependant, renouveler une inscription,
n'est-ce pas la reproduire dans ses formes et avec ses
énonciations primitives ? Si l'on n'exigeait pas dans le renouvellement la répétition de toutes les énonciations prescrites par les articles 2148 et 2153, sous prétexte que
les mêmes énonciations sont consignées sur les registres
et que les tiers intéressés peuvent trouver dans l'inscription primitive tous les renseignements dont ils ont
besoin, on arriverait à méconnaitre le vœu de la loi. En
effet, le législateur, en exigeant le renouvellement, se
proposait, notamment, pour but d'augmenter la publicité des hypothèques et de rendre les recherches plus

---

(1) Instr. des 2 avril 1831 et 13 avril 1865.
(2) Merlin, *Inscr. hyp.*, § 8 *bis*, n° 12 ; Grenier, i. 117.
(3) Troplong, iii. 715 ; Pont. n° 1052 ; Aubry et Rau, § 280,
texte et note 31.

faciles en diminuant le nombre des registres dans lesquels elles doivent s'opérer. Or, comment ce but serait-il atteint si les parties étaient obligées de recourir à des registres datant de vingt, trente et plus d'années, si l'on suppose deux ou trois renouvellements successifs ? Une seule énonciation ne nous semblerait pas indispensable, c'est celle de la nature du titre, le fait même d'une première inscription indiquant suffisamment au conservateur son existence et sa régularité.

Cette théorie avait été, dans les premiers temps, consacrée par la jurisprudence ; un arrêt de la Cour de cassation avait même exigé la mention de la nature du titre (1). Depuis, la jurisprudence s'est montrée beaucoup moins sévère ; nous croyons que plus elle se départira de sa rigidité primitive, plus elle s'écartera du vrai principe de publicité.

Le renouvellement doit rappeler l'inscription à laquelle il se rapporte ; c'est à ce prix seulement qu'il sortira son plein et entier effet, car si l'inscription nouvelle ne rappelait par l'ancienne, l'hypothèque ne prendrait date que du jour du renouvellement. C'est l'opinion de la grande majorité des auteurs, opinion corroborée par une jurisprudence constante de la Cour de cassation. Il serait, en effet, contraire au principe de la publicité, comme le remarquent MM. Aubry et Rau, « qu'une inscription pût conférer à l'hypothèque qui

---

(1) Cass., 11 janvier 1818; Sir., 18, 1, 300.

en fait l'objet, un rang antérieur à sa date, alors que rien n'annonçait aux tiers qu'elle n'est que la continuation de la reproduction d'une inscription précédente. » Non seulement les tiers, mais encore les créanciers eux-mêmes ont intérêt à ce que le renouvellement fasse mention de l'inscription primitive. Un immeuble a été vendu, l'acquéreur fait transcrire son titre avant l'expiration des dix années accordées pour le renouvellement, et il ne demande l'état des inscriptions qu'après l'expiration de ce délai. Que va-t-il arriver? C'est que les inscriptions périmées ne seront pas mentionnées dans l'état, ni les inscriptions prises sans mention de renouvellement, comme requises après la transcription, à l'époque où le débiteur n'était plus propriétaire. On peut se demander comment il se peut faire que le créancier oublie cette mention? Il peut arriver qu'il y ait de sa part une négligence volontaire et que, sachant que l'inscription primitive renferme des nullités, il veuille éviter la perte de l'hypothèque et assurer son droit au moins à compter de la nouvelle inscription. Le renouvellement jouera ainsi le rôle d'inscription rectificative.

Une inscription nouvelle pourra contenir des énonciations qui n'existaient pas dans la première. S'il y a eu quelques changements, par exemple une cession ou une subrogation, il faudra faire connaître le cessionnaire ou le subrogé, tout en indiquant clairement la créance ancienne. On peut aussi y faire figurer les intérêts produits depuis la première inscription ; mais il va sans

dire que ces accessoires ne prendront rang qu'à la date
de l'inscription nouvelle.

§ 5. — Des effets du renouvellement. — De la péremption.

Nous étudierons bientôt plus en détail les effets de
l'inscription d'hypothèque. Mais nous avons déjà dit
d'une manière générale, au début de cette étude, que
l'hypothèque, régulièrement constituée d'ailleurs, n'a-
vait d'existence, à l'égard des tiers, que par l'inscription.

L'inscription seule conserve au créancier hypothécaire son droit de préférence et son droit de suite. Le
renouvellement de l'inscription, opéré en temps utile,
maintiendra donc le créancier dans l'intégrité de son
droit hypothécaire, pour une nouvelle période de dix
années, à compter, non pas de l'expiration du premier
délai de dix ans, mais du jour du renouvellement (1).
Que si le créancier laisse écouler le délai fixé par la loi
sans renouveler son inscription, il se trouvera dans la
situation même du créancier hypothécaire qui n'a pas
rendu son droit public. Le fonds de son droit subsistera
en principe, mais il aura perdu son rang et sera privé
de l'exercice de son droit de suite. Il pourra de nouveau
rendre public son droit d'hypothèque, en prenant une
inscription nouvelle, mais son rang sera fixé par la date
de cette inscription, et tous les créanciers qu'il primait le primeront à leur tour.

_____

(1) Bourges, 30 avril 1853, Dalloz, 54, 2, 52.

Il y a même des cas où, la péremption se joignant à certaines circonstances, le créancier perd irrévocablement l'exercice de son droit d'hypothèque. Supposons, depuis la péremption, une aliénation de l'immeuble grevé suivie de transcription (L. du 23 mars 1855), ou encore la faillite du débiteur, ou son décès et l'acceptation de sa succession sous bénéfice d'inventaire. Dans tous ces cas, le créancier hypothécaire dont l'inscription est périmée, ne peut pas s'inscrire plus utilement que ne pourrait le faire, dans les mêmes circonstances, celui dont le droit n'aurait jamais été rendu public (2).

Tout ce que nous venons de dire est inapplicable à celles des hypothèques légales qui se conservent abstraction faite de toute condition de publicité. Le sort de ces hypothèques ne serait pas compromis si les maris ou tuteurs, qui s'étaient une première fois conformés aux art. 2136 et suivants, avaient laissé périmer la première inscription ; pourvu toutefois, que les délais fixés par l'art. 8 de la loi du 23 mars 1855 ne soient pas écoulés. L'inscription prise par le mari ou le tuteur ne peut pas avoir la vertu d'anéantir pour toujours le bénéfice de la clandestinité accordé par la loi aux incapables. Il faudrait dire alors que parce qu'en fait, l'hypothèque a cessé pendant dix ans d'être occulte, elle a perdu, par une sorte de prescription, le droit de le redevenir. Or, nulle

___

2) Voy. chap. II : Quand l'inscription doit être prise.

part, dans la loi, nous ne trouvons trace d'une pareille prescription.

Nous dirons, pour les mêmes motifs, que l'hypothèque légale des incapables, inscrite, en exécution de l'art. 2194, dans les délais de la purge, n'a pas besoin d'être renouvelée pour être conservée.

§ 6. — Des cas où le renouvellement cesse d'être utile.

La nécessité du renouvellement subsiste tant que l'inscription originaire n'a pas produit son effet légal, quels que soient les changements survenus dans la situation du créancier ou du débiteur, dans la condition de l'immeuble hypothéqué. Ainsi, Paul a pris inscription sur les immeubles de Pierre, son débiteur ; avant que la dixième année soit expirée, Pierre est mis en état de faillite, ou bien il vient à décéder, et sa succession est acceptée sous bénéfice d'inventaire ; Paul n'est pas pour cela dispensé de renouveler son inscription.

Une inscription ne peut, si ce n'est au cas de paiement effectif et valable de la créance, et celui de la cession de biens, être considérée comme ayant produit son effet légal tant que les immeubles grevés restent dans les mains du débiteur ou du tiers qui les a hypothéqués. Ainsi, dans les exemples ci-dessus, la faillite ou l'acceptation bénéficiaire ne suffisent pas pour faire cesser la nécessité du renouvellement, puisqu'aucun de ces événements n'a pour conséquence d'attribuer aux créanciers inscrits l'avantage que l'inscription a précisément pour but de leur procurer, un droit individuel et déterminé sur le prix de l'immeuble (1).

La difficulté n'est pas de poser le principe, mais de savoir l'appliquer, et déterminer à quel moment précis l'inscription a produit son effet légal. Il est clair, tout d'abord, qu'il ne peut en être ainsi tant que les créanciers n'ont pas été désintéressés et que l'immeuble hypothéqué est resté aux mains du débiteur. Mais supposons que l'immeuble vienne à sortir du patrimoine du débiteur. Pour plus de clarté, nous distinguerons trois cas différents : 1° Celui d'une expropriation forcée ; 2° celui d'une expropriation pour cause d'utilité publique ; 3° enfin l'hypothèse d'une vente volontaire.

1° *Expropriation forcée.* — On rencontre, dans ce cas particulier, autant de systèmes différents qu'il y a, pour ainsi dire, de phases dans la procédure de la saisie immobilière. M. Persil pense que l'inscription a produit son effet légal après la dénonciation au saisi et la transcription de la saisie. (Art. 677 et 678 du Code de procédure.) Il a été jugé encore que l'inscription avait produit tout son effet après la notification aux créanciers inscrits. (Art. 692 C. proc.) D'autres auteurs ont fixé pour dernier terme d'utilité de l'inscription, l'adjudication, ou le procès-verbal d'ouverture d'ordre, ou la clôture de l'ordre et la délivrance des bordereaux de collocation, ou même

---

(1) Pont, n° 1051. — Baudot, n° 680 et toute la jurisprudence, depuis un arrêt de cassation du 25 avril 18.8.

le paiement effectué. En présence de cette infinie division des auteurs, et du silence de la loi, l'enquête de
1841 concluait, avec raison, à l'opportunité d'une décision législative.

L'inscription ne peut être considérée comme ayant
produit son effet légal que lorsque le droit individuel de
chaque créancier a été déterminé et transporté, en un
rang désormais fixé, de la chose sur le prix, sans qu'il
y ait lieu de rien réclamer dans l'avenir aux détenteurs
de l'immeuble. Cet effet ne nous paraît produit dans
l'expropriation forcée, que par le jugement d'adjudication. Aucune des opérations préparatoires que nous
avons énumérées ne détermine le droit des créanciers ;
l'adjudication, au contraire, constitue « entre l'adjudicataire et les créanciers, un contrat judiciaire se résumant en une indication virtuelle de payement en leur
faveur, et en un engagement tacite, de la part de l'adjudicataire, de les payer à leur rang jusqu'à concurrence
de son prix (1). » A partir de ce moment, le renouvellement est superflu, tant à l'égard des créanciers entre
eux qu'à l'égard de l'adjudicataire. Les opérations qui
suivront le jugement d'adjudication, telles que l'ordre,
la délivrance des bordereaux de collocation, enfin le
paiement, ne sont que des voies d'exécution pour donner

_____

(1) M. Pont, n° 1056. — Il en est ainsi même après la loi du 23
mars 1855 ; l'inscription n'a pas besoin d'être entretenue jusqu'à
la transcription du jugement d'adjudication. — Caen, 9 mai 1871,
D. p., 76, 2, 102.

satisfaction entière aux droits que l'adjudication a définitivement fixés.

Qu'arriverait-il si l'adjudication était, dans la huitaine, couverte par une surenchère du sixième? (Art. 708, C. de proc.) Suivant certains auteurs, l'effet qu'avait produit, à l'égard des créanciers, la première adjudication, disparaîtrait comme elle et, par suite, les inscriptions devraient encore être entretenues jusqu'à la seconde adjudication. Nous ne croyons pas que la circonstance de la surenchère modifie la situation des créanciers vis-à-vis de l'acquéreur définitif. C'est toujours le premier jugement d'adjudication qui forme, entre eux et lui, le contrat judiciaire dont nous avons parlé, quel que soit d'ailleurs l'adjudicataire.

En cas de surenchère, deux éventualités sont possibles : ou bien le premier acquéreur se rend adjudicataire définitif, et, dans ce cas, pas de difficulté ; ou il est évincé, alors le contrat formé avec les créanciers subsiste; seulement, le second adjudicataire est substitué au premier. Nous admettrons la même solution en cas de revente sur folle enchère.

Tout autre serait le cas d'une adjudication irrégulière infirmée sur appel; il est évident qu'alors les inscriptions devraient être maintenues jusqu'à une adjudication nouvelle.

Depuis la loi du 23 mars 1855, le jugement d'adjucation n'arrête plus le cours des inscriptions, et c'est effet n'est attaché qu'à la transcription de ce même jugement. Il ne faut pas cependant conclure de là, comme l'ont fait certains auteurs, que la nécessité du renouvellement ne cesse qu'à partir de la transcription du jugement d'adjudication (1). C'est, en effet, par le jugement lui-même que l'adjudicataire devient débiteur direct de son prix envers les créanciers inscrits à ce moment. « Si de nouvelles inscriptions peuvent être prises jusqu'à la transcription du jugement d'adjudication, il n'en résulte pas que ces créanciers aient besoin de renouveler leurs propres inscriptions pour conserver un droit qui leur était irrévocablement acquis (2). »

2° *Expropriation pour cause d'utilité publique.* — Au cas d'expropriation pour cause d'utilité publique, l'inscription reste soumise à la nécessité du renouvellement jusqu'à l'expiration du délai de quinzaine qui suit la transcription du jugement d'expropriation. En effet, il résulte de l'article 17 de la loi du 3 mai 1841, que l'État ou la commune, qui a procédé à l'expropriation, se trouve libéré par le paiement de l'indemnité entre les mains des créanciers indiqués sur l'état d'inscription dressé à la date de ce délai. Il est évident qu'ici les créanciers ne sont pas parties à la procédure d'expropriation et que, par suite, le jugement ne peut être invoqué ni pour eux ni contre eux.

3° *Ventes volontaires.* — La transcription de l'acte

---

(1) Troplong, *De la Transcription*, n° 273.
(2) Aubry et Rau, t. III, § 280, note 14.

constatant l'aliénation volontaire de l'immeuble hypothéqué a pour effet d'arrêter l'inscription de nouvelles
hypothèques, mais ne dispense pas les créanciers antérieurement inscrits, de la nécessité du renouvellement.
Cette nécessité existe encore, même pour le créancier
qui s'est rendu acquéreur de l'immeuble affecté à sa
créance, tant qu'il ne remplit pas les formalités de la
purge. De même encore, le tiers acquéreur, qui a employé son prix à désintéresser les créanciers hypothécaires, doit renouveler en temps utile les inscriptions,
s'il veut conserver l'effet de la subrogation dans leurs .
droits d'hypothèque (1).

Mais, soit dans leurs rapports respectifs, soit dans
leurs rapports avec l'acquéreur, les créanciers se trouvent dispensés de la nécessité du renouvellement dès
que l'acquéreur leur a fait la notification prescrite par
l'art. 2183, avec offre de payer son prix d'acquisition.
Cette notification emporte, à la charge de l'acquéreur,
l'obligation personnelle de payer son prix aux créanciers,
et dispense ceux-ci, par cela même, de renouveler
leurs inscriptions. C'est encore une question très controversée, que celle de savoir si cette dispense continue
de subsister malgré la survenance d'une surenchère,
et si elle existe à partir du jour de la notification, ou
bien si elle n'a lieu qu'à compter de l'expiration du
délai de quarante jours. Nous admettrons ici la même

_____

(1) Rouen, 30 mai 1825; Sir., 26, 2, 221.

solution qu'en matière de vente forcée, en ce sens que
la surenchère n'a d'autre effet que de substituer rétroactivement l'adjudicataire définitif au premier acquéreur,
et que dès lors il faut considérer le contrat comme
formé dès le moment où l'acquéreur s'est constitué lui-
même débiteur personnel des créanciers hypothécaires,
par les notifications qu'il leur a faites. Que si l'on
oppose que la surenchère opère la résolution *ex tunc*
du contrat de l'acquéreur, nous répondrons, avec
MM. Aubry et Rau, que l'offre du prix, faite aux créanciers, constitue pour eux un avantage ou un droit
irrévocable, en ce qu'elle sera nécessairement réalisée,
soit par l'acquéreur lui-même, soit par le surenchéris-
seur (1).

Remarquons, en terminant, que les créanciers pru-
dents feront bien, dans tous les cas, de conserver leurs
inscriptions jusqu'à ce qu'ils aient été désintéressés.
Il suffit, en effet, de supposer le cas où l'aliénation, soit
volontaire, soit forcée, des immeubles grevés, a été
suivie d'une revente. Si, en effet, l'inscription, alors
même qu'elle eût duré jusqu'au jugement d'adjudication,
en cas de vente forcée, jusqu'aux notifications faites aux
créanciers, en cas de vente volontaire, venait à périmer
avant ou après la revente, le créancier perdrait, à la
fois, son droit de suite à l'encontre du sous-acquéreur,

----

(1) Voy. MM. Aubry et Rau, t. III, § 289, 2°, et note 21. En ce
sens, Req., 15 mars 1876, D., p. 78, 1, 61.

et son droit de préférence vis-à-vis des créanciers personnels de ce dernier (1).

CHAPITRE VI.

Des exceptions à la publicité des hypothèques.

La loi de brumaire an VII, déduisant logiquement les conséquences du principe de la publicité, avait soumis les hypothèques légales des incapables à la règle commune de l'inscription. Les rédacteurs du Code civil pensèrent que le seul moyen de sauvegarder efficacement les intérêts des incapables, était de déroger aux principes généraux sur la publicité des hypothèques. « L'hypothèque, nous dit l'article 2135, existe indépendamment de toute inscription : 1° au profit des mineurs et des interdits, sur les immeubles appartenant à leur tuteur, à raison de sa gestion, du jour de l'acceptation de la tutelle ; 2° au profit des femmes pour raison de leur dot et conventions matrimoniales, sur les immeubles de leurs maris et à compter du jour du mariage..... »

La théorie du Code civil fut loin de rallier tous les

---

(1) MM. Aubry et Rau, *Loc. cit.*

suffrages. Les adversaires de la législation nouvelle disaient, avec quelque raison, que ces restrictions apportées à la publicité annulaient, pour ainsi dire, tous les avantages qui devaient résulter de l'introduction de ce principe dans notre régime hypothécaire, et que tous les progrès réalisés en cette matière se trouvaient, par-là même, paralysés. Les partisans du Code, ne pouvant attaquer en théorie le système de la loi de brumaire, invoquaient les nécessités pratiques, et, mettant en parallèle l'intérêt des incapables et celui des créanciers et acquéreurs, pensaient, avec raison, il est vrai, que le premier était au moins aussi respectable que le second, mais avaient, selon nous, le tort de croire que les incapables ne pouvaient efficacement être protégés autrement que par une dérogation à l'un des principes les plus utiles au crédit. Nous reviendrons, du reste, sur cette question dans la conclusion qui terminera cette étude.

Dans l'enquête de 1841, le système du Code rallia la majorité des Cours et les facultés de droit de Caen, Dijon et Strasbourg (1). Mais la moitié des professeurs de la Faculté de droit de Grenoble, la majorité des membres de celle de Rennes, les Cours de Bastia, Dijon, Nîmes, Riom et plusieurs membres de la Cour de Poitiers demandèrent le retour de la loi de brumaire (2). Enfin,

(1) Doc. hyp., t. I, introd., p. CXXIII.
(2) Ibid., p. CXVIII.

la Cour de Lyon et la Faculté de Paris voulaient la suppression radicale de l'hypothèque des incapables. Les mêmes opinions furent défendues avec éclat dans l'Assemblée législative de 1851, et le système du Code ne triompha qu'à une faible majorité (344 voix contre 325). La loi de 1855 a introduit de graves modifications à la théorie du Code ; mais le principe de la clandestinité de l'hypothèque des incapables est toujours celui qui nous régit. Nous étudierons donc : 1° la portée de l'exception consacrée par l'art. 2135 ; 2° comment le législateur, qui n'exige pas la publicité de l'hypothèque légale des incapables, la désire néanmoins, et quelles personnes sont chargées de la procurer (art. 2136 à 2139) ; 3° enfin, quelles règles spéciales régissent l'inscription d'hypothèque légale des incapables, prise en conformité du vœu du législateur.

§ 1er — « L'hypothèque existe *indépendamment* de toute inscription... » dit la loi. Ces termes indiquent suffisamment que si les hypothèques légales des femmes et des mineurs ou interdits existent sans inscription, elles ne sont pas néanmoins dispensées, d'une manière absolue, de cette formalité. S'il en eût été autrement, le Code se fût exprimé d'une façon toute différente, et l'art. 2135 eût commencé, comme l'art. 2107, par ces termes : « Sont exceptées de la formalité de l'inscription, etc. »

Nous voyons, en effet, les art. 2136 à 2139 ordonner à certaines personnes, sous certaines peines, de rendre publiques ces hypothèques, permettre à certaines autres de remplir ces formalités, prescrire enfin au ministère public de les requérir d'office. En outre, les art. 2193 et suivants soumettent expressément à la condition de la publicité, la conservation des hypothèques légales des femmes et des mineurs, en cas d'aliénation des biens des tuteurs et maris, quand l'acquéreur veut purger. Le législateur n'a donc pas voulu affranchir d'une manière absolue l'hypothèque légale des incapables, de la publicité, et la portée de l'exception qu'il a introduite est parfaitement déterminée par cette phrase du premier Consul : « La justice civile, disait-il, s'oppose à ce qu'on reporte sur le mineur et sur la femme les suites d'une négligence qu'il n'est pas en pouvoir d'empêcher. Pour eux, l'inscription des hypothèques légales ne doit être qu'une simple formalité, non une condition nécessaire pour en assurer l'effet. »

L'effet ordinaire des inscriptions est, nous le savons, de conférer un droit de préférence et un droit de suite ; mais, en ce qui concerne les hypothèques légales des femmes et des mineurs, l'inscription est inutile, tant pour l'un que pour l'autre effet. Ce n'est pas elle qui fixe le rang de préférence, il est déterminé par la loi (art. 2135), comme nous le verrons dans notre chapitre septième, en étudiant les effets de l'inscription ; et l'art. 2194 fait rétroagir les inscriptions prises en cas de purge, aux dates fixées par l'art. 2135. Le droit de suite est de même indépendant de la publicité. Les art. 2134 et 2135 sont, il est vrai, placés dans un chapitre où il n'est traité que du droit de préférence ; mais, comme le remarque Tarrible : « Le droit de suite consiste, non seulement dans le droit de suivre l'immeuble hypothéqué en toutes les mains, mais encore dans l'assurance que l'hypothèque existante ne pourra être purgée sans que le créancier hypothécaire soit appelé pour le mettre à portée de veiller à ce que le prix de l'immeuble soit porté à sa vraie valeur (1). » Or, tandis que l'art. 2183 ne prescrit les notifications à fin de purge qu'aux créanciers inscrits, les art. 2193 et suivants organisent un système de purge spécial, pour que les créanciers à hypothèques non inscrites, qui sont les femmes et les mineurs, puissent être avertis. Le droit de suite leur est donc conservé indépendamment de toute inscription. En conséquence, il ne faut pas hésiter à permettre aux incapables de surenchérir en cas de purge sur aliénation volontaire, ou de poursuivre hypothécairement les tiers détenteurs.

Sous l'empire du Code civil, on discutait la question de savoir si cet avantage de l'hypothèque légale des incapables de produire ses effets, erga omnes, sans inscription, subsistait après le mariage dissous ou la tutelle terminée, la majorité des auteurs et des Cours et divers avis du Conseil d'Etat se prononçaient pour l'affirmative ; on faisait ainsi survivre la protection à l'incapacité pour laquelle elle avait été créée; depuis la loi du 23 mars 1855, cette question n'offre, on le comprend, plus aucun intérêt.

---

(1) *Rép.*, v°, *Inscr. hyp.*, § 3, n° 1.

§ 2. — Nous avons dit, que si la publicité des hypothèques légales des incapables n'est pas prescrite, le législateur désire néanmoins qu'elle existe, et cela dans l'intérêt des tiers, qu'il ne veut pas cependant complètement abandonner. C'est pourquoi dans les art. 2136 à 2139, on impose à certaines personnes l'obligation de requérir l'inscription et on accorde à d'autres la faculté de le faire.

L'obligation de rendre publiques les hypothèques des incapables, est imposée tout d'abord aux maris et aux tuteurs : « A cet effet, dit l'art. 2136, ils devront requérir eux-mêmes, sans aucun délai, inscription aux bureaux à ce établis sur les immeubles à eux appartenant et sur ceux qui pourront leur appartenir dans la suite. » Voici maintenant la sanction de cet ordre de la loi : « Les maris et les tuteurs qui, ayant manqué de requérir et de faire les inscriptions ordonnées par le présent article, auraient consenti ou laissé prendre des hypothéques ou des privilèges sur leurs immeubles, sans déclarer expressément que lesdits immeubles étaient affectés à l'hypothèque légale des femmes et des mineurs, sont réputés stellionataires, et, comme tels, contraignables par corps. »

Il importe de fixer avec précision la portée de cet article. Il y est d'abord question de maris ou de tuteurs qui auraient *consenti ou laissé prendre* des privilèges ou des hypothèques. On conçoit sans difficulté que celui qui a consenti une hypothèque conventionnelle sur l'un des immeubles affectés à l'hypothèque légale, sans dé-

clarer au prêteur l'existence de cette hypothèque, soit
considéré comme stellionataire. Mais peut-on consen-
tir un privilège ? Assurément non, puisque cette cause
de préférence ne rentre pas dans le domaine de la convention, et ne dérive que de la loi. D'un autre côté,
comment déclarer responsable le tuteur ou le mari qui
a laissé se produire un privilège sans déclarer les charges qui grèvent ses immeubles ! Quel dommage son silence pourra-t-il causer au créancier privilégié, puisque
sa créance, par sa nature, est appelée à primer toutes
hypothèques légales ou autres. En outre, dit-on, en ce
qui concerne les mots « laissé prendre des hypothèques, » qui ne peuvent, du reste, s'entendre que des
hypothèques légales et judiciaires, est-il possible d'exiger du mari ou du tuteur qui vient à être grevé d'une
seconde hypothèque légale, par exemple, comme comptable, ou qui subit une hypothèque légale, qu'il déclare
à l'Etat dans le premier cas, à son adversaire dans le
second, que ses biens sont déjà grevés d'une hypothèque légale ? Quelques auteurs ont cédé devant ces difficultés, et ont conclu à la restriction de la portée de
l'art. 2136, au cas d'une constitution d'hypothèque
conventionnelle (1). D'autres étendent l'application de
l'art. 2136, tant aux hypothèques légales ou judiciaires,
qu'aux hypothèques conventionnelles. M. Duranton,

_____

(1) Tarrible, *Rép.*, v°, *Inscr. hyp.*, § 3, n° 4. — Persil, art.
2136, n° 3. — Dalloz, *Rép.*, v°, *Priviléges*, p. 333, note 5. —
Troplong, n° 253 bis.

notamment, répute stellionataire le mari qui accepte
sans déclarer l'hypothèque légale de sa femme, une
tutelle à lui déférée par le conseil de famille (1). Nous
n'adopterons ni l'une ni l'autre de ces deux opinions et
nous dirons avec MM. Pont, et Aubry et Rau, qu'il est
possible qu'indirectement les maris encourent la peine
du stellionat en *laissant prendre* des privilèges ou des
hypothèques. Il suffit de supposer une subrogation soit
à une hypothèque conventionnelle, légale ou judiciaire,
soit à un privilège. Exemple: un mari ou un tuteur empruntant des deniers à un tiers pour payer un créancier
hypothécaire, subroge ce tiers aux droits et actions du
créancier désintéressé, sans lui déclarer l'existence de
l'hypothèque légale qui primait la garantie de ce dernier. Un mari ou un tuteur aliène un de ses immeubles,
dont le prix lui est payé par un tiers qu'il subroge dans
son privilège de vendeur, et auquel il ne déclare pas
l'existence de l'hypothèque légale. Il est donc facile de
fournir ainsi des cas d'application qui justifient les
termes de l'art. 2136 (2).

Pour que la peine du stellionat soit encourue, il faut:
1° que les hypothèques légales des femmes et des mineurs n'aient point été rendues publiques; 2° que le
mari ou tuteur ait consenti ou laissé prendre des hypothèques, sans déclaration des charges qui les grèvent.

---

(1) T. xx, n° 48 et 49.
(2) M. Pont, n° 850. — MM. Aubry et Rau, t. iii, § 269, 2°, d , et
p. le 37.

En effet, à défaut d'inscription, la déclaration faite ainsi par les maris ou tuteurs dégage entièrement leur responsabilité, en écartant le danger qui pouvait résulter de la clandestinité. Mais, pour être suffisante, cette déclaration doit être expresse, et il ne suffirait pas que le tuteur ou le mari se bornât à faire connaître sa qualité au créancier avec lequel il traite. La seule énonciation de cette qualité ne prouve pas aux tiers que l'immeuble est nécessairement grevé d'hypothèque légale, et ces derniers peuvent avoir traité avec le mari ou tuteur, dans la supposition que l'immeuble formant l'objet de la convention se trouvait dégagé de cette hypothèque, par l'effet d'une réduction conventionnelle ou judiciaire (1).

En principe, les tuteurs ou maris qui n'auraient pas fait la déclaration prescrite par notre article, ne pourront échapper à la peine du stellionat en alléguant leur bonne foi et en prétextant l'ignorance des dispositions de la loi. Toutefois, on admet généralement que s'ils ont eu des raisons plausibles de croire à l'extinction ou à la réduction de l'hypothèque légale, l'inexactitude de leur déclaration ne peut entraîner contre eux aucune peine.

Au contraire, la question de savoir si les tiers, qui avaient connaissance de l'hypothèque légale, peuvent se prévaloir, contre le tuteur ou mari, du défaut de déclaration, est controversée. L'opinion dominante, en doctrine et en jurisprudence, tient que la connaissance

1) MM. Aubry et Rau, t. III, § 269, note 41.

personnelle que les tiers pouvaient avoir de l'hypothèque légale ne peut suppléer à la déclaration requise par l'article 2136. La peine du stellionat est, dit-on, encourue dès que les deux conditions indiquées dans cet article sont réunies : 1° non inscription des hypothèques légales; 2° non déclaration de leur existence. Permettre aux maris et tuteurs d'invoquer, pour se défendre, la connaissance personnelle qu'aurait eue le contractant de la charge qui le grève, ce serait autoriser une foule de procès qui n'auraient d'autres bases que des allégations incertaines et difficiles à prouver (1).

Quelques auteurs résistent cependant à la rigueur de cette solution. La mauvaise foi, disent-ils, est un des éléments du stellionat, et si, dans l'hypothèse de l'article 2136, les maris et tuteurs sont réputés stellionataires, c'est que la loi présume leur mauvaise foi. Mais rien n'indique que cette présomption ne puisse être combattue et détruite par la preuve contraire, et ils pourraient évidemment établir leur bonne foi en prouvant qu'ils n'ont gardé le silence que parce que les tiers qui traitaient avec eux connaissaient déjà l'existence de l'hypothèque légale, et qu'ils ont jugé superflu de leur apprendre ce qu'ils n'ignoraient pas. Si, d'ailleurs, on consulte le but de l'art. 2136, on se convaincra que la rigueur du premier système est peu fondée : il ne s'agit

_____

(1) M. Pont, n° 851. — Poitiers, 29 décembre 1830. — Sirey, 31, 2, 251.

pas d'une formalité destinée à rendre opposable aux tiers une charge réelle ; s'il en était ainsi, il n'est pas douteux que la connaissance personnelle que les tiers en pourraient avoir ne suppléerait pas à la formalité prescrite par la loi. Il s'agit d'une déclaration devant simplement révéler aux tiers ce qu'ils ont intérêt à savoir ; or, s'ils sont instruits par avance, pourquoi exiger une déclaration désormais inutile ? Enfin, on fait remarquer que la peine du stellionat se résume, dans le droit, pour le tiers induit en erreur, de contraindre par corps le stellionataire au paiement des dommages-intérêts qui lui sont dus ; or, il paraîtrait difficile d'accorder des dommages et intérêts à un tiers qui a traité en parfaite connaissance de cause. Dès lors, s'il n'est pas dû de dommages et intérêts, il ne peut être question de contrainte par corps, et la peine du stellionat se trouve ainsi supprimée dans son principe (1).

Cette dernière opinion nous semble la meilleure ; mais nous croyons, comme, du reste, les partisans de ce système eux-mêmes, que les Tribunaux doivent se montrer sévères dans son application.

La suppression de la contrainte par corps par la loi du 22 juillet 1867, a affranchi de toute peine le délit civil de stellionat. D'ailleurs, avant cette loi, la femme pouvait soustraire son mari à l'accomplissement de la peine, en offrant de subroger le créancier lésé dans son

---

(1) MM. Aubry et Rau, t. iii, § 259, note 11.

hypothèque légale, car cette subrogation faisait disparaître tous dommages à l'égard de celui-ci.

Comme il était à craindre que, malgré la contrainte par corps, les maris et tuteurs ne négligeassent de se conformer à l'art. 2136, la même obligation fut subsidiairement imposée à d'autres personnes. En ce qui concerne le pupille, le subrogé tuteur était naturellement indiqué pour surveiller la publicité de son hypothèque légale. Aussi, l'art. 2137 dispose : « Les subrogés tuteurs seront tenus, sous leur responsabilité personnelle et sous peine de tous dommages et intérêts, de veiller à ce que les inscriptions soient prises sans délai sur les biens du tuteur pour raison de sa gestion, même de faire faire lesdites inscriptions. » La sanction est ici exclusivement pécuniaire. La loi ne dit pas envers qui le subrogé tuteur pourra être condamné à des dommages et intérêts. En thèse générale, le subrogé tuteur n'est pas responsable vis-à-vis du pupille, puisque le droit de ce dernier est indépendant de toute inscription. Mais dans certains cas, il pourra en être autrement, par exemple, si l'inscription est devenue nécessaire pour sauvegarder le droit de suite (art. 2193-2194), et si le subrogé tuteur a négligé de la prendre. A l'égard des tiers, nous le déclarons évidemment responsable vis-à-vis des créanciers hypothécaires qui ont traité avec le tuteur, mais non à l'encontre des simples créanciers chirographaires, malgré les termes généraux de la loi ; car l'on ne peut se montrer plus sévère pour le subrogé tuteur que pour le tuteur lui-même.

Certaines personnes ont reçu de la loi la faculté de
rendre publiques les hypothèques légales des incapables, sans être soumises, du reste, à aucune responsabilité. Au premier rang figurent les magistrats du ministère public, dont l'intervention ne doit s'exercer que
subsidiairement et qui ne doivent user qu'avec discrétion du pouvoir à eux confié par la loi (1). Enfin, l'article 2139 nous offre une énumération des personnes
autorisées à requérir l'inscription des hypothèques des
incapables : « Pourront les parents, soit du mari, soit
de la femme, et les parents du mineur, ou, à défaut de
parents, ses amis, requérir lesdites inscriptions. Elles
pourront aussi être requises par la femme et par les mineurs. » La loi n'exige à cet effet aucune capacité spéciale; aussi, faut-il décider que l'inscription peut être
requise, par la femme, sans l'autorisation du mari ou
de la justice; par le mineur, sans l'assistance de son
tuteur. En aucun cas le conservateur n'a qualité pour
inscrire d'*office* les hypothèques des incapables (2). Dans
certaines circonstances, l'inscription de l'hypothèque
légale de la femme ou du mineur peut devenir nécessaire pendant la durée du mariage ou de la tutelle, non
pour conserver le droit de préférence, qui, dans tous les
cas, subsiste sans condition de publicité, mais pour

(1) V. la circul. du grand-juge, rapportée par M. Pont, t. ii,
p. 281.
(2) Circulaire du ministre de la justice du 15 septembre 1808,
citée par Persil, sur l'art. 2138, n° 2.

sauvegarder le droit de suite. Sur ce point, il y a lieu de distinguer trois hypothèses : 1° vente volontaire ; 2° vente forcée ; 3° expropriation pour cause d'utilité publique.

1° Tout acquéreur d'un immeuble appartenant au mari ou au tuteur peut purger les hypothèques légales qui grèvent cet immeuble. A cette fin, il dépose au greffe une expédition de son contrat d'acquisition, et notifie ce dépôt à la femme ou au subrogé tuteur et au procureur de la République. Un extrait de l'acte est affiché pendant deux mois dans l'auditoire du Tribunal, et, durant ce délai, les femmes, maris, tuteurs, subrogés tuteurs, mineurs, interdits, parents ou amis, et le procureur de la République, peuvent requérir l'inscription ; à défaut de réquisition, les immeubles vendus sont affranchis de l'hypothèque légale ;

2° Sous la législation du Code de procédure, avant la loi du 21 mai 1858, les créanciers à hypothèque occulte n'étaient pas associés à la poursuite en expropriation. Aussi, avait-on douté que le jugement d'adjudication eût pour effet de purger leurs hypothèques. La question était d'ailleurs controversée, et des auteurs pensaient que le Code était resté fidèle à l'ancienne maxime coutumière : « Décret nettoie toutes hypothèques. » La Cour de cassation, après avoir longtemps jugé dans ce dernier sens, s'était rangée à l'opinion contraire dans un arrêt de rejet rendu, en Chambres réunies, le 22 juin 1833 (Sir. 33, 1, 449), et avait persisté depuis dans cette jurisprudence. La loi du

21 mai 1838 a tranché le débat en faveur de l'ancien
droit et de la jurisprudence primitive de la Cour de
cassation, comme nous le verrons en étudiant l'art. 6
de la loi du 23 mars 1855;

3° En cas d'expropriation pour cause d'utilité publique, les hypothèques légales devront être inscrites dans
la quinzaine qui suit la transcription du jugement d'expropriation. (Loi du 3 mai 1841, art. 17.)

§ 3. — Nous savons déjà que les hypothèques légales
des incapables doivent à leur nature et à leurs caractères
spéciaux, d'échapper à certaines exigences imposées
par la loi pour l'inscription des hypothèques ordinaires.
Une rapide comparaison entre les articles 2148 et 2153
nous permettra de signaler ces différences (1).

L'hypothèque légale trouvant sa première cause dans
la loi, il est inutile de représenter au conservateur le
titre constitutif de l'hypothèque. Il suffira donc de déposer deux bordereaux, contenant seulement : 1° les
nom, prénoms, profession et domicile réel du créancier,
et le domicile par lui élu dans l'arrondissement; 2° les
nom, prénoms, profession, domicile ou désignation
précise du débiteur; 3° la nature des droits à conserver
et le montant de leur valeur, quant aux objets déterminés, sans qu'il soit nécessaire de le fixer, quant aux
droits qui sont conditionnels, éventuels ou indéterminés.

_____

(1) L'art. 2153 s'applique, du reste, à toutes les hypothèques
légales, dispensées ou non d'inscription.

On voit que la loi n'exige ni la date, ni la nature du titre, parce qu'ici le titre n'est autre que la loi et que sa nature se confond avec celle des droits à conserver. Il serait de même impossible de fixer d'avance l'époque de l'exigibilité de la créance. De même encore, si l'on considère que les hypothèques légales sont destinées à garantir des créances indéterminées, on s'expliquera que l'évaluation de ses créances ne soit par demandée. On devra cependant indiquer le montant des objets déterminés ; quant à ceux qui ne le sont pas, il suffira d'en faire connaître la nature. Il n'est pas nécessaire, il est, du reste, impossible, en pratique, que l'inscription énonçant les reprises, créances, droits matrimoniaux de la femme, en précise la cause et le montant, et il n'y aurait lieu d'en exiger une détermination exacte que dans le cas où cette détermination serait devenue possible par la dissolution du mariage ou une séparation de biens judiciaire (1).

Enfin, l'hypothèque légale portant sur tous les biens présents et à venir, il est évident que l'inscription n'a pas à spécialiser les immeubles qui en sont atteints.

---

(1) Rej., 20 mars 1872, D., p. 72, 1, 401.

CHAPITRE VII.

Des effets de l'inscription.

———

Nous avons déjà eu l'occasion de dire, au début de
cette étude, que le droit de préférence et le droit de
suite, engendrés par l'hypothèque, n'étaient susceptibles de produire des résultats pratiques, sauf dans les
cas exceptionnels que nous venons d'étudier, que par
l'inscription. Nous allons examiner, d'abord, l'effet de
cette formalité au double point de vue du droit de préférence et du droit de suite ; nous nous occuperons ensuite
d'un troisième effet de l'inscription, dont nous n'avons
jusqu'ici parlé qu'incidemment, à savoir : de la conservation des intérêts de la créance pendant un certain
temps. (Art. 2151.)

§ Iᵉʳ. — Effets de l'inscription quant au droit de préférence.

Entre les divers créanciers d'un même débiteur, le
rang de préférence est fixé d'après l'adage : « Prior
tempore potior jure. » Or, l'époque qui doit fixer le rang
des créanciers est déterminée par la date de l'inscription. Peu importe la date du titre constitutif d'hypothèque, peu importe également la nature et la qualité de
la créance. Par suite, deux créanciers hypothécaires

non inscrits, ni l'un ni l'autre, concourront entre eux comme de simples créanciers chirographaires ; si l'un d'eux seulement est inscrit il primera son cocréancier, sa créance et son hypothèque fussent-elles postérieures en date à celles de celui-ci ; s'ils sont inscrits tous les deux, le premier inscrit, fût-il le dernier en titre, sera préféré au second : « Entre les créanciers, l'hypothèque, soit légale, soit judiciaire, soit conventionnelle, n'a de rang que du jour de l'inscription prise par le créancier sur les registres du conservateur, dans la forme et la manière prescrites par la loi, sauf les exceptions portées en l'article suivant. » (Art. 2134.)

Nous connaissons déjà les exceptions dont parle cet article, et nous savons que, parmi les hypothèques légales, celles des mineurs et des femmes mariées existent indépendamment de toute publicité. Le rang de ces hypothèques est fixé par la loi elle-même, ce qui démontre une fois de plus, qu'en dehors des exceptions qu'elle a établies, la loi ne reconnaît qu'à l'inscription l'effet de déterminer le rang de l'hypothèque.

L'étude des dispositions de l'art. 2135 ne rentre pas absolument dans le cadre de notre travail, nous devons cependant, pour être complets, et puisque la loi ne fait ici que suppléer aux effets de l'inscription, examiner rapidement quels sont les points de départ des hypothèques légales des incapables.

L'hypothèque légale des mineurs, sur les biens des tuteurs, a pour point de départ unique, le moment où commence la responsabilité de ces derniers. Cette formule a le mérite de concilier les expressions des articles 2135, § 1er, et 2194, qui, pour n'être pas identiques, ne sont pas néanmoins contradictoires et ne révèlent au fond qu'une même idée. S'il s'agit d'une tutelle dative, ce sera le moment où le tuteur aura connu la délibération du conseil de famille qui l'investit de sa mission ; s'il s'agit d'une tutelle légale, l'hypothèque naîtra avec l'événement qui donne ouverture à la tutelle ; dans l'hypothèse, enfin, d'une tutelle testamentaire, le point de départ de la garantie hypothécaire sera l'ouverture du testament ou la notification au tuteur de la charge qui lui est confiée. Ainsi, l'hypothèque aura une date unique, à quelque époque que se produisent effectivement les créances du pupille contre le tuteur ; on ne considère pas ces créances individuellement, elles s'accumulent et se massent de manière à ne plus former qu'une seule dette du tuteur au pupille.

Le législateur avait pensé, d'abord, à attribuer de même une origine unique à l'hypothèque légale des femmes mariées et à garantir, dès le jour du mariage, toutes les créances éventuelles que la femme pourrait avoir contre son mari. Mais le Tribunat, lors de la communication officieuse qui lui fut faite du projet, fit ressortir combien cette règle de droit serait injuste dans ses conséquences, dangereuse pour les tiers et funeste pour le crédit du mari. Aussi, proposait-il de distinguer suivant la nature et l'origine des créances de la femme, pour fixer la date initiale de la garantie hypothécaire, en faisant reposer les dispositions diverses qu'il émettait, sur ce principe, que l'hypothèque ne devait naître qu'au moment où commençait l'administration du mari. L'idée fut accueillie par le conseil d'État, et l'art. 2135, § 2, nous en offre diverses applications :

« L'hypothèque existe au profit des femmes pour raison de leur dot et de leurs conventions matrimoniales, sur les immeubles de leurs maris, à compter du jour du mariage. » Il en est ainsi, alors même que la dot ne serait payée ou ne deviendrait exigible que longtemps après la célébration du mariage (1). Cette date est d'ailleurs la seule vraie, et il ne faut pas prendre à la lettre l'art. 2194, qui fait remonter l'inscription de l'hypothèque légale au jour du contrat de mariage. Cet article ne contredit pas l'art. 2135, les mots « contrat de mariage » étant quelquefois pris dans le sens du mariage lui-même ; et admit-on d'ailleurs, avec quelques auteurs, cette contradiction, l'art. 2135 ne devrait pas moins prévaloir ; car il pose une règle générale dont l'article 2194 ne présente qu'une application toute particulière (2). Le contrat de mariage n'a, du reste, de valeur que par la célébration du mariage, et ce n'est qu'à partir de cette dernière formalité que commence l'administration du mari. Enfin, le contrat

---

(1) Bordeaux, 10 août 1853; Sirey, 54, 2, 98.
(2) Pont, n° 753. — Aubry et Rau, t. III, § 264 *ter*, note 64. — *Contrà*, Tarrible, *Rép.*, v°, *Inscr. hyp.*, § 3, n° 8. — Troplong, t. II, § 678.

de mariage n'est pas public, tandis que la célébration du mariage offre un caractère de publicité qui,
jusqu'à un certain point, atténue l'inconvénient qui
résulte, pour les tiers, de la clandestinité de l'hypothèque légale.

En second lieu, et toujours par suite de cette même
idée que l'hypothèque ne doit naître qu'au moment où
commence l'administration du mari, « la femme n'a
hypothèque pour les sommes dotales qui proviennent
de successions à elle échues ou de donations à elle faites
pendant le mariage, qu'à compter de l'ouverture des
successions ou du jour que les donations ont eu leur
effet. » Peu importe, d'ailleurs, l'époque à laquelle lesdites sommes ont été payées ou remises. Pas de difficulté sur la fixation de la date d'ouverture des successions échues à la femme. Quant aux donations, nous
dirons qu'elles ont produit leur effet du jour de l'acceptation, s'il s'agit d'une donation pure et simple, du jour
de l'événement de la condition, si la donation était conditionnelle. L'art. 2135 poursuit : « Elle n'a hypothèque,
pour l'indemnité des dettes qu'elle a contractées avec
son mari, et pour le remploi de ses propres aliénés, qu'à
compter du jour de l'obligation ou de la vente. » Cette
hypothèque, que la pratique seule avait introduite dans
notre ancien droit, remontait alors au jour du contrat de
mariage ou, à défaut, à celui de la célébration. Depuis
longtemps les fraudes nombreuses auxquelles donnait
lieu cette mesure avaient été signalées, et le Tribunat
n'avait fait que reproduire les plaintes qu'elles avaient

soulevées. Nous savons, d'ailleurs, que si l'obligation ou la vente ne sont constatées que par acte sous seing privé, l'hypothèque ne pourrait naître qu'à compter du jour où cet acte aurait acquis date certaine, conformément à l'art. 1328.

La décision de l'art. 2135, § 2, relative au remploi des propres aliénés, est-elle applicable au régime dotal ? Cette question soulève de graves difficultés. Pour ne pas trop nous éloigner de notre sujet, nous allons esquisser rapidement les principaux traits de la controverse à laquelle elle donne lieu. Pendant longtemps la doctrine et la jurisprudence se sont accordées pour admettre que cette disposition de l'art. 2135, 2°, *in fine* ne s'appliquait pas à la femme dotale. D'après cette opinion, la première hypothèse prévue par l'art. 2135, 2°, est, très certainement, propre au régime de communauté; elle fait allusion aux articles 1431, 1487 et 1494, qui n'ont pas d'analogie dans le régime dotal; il est donc probable que la proposition juxtaposée à celle-ci, le cas d'aliénation des propres, est particulière au même régime. De plus, ce terme « propres », usité en matière de communauté, est au moins inexact, appliqué au régime dotal. A cette considération de texte, s'ajoute un argument de principe. La dot est une charge qui grève le mari dès l'instant du mariage; l'aliénation des immeubles dotaux, lorsqu'elle a été permise, n'est qu'un acte de gestion du mari. L'hypothèque doit donc avoir pour point de départ l'entrée en gestion du mari, c'est-à-dire le jour du mariage. Ce système

peut encore appeler à son aide les travaux législatifs de
1851 (1).

La doctrine et la jurisprudence semblaient définitivement fixées en ce sens, lorsqu'un arrêt de la Cour de
Caen, du 7 juillet 1851, vint tout remettre en question,
en décidant que l'hypothèque légale de la femme pour
le remploi de ses biens dotaux aliénés, ne remontait
qu'au jour de la vente (2). La même solution a été
adoptée par la Cour d'Agen, par arrêt du 10 juin 1859,
et MM. Aubry et Rau l'ont soutenue dans la doctrine (3).
Ces auteurs repoussent comme peu probant l'argument
de texte invoqué dans la première opinion : « En admettant, ce qui serait contestable, que le terme *propres*
fût absolument inapplicable à des immeubles dotaux
proprements dits, tout ce que la logique permettrait
d'en conclure, c'est que l'art. 2135 est muet sur le
remploi de pareils biens, mais il n'en résulterait en
aucune façon que ce remploi rentre dans ce que le premier alinéa du n° 2 appelle la dot et les conventions
matrimoniales. » Quant à l'argument de principe, il
prouverait trop s'il portait juste et détruirait toute l'économie de la loi. En effet, la remarque faite à propos du
régime dotal ne serait pas moins exacte si on l'appliquait

---

(1) Séance du 13 fév. 1851, citée par M. Pont, *Rec. critique*,
t. II, p. 386; *Priv. et Hyp.*, n° 767. — Troplong, *Priv. et Hyp.*,
4e édition, t. II, p. 379, note.

(2) Sir., 52, 2, 92.

(3) Sir., 59, 2, 311. — Aubry et Rau, t. III, § 261 *ter*, note 74.

au régime de communauté ou au régime exclusif de communauté. Les partisans de la seconde opinion ajoutent que le motif qui a dicté au législateur cette disposition, milite avec une égale force dans tous les régimes matrimoniaux. Il s'agit d'empêcher que la femme, en aliénant ses propres ou ses biens dotaux, puisse, par l'effet d'une hypothèque rétroactive, paralyser les droits légitimement acquis aux créanciers antérieurs du mari.

Remarquons, par voie d'observation générale, que les dispositions de l'art. 2135 sont d'ordre public, et qu'on n'y peut déroger par des conventions particulières. Ceci dit sur les cas où, l'inscription n'étant pas requise, la loi fixe elle-même le rang de l'hypothèque, nous revenons à la règle.

En ce qui concerne les hypothèques générales, soumises à l'inscription, il n'est pas douteux que cette formalité ne fixe le rang des créanciers sur les biens existant dans le patrimoine du débiteur au moment où elle est prise. Mais nous trouvons ici, à propos des biens à venir, la même difficulté que nous avons déjà rencontrée en droit romain. Ces immeubles, a-t-on dit, ne sont atteints par l'hypothèque qu'au moment où ils sont acquis ; donc, tous les créanciers à hypothèque générale, inscrits à l'instant de ces acquisitions, doivent concourir. Nous avons adopté, en droit romain, la doctrine de la préférence. Cette opinion avait été également admise dans notre ancien droit par Pothier(1). Nous y resterons

---

(1) *Tr. de l'Hypothèque*, n° 54.

fidèles dans notre droit actuel, non plus pour les raisons invoquées en droit romain et en droit coutumier, et qui ne seraient plus de mise, mais parce que, étant donné d'une part, le principe, qui n'a été contesté que par M. Tarrible (1), qu'une inscription unique suffit pour faire porter l'hypothèque générale, même sur les biens à venir ; d'autre part, la règle certaine que l'inscription fixe le rang de préférence, il faut admettre forcément que l'hypothèque générale ne peut avoir qu'une date unique, celle de l'inscription. Nous sommes, au reste, d'accord avec tous les principes juridiques. L'hypothèque générale, en tant qu'elle frappe les biens à venir, est soumise à cette condition suspensive : « si le bien est acquis, » l'acquisition du bien réalise la condition, qui, suivant l'art. 1179, doit avoir un effet rétroactif à la date de l'inscription (2). Ce que nous venons de dire doit également s'appliquer aux hypothèques générales dispensées d'inscription, qui prendront rang, sur les biens à venir, à la date qui leur est assignée par la loi.

Quant aux hypothèques spéciales, qui, par exception et dans le cas prévu par l'art. 2130, atteignent les biens futurs, nous savons qu'elles ne produisent ce résultat que si de nouvelles inscriptions sont prises au fur

(1) *Rép.*, v°, *Inscr. hyp.*, § 5, n° 12.
(2) En ce sens, Grenier, t, 52. — Pont, n°° 599 et 732. — Aubry et Rau, t. III, § 291, texte et note 2. — *Contrà*, Delvincourt, III, p. 318; Duranton, XIX, 325. — Bugnet, sur Pothier, *Tr. de l'Hyp.*, note sur le n° 51.

et à mesure des acquisitions. C'est assez dire que ces immeubles ne sont frappés qu'aux dates diverses des inscriptions; la question dont nous parlions plus haut ne peut donc se poser ici.

L'hypothèque pure et simple, servant à garantir une dette éventuelle ou conditionnelle, prend rang aussi du jour de l'inscription et non pas du jour où la dette se réalise. Les ouvertures de crédit nous présentent une application remarquable de ce principe, et nous admettons que l'hypothèque qui sert de garantie au créditeur prend rang à la date de son inscription, et non aux dates successives des avances faites au crédité.

L'art. 2147 nous dit enfin : « Tous les créanciers inscrits le même jour exercent en concurrence une hypothèque de la même date, sans distinction entre l'inscription du matin et celle du soir, quand cette différence serait marquée par le conservateur. » Il a souvent été question, dans les travaux de réforme, de renoncer à cette règle et d'établir un rang de préférence entre les inscriptions prises le même jour. De nombreuses raisons pratiques se sont toujours opposées aux modifications que l'on voulait faire subir à cet article. Il eût été imprudent de laisser le conservateur juge du rang des inscriptions requises le même jour; son erreur ou sa fraude eussent pu causer de graves préjudices. En outre, lorsque deux créanciers se seraient simultanément présentés, auquel des deux aurait-on donné la préférence ?

§ 2. — De l'effet des inscriptions à l'égard des tiers détenteurs.

« Les créanciers ayant privilége ou hypothèque *inscrite* sur un immeuble le suivent, en quelques mains qu'il passe, pour être colloqués ou payés, suivant l'ordre de leurs créances ou inscriptions. » (Art. 2166). On ne peut donc faire valoir contre les tiers détenteurs que les hypothèques qui ont été rendues publiques et dont ils ont été à même de connaître l'existence.

L'inscription de l'hypothèque présente, en outre, toujours au point de vue du droit de suite, l'avantage suivant : le créancier a la certitude que l'immeuble ne sera pas purgé sans qu'il soit appelé à surveiller la vente, au moyen des notifications prescrites par l'art. 2183. Or, ces notifications ne peuvent être faites qu'aux créanciers inscrits et aux domiciles par eux élus dans leurs inscriptions, et nous savons que si l'inscription ne contenait pas d'élection de domicile, l'acquéreur qui veut purger serait, par la force même des choses, dispensé de faire au créancier cette notification.

Le Code ne donnait aucun moyen pour associer aux poursuites de saisie les créanciers non inscrits, femmes ou mineurs. L'art. 692 nouveau du Code de procédure a comblé cette lacune.

Les conditions d'exercice du droit de suite ayant été considérablement modifiées par la loi du 23 mars 1855, nous reviendrons sur les effets de l'inscription, en

ce qui le concerne, quand nous étudierons la loi de
1855 dans ses rapports avec la publicité des hypothèques.

§ 3. — De l'effet de l'inscription quant aux intérêts de la créance garantie.

Nous avons déjà vu, en nous occupant des formalités
de l'inscription, que les intérêts échus figuraient parmi
les accessoires de la créance, et qu'ils ne pouvaient être
conservés par l'inscription qu'à la condition d'y être
mentionnés. Il n'est plus question ici des intérêts échus,
mais bien des intérêts à échoir. Il était généralement
admis, dans notre ancien droit, que les intérêts d'une
créance hypothécaire étaient garantis au même rang que
le capital, quel que fût le nombre d'années écoulées depuis la constitution de l'hypothèque. Ce système, admissible sous le régime de la clandestinité, ne l'était plus
sous celui de la publicité. Rigoureusement, en théorie,
l'inscription ne devrait garantir que des droits échus et
non des droits à échoir, dont les tiers ne peuvent pas
exactement connaître la valeur; mais cette sévérité ex-
trême aurait le tort de rendre le créancier peu indulgent
vis-à-vis du débiteur pour le paiement de ses intérêts;
d'autre part, elle augmenterait les charges dont le gage
est affecté, en multipliant les frais d'inscriptions. Aussi,
toutes les lois hypothécaires, organisées sur les bases
de la publicité, ont pris un moyen terme : la loi du
9 messidor (art. 11) décidait que l'inscription conser-

verait, au même rang que le capital, une année d'intérêts et le terme courant. La loi du 11 brumaire accordait deux années. Le Code a combiné ces deux dispositions : « Le créancier inscrit pour un capital produisant intérêts ou arrérages a droit d'être colloqué pour deux années seulement et pour l'année courante au même rang d'hypothèque que pour son capital, sans préjudice des inscriptions particulières à prendre, portant hypothèque à compter de leur date, pour les arrérages autres que ceux conservés par la première inscription. (Art. 2151.) » Donc, en ce qui concerne les intérêts à échoir, l'inscription garantit de plein droit deux années d'intérêts et l'année courante au rang du capital inscrit ; quant au surplus des intérêts à échoir, il ne sera conservé qu'au moyen d'inscriptions particulières prises au fur et à mesure des échéances, et à la date seulement de ces inscriptions.

Une première difficulté se présente au sujet de l'emplacement des deux années dont la loi conserve les intérêts. Sont-ce les deux années qui suivent immédiatement la date de l'inscription ou, au contraire, deux années quelconques, parmi celles qui se sont écoulées entre l'inscription et le paiement ? Voici l'utilité de la question : si l'on adopte la première solution, il arrivera que le créancier qui aura été payé précisément de ces deux premières années d'intérêts ne sera plus, pour les années suivantes, protégé par le bénéfice de la loi. Ce résultat avait été admis par un arrêt de la Cour de Riom du 16 décembre 1813. Mais la Cour de cassation rejeta cette décision (1) en s'appuyant sur cette idée, que si la loi avait restreint à deux ans le temps pendant lequel les intérêts étaient conservés, et cela dans le but conforme au principe de la publicité, de fixer autant que possible à l'égard des tiers le montant de la dette, elle n'avait nullement déterminé ni le point de départ, ni la date de l'échéance de ces deux années, et qu'il n'appartenait pas à l'interprétation de déterminer quelles années devaient jouir de ce bénéfice. Les deux années garanties ne sont donc pas nécessairement celles qui suivent l'inscription ; ce ne sont pas davantage celles qui précèdent l'année courante : ce sont deux années quelconques dont les arrérages sont dus.

Les auteurs sont également divisés sur la portée à donner aux expressions « année courante » de l'article 2151. Nous admettrons d'abord qu'il n'est pas question d'une année pleine et entière, qui, ajoutée aux deux autres, étendrait à trois ans la protection de la loi, mais bien d'une portion de l'année en cours d'évolution au moment où le créancier entend se prévaloir de son droit (2). Mais quelle sera cette portion d'année ? Il ne s'agit certainement pas, comme le prétend M. Persil, de l'année où l'inscription est prise (3) ; cette opinion est rejetée par tous les auteurs ; mais, sans énumérer

---

(1) Cass., 27 mai 1816. Sir., 16, 1, 250. Conf. Angers, 18 janvier 1827 ; Sir., 28, 2, 102.

(2) Contrà, Troplong, Priv. et Hyp., n° 671 ter.

(3) Sur l'art. 2151, n° 3.

toutes les opinions proposées, nous signalerons les deux principales.

La plupart des auteurs pensent qu'il faut se reporter, pour fixer la portion d'année courante, à l'époque de la collocation ; ce système, disent ses partisans, concorde tout à la fois avec le texte et avec l'esprit de la loi. Avec son texte, l'art. 2151 porte, en effet : « Le créancier a droit d'être colloqué pour deux années seulement et pour l'année courante. » Ne ressort-il pas de cet agencement de mots que la loi a visé l'année en cours à l'époque de la collocation ? Avec son esprit, car la portée restrictive de l'art. 2151 a été inspirée par l'intérêt des tiers et le besoin d'assurer une publicité effective ; or, c'est seulement lors de la collocation que le droit hypothécaire du créancier produit son effet à l'égard des tiers. C'est alors, seulement, que les autres créanciers peuvent mesurer l'étendue exacte du droit de celui qui les prime (1).

Suivant une seconde opinion, qui semble dominer en jurisprudence et à laquelle nous nous rallions, on arrête le calcul de l'année courante au moment de l'adjudication, s'il s'agit d'une expropriation forcée ; au moment des notifications à fin de purge, s'il s'agit d'une aliénation volontaire. La garantie, par la loi, des intérêts, est une conséquence de l'inscription. C'est elle seule et non la loi qui conserve les intérêts, car si la créance n'était

---

(1) Pont, n° 1019 et 1020.

pas inscrite, l'art. 2151 ne s'appliquerait pas. Or, nous avons admis, quand nous avons traité du renouvellement, que l'inscription avait produit son effet légal aux époques susindiquées, suivant la distinction qui précède. Les droits des créanciers sont alors, avons-nous dit, définitivement fixés ; ils doivent l'être aussi bien pour les intérêts que pour le capital, et l'inscription ne peut avoir pour effet de garantir plus longtemps les accessoires, alors que son rôle, quant au principal, est entièrement terminé. L'ordre, du reste, n'est que déclaratif, et son effet se reporte au jour même où le droit des créanciers sur l'immeuble hypothéqué, s'est trouvé converti en un droit sur le prix (1).

Mais à partir du moment où s'arrête le calcul des intérêts de l'année courante, c'est-à-dire à partir de la demande en collocation, si l'on adopte le premier système, à partir de l'adjudication ou des notifications de l'art. 2183, suivant la seconde opinion, la disposition restrictive de l'art. 2151 cesse de recevoir son application, et tous les intérêts échus depuis lors, et dus par l'acquéreur jusqu'à la clôture de l'ordre, sont conservés au rang de l'hypothèque. Mais à dater de la clôture de l'ordre, les droits de chacun, en principal et accessoires, sont irrévocablement arrêtés : ainsi, dans une espèce où, après la clôture de l'ordre, on avait dû procéder à une revente sur folle enchère, il a été jugé que

---

(1) Aubry et Rau, t. III, § 285, note 22.

les créanciers premiers en rang ne pouvaient, au préjudice des derniers, demander à être colloqués, dans
l'ordre rectificatif, pour les intérêts échus depuis la clôture de l'ordre originaire, sauf toutefois leur recours
personnel contre le fol enchérisseur (1).

L'art. 2151 nous parle des « intérêts et arrérages ; »
ses décisions s'appliquent donc, tant aux revenus d'un
capital exigible, qu'à ceux d'une rente perpétuelle ou
même viagère, mais ses termes ne peuvent s'entendre
des intérêts des intérêts.

La loi ne visant expressément que le créancier inscrit
pour un capital produisant intérêts, il faut conclure
qu'elle est inapplicable aux hypothèques légales dispensées d'inscription, sauf toutefois la réserve de l'innovation introduite par l'art. 8 de la loi du 23 mars 1855.

L'art. 2151 est encore inapplicable toutes les fois que
le capital est indéterminé. « Ainsi, l'inscription prise en
vertu d'un jugement qui ordonne une reddition de compte
ou la liquidation d'une société, conserve virtuellement
tous les intérêts qui ont dû courir jusqu'au moment de
la fixation définitive du reliquat, et, de plus, les intérêts
de deux années et de l'année courante du reliquat ainsi
fixé (2). » La même observation est applicable aux hypothèques légales des communes, du Trésor et des établissements publics, depuis l'origine du débet jusqu'à

(1) Douai, 9 juin 1843. Sir., 41, 2, 18.
(2) MM. Aubry et Rau, t. III, § 285.

l'arrêt qui le constate ; mais à partir de sa fixation, l'on rentre dans la règle de l'art. 2151.

CHAPITRE VIII.

De la publicité des registres.

Nous n'entrerons pas dans des détails de manutention hypothécaire, la nature de notre étude s'y oppose. Nous nous bornerons à indiquer rapidement de quelle manière les registres d'inscription, comme, du reste, tous les registres des bureaux d'hypothèques, sont mis à la disposition du public.

Lorsque l'on veut traiter avec un tiers, soit pour acquérir un immeuble, soit pour lui prêter de l'argent, la prudence la plus élémentaire exige que l'on se demande : 1° si ce tiers est réellement propriétaire de l'immeuble ; 2° quelle est sa situation hypothécaire, et dans quelle proportion son ou ses immeubles sont grevés. Ces renseignements se trouvent dans les registres du conservateur, et le droit de les rechercher appartient à tous. Mais comme des nécessités d'ordre matériel ne permettent pas de laisser le premier venu compulser à loisir les archives hypothécaires, le conservateur est un intermédiaire indispensable, chargé de fournir aux tiers sur réquisitions et par voie d'états, tous les renseignements utiles. (Art. 2196.)

Les réquisitions, devant rester entre les mains du conservateur, pour sa garantie, sont écrites sur papier libre et signées du requérant. Si ce dernier ne sait ni écrire ni signer, le conservateur se borne à transcrire en tête des copies, états ou certificats délivrés, les termes dans lesquels la demande aura été verbalement faite. De leur côté, les conservateurs ne doivent répondre que par états sur papier timbré aux réquisitions qui leur sont adressées, et si, au mépris des instructions formelles de l'Administration, ils consentaient à fournir des renseignements oraux, aucun salaire ne leur serait dû pour des indications dont il ne resterait aucune trace et qui, par suite, n'engageraient pas leur responsabilité.

Le conservateur doit se conformer exactement aux demandes des parties et borner les renseignements fournis aux termes précis des réquisitions. Les états demandés peuvent être de natures diverses : états généraux ou spéciaux, partiels ou complémentaires et supplétifs, sur individu ou sur transcription, etc. On décide même, qu'en matière d'états sur transcription, le requérant peut borner sa réquisition au vendeur ou à l'un quelconque des précédents propriétaires (1).

Les états délivrés par les conservateurs consistent en

_____

(1) Mourlon, *Transcr.*, t, n° 390.

des copies littérales du contenu des registres, et, bien que la question ait été controversée, il est impossible de reconnaître aux requérants le droit d'exiger des renseignements par extraits analytiques. Depuis la loi de 1855, une pareille exigence n'est pas même admise en matière d'états de transcriptions ; il faut donc, a fortiori, la repousser lorsqu'il s'agit d'états d'inscriptions, sinon la responsabilité du conservateur se trouverait aggravée outre mesure.

Lorsqu'il n'existe aucune inscription au nom ou dans les conditions qui lui ont été indiquées par la réquisition, le conservateur délivre, toujours sur papier timbré, un certificat négatif.

Nous avons déjà dit que les préposés étaient responsables des erreurs ou omissions provenant de leur fait et existant dans le corps des inscriptions dont ils délivrent copies. Ils répondent a fortiori du préjudice résultant du défaut de mention, dans leurs certificats, d'une ou plusieurs inscriptions non périmées, à moins que cette omission ne soit la conséquence d'une indication incomplète de la part du requérant, ce dont le conservateur pourra toujours justifier en produisant la réquisition restée entre ses mains.

Il est clair, d'ailleurs, qu'à moins d'une demande formelle, ni les inscriptions radiées, ni les inscriptions périmées ne doivent figurer dans les extraits délivrés aux parties.

Nous connaissons maintenant, dans son ensemble, le système hypothécaire adopté par les rédacteurs du Code. Le législateur après avoir consacré le principe de la publicité, y a introduit des dérogations telles, qu'il semble moins avoir renoncé au système de la clandestinité, qu'avoir voulu transiger avec ses partisans. Peut-être devons-nous à cette pensée de conciliation qui anima les rédacteurs du Code dans tous leurs travaux, et qui fut portée trop loin dans notre matière, la disparition de la transcription telle qu'elle avait été organisée par la loi de brumaire.

Quoi qu'il en soit, n'était-ce pas une erreur de croire que deux théories aussi contradictoires que celles de la clandestinité et de la publicité pouvaient se combiner sans se détruire? Le système du Code souleva dès son apparition de nombreuses critiques, les unes exagérées (1), les autres judicieuses et pleines d'autorité (2). Dès 1827, Casimir Perier ouvrait un concours sur les améliorations à introduire dans notre régime hypothécaire; cette première tentative n'aboutit pas. Le gouvernement prit en main l'œuvre réformatrice si ardemment réclamée. Le 7 mai 1841, une circulaire fut adressée, par M. le garde des sceaux Martin du Nord, aux facultés de droit et à toutes les cours judiciaires, pour recueillir

---

(1) M. Decourdemanche, *Du Danger de prêter sur hypothèque.*
(2) Voy. les articles de M. Jourdan dans *La Thémis* et la préface de M. Troplong en tête de son commentaire du titre des *Priviléges et Hypothèques.*

leurs avis sur les projets de réforme. Cette enquête, habilement conduite, nous a valu de précieux documents ; mais l'entreprise ne pût être menée à bonne fin. Reprise en 1819, interrompue de nouveau en 1851, elle a définitivement abouti à la loi du 23 mars 1855, que nous allons étudier dans ses rapports avec la publicité des hypothèques.

———————

IV.

LOI DU 23 MARS 1855.

(Articles 6, 8 et 9.)

———

Les deux points les plus vulnérables du système hypothécaire consacré par le Code étaient, d'abord, la clandestinité des mutations de propriété ; en second lieu, la dispense d'inscription établie par l'art. 2135 au profit des incapables, privilège d'autant plus exorbitant qu'il survivait à l'incapacité qui le motivait. Dès 1843, les Cours et les Facultés furent unanimes pour demander que les transports de propriété immobilière fussent assujettis au régime de la publicité ; seuls, les modes d'application étaient controversés. Les mêmes opinions se reproduisirent en 1851, et la loi du 23 mars 1855 rétablit la transcription sur les bases de la loi du 11

brumaire an VII. Les réformes furent moins radicales
en ce qui concerne l'hypothèque des incapables. La
clandestinité de ces hypothèques fut, il est vrai, atténuée
dans ses effets les plus exagérés, mais, en définitive,
elle fut maintenue.

La loi du 23 mars 1855 touche au principe de la
publicité des hypothèques par trois articles, que nous
allons successivement étudier : l'art. 6, traitant de la
transcription dans ses rapports avec la publicité des
hypothèques ; l'art. 8, fixant le délai dans lequel les
femmes et les mineurs doivent, après la cessation de
leur incapacité, rendre leurs hypothèques publiques ;
enfin, l'art. 9, relatif à la publicité des subrogations à
l'hypothèque légale de la femme.

CHAPITRE 1er.

De la transcription dans ses rapports avec la publicité des hypothèques.

Nous avons posé en principe, dans le chapitre
deuxième de notre troisième partie, que les hypothèques
ne peuvent plus être inscrites dès que les biens qu'elles
frappent sont sortis du patrimoine du débiteur.

La loi du 23 mars 1855 ayant rétabli la transcription
comme moyen de transférer la propriété à l'égard des
tiers, il est facile de voir quels liens la rattachent à notre
sujet de la publicité des hypothèques. A l'égard du dé-

biteur qui vend et de l'acquéreur qui traite avec lui, les créanciers hypothécaires sont des tiers. Donc, quant à eux, l'aliénation n'est définitive et consommée qu'après l'accomplissement de la formalité de la transcription. De la combinaison du principe que nous citions en commençant, avec la loi nouvelle, il résulte que les inscriptions sont possibles jusqu'à la transcription de l'acte d'aliénation de l'immeuble hypothéqué. Aussi, l'art. 6 dit-il formellement : « A partir de la transcription, les créanciers privilégiés ou ayant hypothèque aux termes des articles 2123, 2127 et 2128 C. N., ne peuvent prendre utilement inscription sur le précédent propriétaire. »

Le système du Code définitivement abandonné, il s'agissait de savoir si l'on maintiendrait le délai de grâce introduit par le Code de procédure (art. 834 et 835). Lors de l'enquête de 1841, un certain nombre de jurisconsultes, considérant la transcription comme un avertissement nécessaire pour le créancier, trouvaient qu'elle ne serait d'aucun secours pour ce dernier, s'il ne lui était accordé, en même temps, un délai pour s'inscrire. « Il peut arriver, par exemple, disaient-ils, qu'au moment où un créancier vient d'obtenir une hypothèque judiciaire et pendant les délais nécessaires pour l'enregistrement et l'expédition, un débiteur de mauvaise foi vende et que l'acquéreur fasse transcrire avant que le créancier ait eu le temps de prendre inscription (1). »

---

(1) *Doc. hyp.*, Cour de Montpellier, t. II, p. 732. — V. aussi t. I, p. 196, et t. II, 747.

La Cour d'Aix voulait faire étendre le délai à quatre
mois ; la Cour de Nancy voulait, qu'après la transcription, les créanciers non inscrits fussent avertis par l'acquéreur, par la voie employée pour purger les hypothèques légales.

L'on répondait : « Que la disposition de l'art. 834
serait une inconséquence dans le nouveau système, qui
subordonnera la transmission de la propriété à la transcription de l'acte d'acquisition et n'attachera pas d'effet
rétroactif à l'accomplissement de cette formalité, quelque diligence que l'acquéreur ait mise à la remplir. A la
vérité, en refusant aux créanciers hypothécaires la faculté de s'inscrire encore après la transcription des actes
translatifs de propriété, on les expose à perdre leur droit
s'ils se laissent gagner de vitesse par les acquéreurs ;
mais la condition des acquéreurs n'est-elle pas aussi
favorable que celle des prêteurs (1) ? »

Cette dernière opinion, qui rallia le plus grand nombre
de suffrages en 1841 et en 1851, fut consacrée par la loi
de 1855 : « Les articles 834 et 835 C. de procéd. sont
abrogés. »

Pour étudier avec plus de clarté la portée du changement introduit par l'art. 6 de la loi du 23 mars 1855,
nous nous placerons successivement : 1° dans le cas
d'une vente volontaire ; 2° dans celui d'une expropriation forcée ; 3° dans celui d'une expropriation pour cause

---

1 *Ibid.*, Faculté de Strasbourg, t. III, p. 410 ; t. I, p. 418.

d'utilité publique ; enfin, dans l'hypothèse d'une aliénation non soumise à la transcription. Nous terminerons
par l'examen de quelques questions controversées.

I. *Aliénation volontaire*. — Les créanciers à hypothèques conventionnelles, judiciaires ou légales, soumises à la formalité de l'inscription, peuvent s'inscrire
jusqu'à la transcription de l'acte d'aliénation, fût-ce
même dans l'intervalle qui sépare la formation du contrat de la transcription. Passé cette limite, le droit des
créanciers non inscrits ne peut plus utilement se manifester et ils perdent, à la fois, leur droit de suite et leur
droit de préférence, pour rentrer dans la classe des
créanciers chirographaires.

Quant aux hypothèques légales des incapables, ces
principes ne leur sont évidemment pas applicables tant
qu'elles restent dispensées d'inscription, sauf le droit de
les purger, accordé à l'acquéreur par les articles 2194
et 2195 du Code civil.

En cas de purge, l'incapable conservera à la fois son
droit de suite et son droit de préférence, par l'inscription opérée dans le délai de deux mois fixé par la loi.
À défaut d'inscription dans ce délai, la femme perd son
droit de suite. La question de savoir si le droit de préférence se perdrait en même temps, était discutée avant
la loi du 21 mai 1858 ; mais l'art. 772 du C. de proc.,
modifié par cette loi, nous apprend, dans son dernier
alinéa, que « les créanciers à hypothèques légales qui
n'ont pas fait inscrire leurs hypothèques dans le délai
fixé par l'art. 2195 C. N., ne peuvent exercer de droit

de préférence sur le prix qu'autant qu'un ordre est ouvert dans les trois mois qui suivent l'expiration de ce délai et sous les conditions déterminées par la dernière disposition de l'art. 717. » Or, l'art. 717 distingue : s'agit-il d'un ordre judiciaire, les femmes, mineurs et interdits doivent y produire dans un délai de quarante jours, à dater de la sommation de produire adressée aux créanciers inscrits (art. 753, 754); s'agit-il d'un ordre amiable, les femmes, mineurs et interdits n'en sont forclos que par la clôture de l'ordre.

II. *Expropriation forcée.* — L'art. 834 du Code de procédure ne s'appliquait qu'aux aliénations volontaires; l'art. 6 de la loi de 1855 régit à la fois les ventes volontaires et les expropriations forcées. Les créanciers hypothécaires du saisi peuvent donc s'inscrire jusqu'à la transcription du jugement d'adjudication; dès lors, ils ne le peuvent plus, alors même qu'il serait procédé à une revente sur folle enchère. — En s'inscrivant à temps, c'est-à-dire avant la transcription du jugement d'adjudication, les créanciers conservent leur droit de préférence; quant au droit de suite, il s'éteint, l'adjudication dûment transcrite ayant pour effet de purger toutes les hypothèques qui grevaient l'immeuble.(Art. 717, C. proc. *in fine.*) Cette différence entre l'aliénation volontaire et la vente forcée se justifie d'elle-même; dans le premier cas, les créanciers n'interviennent pas dans le contrat qui se forme entre le vendeur et l'acheteur; dans le second, au contraire, ils sont associés à la poursuite dirigée contre leur débiteur, par la sommation qui leur

19

est faite de prendre communication du cahier des
charges (art. 692, C. de proc.) ; ils surveillent leurs intérêts et tâchent que l'aliénation se fasse aux meilleures
conditions possible. Dès lors, le gage ayant produit tout
ce qu'il était susceptible de produire, le droit des créanciers peut, sans dommage pour eux, se transporter de
l'immeuble sur le prix.

Avant la loi de 1858, les créanciers à hypothèques
légales dispensées d'inscription, n'étant point associés à
la poursuite en expropriation, l'adjudication suivie de
transcription ne purgeait pas leurs hypothèques, et leur
droit de suite subsistait (1). Aussi, l'adjudicataire était-il
obligé de purger ses hypothèques légales au moyen des
formalités des art. 2194-2195. Il n'en est plus ainsi
depuis la loi de 1858, et l'art. 692, C. de procéd., prescrit de faire également sommation « à la femme du saisi,
aux femmes des précédents propriétaires, aux subrogés
tuteurs des mineurs ou interdits, ou aux mineurs devenus
majeurs, si, dans l'un et l'autre cas, les mariages et tu-
telles sont connus du poursuivant d'après son titre. »
Que si le titre ne les fait pas connaître, ils sont appelés à
s'inscrire par les annonces judiciaires insérées dans un
journal du département où sont situés les biens.
(Art. 696, C. pr.)

Les femmes et mineurs étant désormais associés aux
poursuites contre le saisi, l'adjudication doit produire,

---

1) Telle était du moins l'opinion qui avait fini par prévaloir
dans la jurisprudence. V. Cass., 22 juin 1833.

vis-à-vis d'eux, les mêmes effets qu'à l'égard des autres
créanciers. En conséquence, leur droit de suite s'éva-
nouira et leur droit de préférence subsistera dans son
intégrité s'ils se sont fait inscrire, dans les limites de
l'art. 717, C. proc., s'ils ont gardé le silence. Il est donc
vrai de dire, depuis la loi de 1858 comme dans notre
ancien droit : « Décret forcé nettoie toutes les hypothèques. »

III. *Expropriation pour cause d'utilité publique.* —
Nous ne parlerons pas de la controverse relative à la
question de savoir si la loi du 23 mars 1855 est applicable à l'expropriation pour cause d'utilité publique (1).
Nous admettrons simplement la négative, et, conformément à l'art. 17 de la loi du 3 mai 1841, nous dirons
que les créanciers ayant hypothèque sur les biens ex-
propriés pourront s'inscrire jusqu'à l'expiration de la
quinzaine qui suivra la transcription du jugement d'expropriation. L'inscription prise en temps utile conservera leur droit de préférence sur le prix.

Les incapables conservent, même sans être inscrits,
leur droit de préférence sur l'immeuble exproprié, sans
que l'exercice de ce droit soit d'ailleurs soumis aux conditions de temps requises en matière de vente volontaire
ou forcée. Il subsiste tant que le prix n'est pas payé.
L'inscription serait néanmoins utile aux incapables, en

---

(1) Affirmative : Mourlon, *Transcr.*, n° 68, 581-1° et 585. —
Négative : Cabantous, *Rec. crit.*, t. VII, p. 160. — Troplong,
Transcr., n° 274. — Aubry et Rau, p. 329, note 13.

ce sens que l'ordre ne pourrait se clore sans qu'ils y eussent été formellement appelés.

IV. — *Aliénations qui échappent à la transcription.* — Nous savons que le legs particulier a pour effet de transférer, *erga omnes,* la propriété de la chose léguée, dès l'ouverture de la succession, et qu'il n'est pas soumis à la formalité de la transcription. Il en résulte logiquement que les créanciers hypothécaires d'un testateur ne pourraient plus, dès son décès, s'inscrire utilement sur les immeubles ayant fait l'objet de legs particuliers.

V. — *Examen de quelques questions controversées.* — Certaines circonstances de fait peuvent donner lieu à des difficultés juridiques que nous allons rapidement étudier.

1° Un acheteur, avant d'avoir transcrit son titre, constitue une hypothèque à Primus, qui la fait inscrire. Par la suite, et toujours avant la transcription, Secundus, créancier du vendeur, s'inscrit à son tour. Lequel des deux créanciers hypothécaires primera l'autre dans l'ordre? Certains auteurs prétendent que Primus doit être préféré à Secundus. Les créanciers du vendeur, dit-on, n'ont le droit de se prévaloir du défaut de transcription qu'autant qu'ils sont inscrits : or, nous supposons que Secundus ne l'était pas au moment où le créancier hypothécaire de l'acheteur a manifesté son droit. D'ailleurs, les créanciers du vendeur sont en faute de n'avoir pas rendu publique leur qualité. Leur permettre de primer les créanciers de

l'acheteur inscrits avant eux, ce serait prêter la main à
la fraude et rendre ces derniers victimes d'une négligence à laquelle ils ne peuvent rien (1). Cette solution
ne peut, selon nous, s'accorder avec les principes fon-
damentaux de la matière. Si, en effet, l'acquéreur,
devenu, dès la formation du contrat, propriétaire à
l'égard du vendeur, a pu valablement constituer hypothèque sur la chose acquise, et si, d'autre part, le
créancier hypothécaire de ce même acquéreur a pu
rendre son droit public, il n'en est pas moins vrai que,
vis-à-vis de cet acquéreur, les créanciers hypothécaires
du vendeur sont des tiers ; or, vis-à-vis de ces tiers, les
hypothèques constituées par l'acquéreur qui n'a pas
fait transcrire son acte d'acquisition, sont des droits
constitués sur la chose d'autrui. Donc, l'hypothèque
constituée au profit de Primus est nulle, non d'une manière absolue, mais à l'égard des tiers. Sans doute le
droit, pour les créanciers du vendeur, de se prévaloir
du défaut de transcription est subordonné à l'inscription de leur hypothèque, mais ils peuvent acquérir ce
droit en s'inscrivant jusqu'à la transcription, et, une
fois acquis, l'invoquer rétroactivement contre les créanciers de l'acquéreur. Quant à la fraude dont les créanciers de l'acquéreur peuvent devenir victimes, elle ne
peut servir de base à l'argumentation adverse ; car rien

(1) Troplong, *Transcr.*, n°° 163-168. Flandin, *Transcr.*, t. II,
n° 893.

n'est plus facile que de s'assurer, avant de prêter, si l'acquéreur a fait, ou non, transcrire son acte d'acquisition.

2° Un immeuble a fait l'objet de deux ou plusieurs aliénations successives (pour plus de clarté, nous n'en supposerons que deux); le dernier contrat a été seul transcrit : la transcription de ce dernier contrat arrête-t-elle le cours des inscriptions simplement à l'égard des créanciers du dernier vendeur, ou produit-elle, en outre, le même effet vis-à-vis des créanciers du premier vendeur? Cette question se posait déjà sous l'empire des art. 834 et 835 du Code de procédure civile, mais, bien entendu, dans des termes appropriés au rôle que jouait alors la transcription : c'est-à-dire, qu'on se demandait si la transcription du dernier contrat constituait une mise en demeure de s'inscrire dans la quinzaine, tant pour les créanciers des précédents propriétaires que pour ceux de l'aliénateur immédiat.

On espéra vainement que la loi de 1855 mettrait un terme à cette controverse; lors de la discussion de cette loi, un membre du Corps législatif, M. Duclos, exprima le désir que le rapporteur s'expliquât sur cette difficulté. M. de Belleyme répondit « que c'était là une question de jurisprudence et de régime hypothécaire; que la loi actuelle n'avait donc pas pour objet de la résoudre. » Mais un autre membre de la commission, M. Allart, déclara « que la question lui paraissait résolue par la loi nouvelle, qui disait clairement que la transcription opère la purge à l'égard de tous ceux qui n'ont pas fait inscrire antérieurement leurs droits... » Il ne fut pas répliqué à M. Allart (1).

Conformément à son opinion, nous croyons que la transcription du dernier contrat arrête le cours des inscriptions, même à l'égard des créanciers du premier vendeur.

Nous ne nous arrêterons pas à l'argument grammatical que l'on pourrait être tenté de tirer de la phrase suivante de l'art. 6 : « A partir de la transcription, les créanciers ne peuvent prendre inscription sur *le précédent propriétaire*. » Les quelques mots que nous avons cités de la discussion de la loi de 1855, démontrent suffisamment qu'on ne peut attribuer aucune portée à l'emploi au singulier, plutôt qu'au pluriel, des mots « précédent propriétaire. »

Mais, pour entrer immédiatement dans le corps de la discussion, ne serait-il pas souverainement injuste que l'acquéreur qui s'est assuré, en consultant les registres hypothécaires, qu'aucune inscription ne figurait sur l'immeuble, ou qui a purgé celles qui existaient, après avoir accompli toutes les conditions de publicité en faisant transcrire son titre d'acquisition, ne pût pas espérer, toutes ces formalités remplies, posséder enfin un immeuble affranchi de toutes charges hypothécaires, et fût exposé à voir surgir tout à coup de nouvelles inscriptions d'hypothèques anciennes, qui, bien qu'opérées posté-

---

(1) Séance du 15 janvier 1855. *Moniteur* du 17.

rieurement à la transcription, lui seraient opposables
sous prétexte que le constituant, premier vendeur, ne
figure pas sur les registres de transcription comme
ayant vendu l'immeuble en question? Admettre une pareille solution, ne serait-ce pas faire trop bon marché de
l'intérêt des acquéreurs?

Qu'on ne dise pas que la dernière aliénation transcrite n'est publique que vis-à-vis des créanciers du dernier vendeur, et qu'elle demeure occulte pour ceux du
premier. Qui dit transcription, dit publicité ; or, pas plus
que la publicité, la transcription ne peut être relative ;
l'aliénation qu'elle complète est sensée connue de tous.
Si un tiers venait dire ceci : Tel immeuble a été aliéné,
et l'acquéreur a fait transcrire son titre; mais cette aliénation, même suivie de transcription, ne peut m'être
opposée, parce que j'avais de bonnes raisons pour croire
qu'un autre que le vendeur était demeuré propriétaire
de l'immeuble, et que je n'ai vu figurer sous le nom de
cet autre aucune transcription. Évidemment, on n'ad-
mettrait pas les prétentions de ce tiers. Tel est cependant le langage que les auteurs qui combattent notre
opinion font tenir aux créanciers du premier vendeur.
Mais s'il est vrai que ces créanciers, s'adressant au conservateur des hypothèques, ne trouveront, sous le nom
de leur débiteur, aucune indication de la transcription
opérée sous celui du dernier vendeur, une aliénation
immobilière, surtout suivie de transcription, n'est pas
un fait de nature à être tellement caché, qu'ils ne puissent, moyennant de faciles recherches, connaître la vé-

rité. Comment, du reste, ces créanciers peuvent-ils se
plaindre, sous le régime de la loi de 1855, de n'avoir
pas eu connaissance de la transcription du dernier contrat? Sous l'empire des articles 834 et 835 du Code de
procédure, cet argument aurait eu quelque valeur ; car,
alors, il eût été véritablement préjudiciable pour les
créanciers non inscrits de ne pas connaître le point de
départ du délai accordé pour s'inscrire ; mais depuis la
loi du 23 mars 1855, que leur aurait appris la transcription, sinon la déchéance de leur droit à l'inscription?
Ces créanciers ont été négligents, et, s'ils ont trop tardé
à rendre publiques leurs hypothèques, il n'est pas juste
de leur permettre de réparer, au détriment d'un acquéreur diligent, des dommages qu'ils ne doivent qu'à leur
incurie. Enfin, il serait exorbitant de demander, comme
le veulent les partisans de l'opinion contraire, qu'un
acquéreur, après avoir fait transcrire son titre, fût
obligé : 1° de rechercher quels ont été les précédents
propriétaires ; 2° de s'assurer qu'ils ont fait transcrire
leurs actes d'acquisitions ; 3° en cas de non transcription, de retrouver ces actes, ce qui sera souvent difficile
s'il s'agit de vente sous seing privé ; 4° de faire transcrire
ces titres et de supporter des frais considérables, en sus
de ceux qu'il a déjà dû payer. Et tout cela, pourquoi?
Pour éviter quelques démarches aux créanciers de ces
précédents propriétaires et leur faciliter la connaissance
de la déchéance de leurs droits.

Nous concluons donc que la transcription du dernier
contrat d'aliénation, alors même que ce contrat ne con-

tiendrait pas les noms des anciens propriétaires, purge toutes les hypothèques conférées par ceux-ci et qui ne seraient pas inscrites au moment de la transcription (1).

3° Un créancier hypothécaire s'inscrit sur un immeuble le jour même où l'acquéreur de cet immeuble fait transcrire son titre. Il a été jugé que l'inscription était utile et que le jour de la transcription appartenait, tout entier, aux créanciers hypothécaires pour manifester leur droit (2). Une autre décision rendue en sens contraire veut que l'inscription prise le même jour que la transcription soit nulle, s'il peut être constaté, sur le registre de dépôt, que la demande en transcription a été déposée avant la demande d'inscription (3). Cette seconde solution nous semble contraire à l'esprit de la loi : car elle laisse à la merci de l'erreur ou de la fraude du conservateur la validité ou la nullité de l'inscription.

---

(1) En ce sens, Flandin, *De la Transcr.*, t. II, n° 885 et suiv. Dalloz, v°, *Priv. et Hyp.*, n° 2068. Contra, Troplong, *Transcr.*, n° 167. Mourlon, *Transcr.*, n°° 595 et suiv. Aubry et Rau, t. III, § 272, C.

(2) Trib. de Bagnères-de-Bigorre, 21 fév. 1859. Sir., 60, 2, 487. — Conf., Pont, n° 1119, note I.

(3) Trib. de Die, 17 juin 1869, D., p. 69, 3, 91.

CHAPITRE II.

De la publicité de l'hypothèque des incapables après la cessation de l'incapacité.

Nous avons déjà dit que la loi du 23 mars 1855, tout en ne supprimant pas la protection exorbitante accordée aux incapables par le moyen de la clandestinité de leurs hypothèques légales, avait du moins atténué les conséquences les plus exagérées de ce principe en décidant, dans son article 8, contrairement à la solution généralement adoptée sous l'empire du Code, que la protection de la loi ne survivrait pas à sa cause. Nous allons examiner successivement qui doit, après la cessation de l'incapacité, rendre publiques les hypothèques légales des incapables ; dans quel délai les inscriptions doivent être prises, et sous quelle sanction.

I. — La femme, devenue veuve, recouvre sa pleine capacité du moment qu'elle est affranchie de la puissance maritale ; rien ne s'oppose donc, désormais, à ce qu'elle puisse manifester publiquement son droit d'hypothèque ; c'est donc à elle qu'incombe le droit et l'obligation de requérir inscription. L'art. 8 ne parlant que de la femme devenue veuve, il faut en conclure que la femme séparée de biens, et même de corps et de biens, n'est pas encore assez indépendante, aux yeux de la loi, pour se passer de la protection de l'art. 2135.

Le mineur « *devenu majeur* » et l'interdit « *relevé de l'interdiction*, » ayant recouvré leur pleine liberté d'action, sont chargés eux-mêmes de sauvegarder leurs droits. Les dispositions de notre article 8 sont assez claires pour que l'on ne puisse croire qu'elles s'appliquent au mineur émancipé ou aux mineur et interdit dont la tutelle a pris fin par la mort du tuteur ; il n'y aurait évidemment pas ici cessation de l'incapacité, puisqu'il faudrait, dans le premier cas, nommer un curateur, et, dans le second, aviser au remplacement du tuteur décédé.

Notre article, après avoir énuméré : la veuve, le mineur devenu majeur, l'interdit relevé de l'interdiction, ajoute : leurs héritiers ou ayants cause. Faudrait-il conclure de la construction de la phrase que l'obligation de rendre publique l'hypothèque légale, incomberait seulement aux héritiers des incapables décédés en état de capacité ? Telle n'est certes pas la volonté du législateur ; l'autorité du mari ou du tuteur cesse, faute d'objet, par la mort de la femme ou du pupille, et leurs héritiers n'ont plus droit à la protection dont la loi les entourait (1).

Le délai accordé par l'art. 8 aux incapables ne constitue pas une prescription, puisqu'il ne s'agit ni d'acquérir, ni de se libérer, mais d'éviter une déchéance ; c'est un délai préfix ; car il est de principe

---

(1) MM. Rivière et Huguet, *Questions sur la Transcription*, n°° 378 et 379.

« que le temps à l'expiration duquel une échéance a
lieu court contre toutes personnes, même contre les
mineurs (1). » Il suit de là que les causes suspensives
de la prescription sont sans effet en ce cas, et, notamment, que l'art. 2252 ne saurait s'y appliquer. Si donc
les héritiers des incapables sont eux-mêmes mineurs
ou interdits, ils ne sont pas moins tenus de rendre
publique, par eux-mêmes ou par leur tuteur, l'hypothèque qui garantissait les droits de leur auteur.

Ces principes semblent, cependant, bien difficiles à
appliquer dans une hypothèse spéciale qui a donné
naissance à une controverse intéressante. Il faut supposer le cas où une femme, décédée avant son mari,
laisse pour héritiers ses propres enfants mineurs, placés
sous la tutelle de leur père. N'est-il pas à craindre que
ces enfants ne puissent pas inscrire l'hypothèque de
leur mère, que le mari n'omette à dessein cette inscription sur ses propres biens et ne cause volontairement à
ses enfants un préjudice considérable, en laissant s'é-
couler le délai fixé par la loi? Quelques auteurs ont
pensé que la loi ne devait pas être si rigoureusement
interprétée dans cette hypothèse, et deux arrêts ont été
rendus dans ce sens (2). L'art. 8, dit-on, a eu pour but

---

(1) MM. Rivière et Huguet, Quest., n° 330. Dall., Int. gén., v°,
Presc. civ., n° 690.

(2) V. Pont, n° 809. — M. Nicollet, conseiller à la Cour de Grenoble, Rec. crit., t. xiii, p. 518, et t. xxx, p. 369. — Bourges, 20
août 1859. D., p. 69, 2, 8). — Bordeaux, 12 mars 1860, D., p. 61,
2, 67.

de supprimer une conséquence outrée du principe de la clandestinité de l'hypothèque des incapables, c'est-à-dire de mettre fin à la protection de la loi au moment où elle cesse d'être utile ou nécessaire; mais dans l'hypothèse qui nous occupe, cette protection n'est-elle pas indispensable pour des enfants mineurs, dont le soutien naturel est précisément le débiteur que l'inscription doit frapper? N'y a-t-il pas, en outre, contradiction à considérer, d'une part, ces mineurs comme incapables relativement à l'inscription de leur propre hypothèque légale sur les biens de leur père tuteur, et à les réputer, d'ailleurs, capables d'inscrire, sur ces mêmes biens de leur père tuteur, l'hypothèque légale de leur mère; à leur accorder d'un côté le bénéfice de la clandestinité, et à le leur refuser de l'autre? Au surplus, ajoute-t-on, les conséquences qu'entraîne l'adoption du système adverse sont étranges : les mineurs ayant encouru, par l'expiration du délai d'un an, la déchéance de leur rang d'hypothèque, à qui cette déchéance profitera-t-elle? Ce ne sera pas aux tiers qui traiteront désormais avec le tuteur; car si, quant à eux, l'hypothèque légale de la femme prédécédée a perdu son rang, les créances qu'elle garantissait vont grossir la dette du tuteur envers ses pupilles, dette garantie par une autre hypothèque légale, clandestine elle-même, et qui, prenant rang du jour du commencement de la tutelle, primera toujours les droits des créanciers qui traiteront dans la suite avec le tuteur; mais cette déchéance profitera aux créanciers, du mari, antérieurs à la dissolution du mariage, c'est à

dire, précisément à ceux qui ne pouvaient se prévaloir
de la clandestinité de l'hypothèque de la femme. La loi
n'a pas pu consacrer de pareilles anomalies. Nous
croyons, malgré ce que ces considérations peuvent
avoir d'équitable, devoir nous rallier à l'opinion contraire qui domine en jurisprudence comme en doctrine.
Remarquons, d'abord, que le texte ne comporte aucune
distinction, et que celle qui est proposée par les adversaires, est non seulement arbitraire, mais encore opposée au système général du Code. On peut, en effet,
même en dehors de la loi de 1855, rencontrer des situations analogues à celles que nous voyons se produire
ici ; « par exemple dans l'hypothèse de l'art. 2194 du
Code civil, où le tiers acquéreur des biens du mari,
veut les purges de l'hypothèque légale non inscrite de
la femme prédécédée, il suffit de la notification, au subrogé tuteur, ou au procureur impérial, du dépôt du
contrat au greffe, pour faire courir contre les héritiers
mineurs de la femme, le délai de deux mois, donné
pour inscrire leur hypothèque ; dans ce cas, l'inscription prescrite à peine de déchéance, doit être faite prin-
cipalement à la diligence du subrogé tuteur chargé, aux
termes de l'art. 420 du Code civil, d'agir pour les intérêts du mineur, lorsqu'ils seraient en opposition avec
ceux du tuteur ; or, la disposition formelle de l'art. 8
de la loi du 23 mars 1855 équivant à la simple notification ordonnée, pour le cas de purge, par l'art. 2194, par
suite les héritiers de la femme mineure, possèdent sous
la loi nouvelle les mêmes garanties dont ils jouissaient

sous la législation précédente (1). » Enfin, l'intérêt du crédit immobilier, que l'art. 8 de la loi de 1855 a voulu sauvegarder, en fixant un terme à la clandestinité des hypothèques légales des incapables, exige que, tout au moins, le délai de grâce accordé par le législateur, ne puisse, pour aucune raison, être prolongé ; la concession faite aux incapables est suffisante pour que dès lors l'intérêt général, qui doit toujours l'emporter sur l'intérêt particulier, puisse reprendre ses droits. Nous pensons donc que les enfants de la femme mariée décédée, fussent-ils mineurs et sous la tutelle de leur père, doivent sous peine de déchéance, inscrire l'hypothèque légale de leur mère, dans le délai fixé par la loi (2).

II. — Après la cession de l'incapacité, il fallait aux incapables devenus capables un délai pour rendre publiques leurs hypothèques légales. Ce délai est fixé par la loi à un an, à compter du jour de la dissolution du mariage, de la cessation de la tutelle ou du jugement de mainlevée. Ce n'est pas un délai franc, on le calculera donc suivant les principes généraux, sans y compter le *dies a quo*, mais en y comprenant le *dies ad quem*. S'il n'est pas susceptible d'augmentation, il n'est pas

---

(1) Voy. arrêt de la Cour de Grenoble, 29 avril 1858. D. p. 61, 2, 68.

(2) En ce sens, MM. Mourlon, *Transcr.*, n° 871 ; Aubry et Rau, t. III, § 269, note 19 ; Flandin, *Transcr.*, II, 1018 à 1022. Grenoble, 29 avril 1858 ; D. p. 61, 2, 68. Aix, 9 janvier 1875. D. p. 76, 2, 178. — Civ. cass., 22 août 1876. D. p. 78, 1, 217. — Trib. de Gray, 4 déc. 1877. D. p. 78, 3, 21.

non plus susceptible de diminution, ni la faillite du tuteur, ni sa mort et l'acceptation de sa succession sous
bénéfice d'inventaire, ne feront déchoir l'ex-mineur du
droit de s'inscrire, pourvu que l'année ne soit pas écou-
lée. En un mot, la situation de l'incapable reste, pendant l'année qui suit la cession de l'incapacité, absolument la même que pendant le cours du mariage ou de
la tutelle, et durant ce délai, son hypothèque peut de-
meurer occulte, et entraîner toutes les conséquences de
la clandestinité.

III. — Si nous supposons le délai écoulé, l'hypothèque légale, inscrite en temps utile, conservera le rang
que lui avait assigné la loi, l'inscription aura ainsi un
effet rétroactif ; mais, pour l'avenir, l'hypothèque ainsi
conservée, sera assimilée aux hypothèques ordinaires,
et soumise, comme elles, au renouvellement décennal.
Mais si, dans ce délai d'un an, l'hypothèque légale n'a
pas été rendue publique, quelle sera la nature de la déchéance encourue par les incapables ? « Leur hypothèque, nous dit l'art. 8, ne date, à l'égard des tiers, que
du jour des inscriptions prises ultérieurement. » Comme on le voit, le fond de leur droit hypothécaire subsiste, puisqu'ils ont toujours la faculté de s'inscrire ;
mais ils perdent le rang si favorable que leur avait donné
la loi, pour ne prendre rang qu'à la nouvelle date de
l'inscription. Ils sont désormais primés par tous les
créanciers qu'ils primaient autrefois. Ils sont de plus,
soumis à toutes les vicissitudes qu'ont à redouter les
créanciers ordinaires non inscrits ; la faillite du débiteur,

20

sa mort et l'acceptation de sa succession sous bénéfice d'inventaire, la vente suivie de transcription, de l'immeuble hypothéqué, seront pour eux autant de cas de déchéance absolue. Enfin, soit en cas de purge d'hypothèques inscrites, soit en cas de purge d'hypothèques légales non inscrites, aucune notification ne leur sera faite.

Dans ces dispositions transitoires, la loi impose aux incapables devenus capables avant sa promulgation, l'obligation de rendre publiques leurs hypothèques, dans l'année à partir du 1er janvier 1856. (Art. 11, § 5.)

CHAPITRE III.

De la publicité des subrogations à l'hypothèque légale de la femme.

Avant la loi du 23 mars 1855, d'après une jurisprudence constante, les renonciations ou subrogations à l'hypothèque légale des femmes mariées n'étaient soumises, pour leur validité, entre les parties ou à l'égard des tiers, à aucune condition particulière de formes. Considérant comme transmissible cette dispense d'inscription dont jouit l'hypothèque légale de la femme, la jurisprudence étendait jusqu'au créancier subrogé, une

faveur qui, par sa nature, aurait dû être personnelle.
Entre les créanciers subrogés, la préférence se réglait
par l'ordre des subrogations. Les formalités de la purge
indiquées par l'art. 2194, avaient seules pour effet de
mettre la femme et les créanciers subrogés en demeure
de prendre inscription. Cette jurisprudence était pleine
de dangers, pour les femmes mariées elles-mêmes,
comme pour les tiers avec qui elles traitaient ; elle a été
réformée par l'art. 9 de la loi du 23 mars 1855, qui dispose : « Dans le cas où les femmes peuvent céder leur
hypothèque légale ou y renoncer, cette cession ou cette
renonciation doit être faite par acte authentique, et les
cessionnaires n'en sont saisis, à l'égard des tiers, que
par l'inscription de cette hypothèque prise à leur profit ; ou par la mention de la subrogation en marge de
l'inscription préexistante. »

Nous n'avons pas à étudier ici les caractères, les formes diverses et les effets de la subrogation à l'hypothèque légale de la femme. Nous nous bornerons à examiner dans quels cas, en quelle forme, et sous quelle
sanction cette subrogation doit être rendue publique ;
la matière, toute restreinte qu'elle est, n'est pas exempte
de difficultés.

I. — Des termes mêmes de la loi, il résulte que toutes les subrogations, sous quelque forme qu'elles se
présentent : renonciations expresses ou tacites au profit d'un créancier, cessions d'antériorité, d'hypothèque
ou de créance, sont visées par notre art. 9. Cependant,
en ce qui concerne la cession de créance, quelques au-

leurs pensent que ce n'est pas l'art. 9 de la loi du 23
mars, mais bien l'art. 1699 du Code civil qui doit s'appliquer ; ils en concluent que, pour la constater, il n'est
pas nécessaire d'un acte authentique et que la signification au débiteur cédé suffit pour la rendre publique (1).
Cette opinion ne peut être suivie si l'on réfléchit que la
cession, par la femme, de sa créance hypothécaire,
comprend deux opérations distinctes, un transport-
cession de créance et une subrogation. Par cette deuxième face, elle tombe sous l'application de l'article 9
de notre loi. Qu'importe au surplus, la formule employée, du moment que la femme déclare céder ses
droits et reprises, sa déclaration implique la subrogation à son hypothèque légale (2).

Un autre cas a donné lieu à de plus sérieuses difficultés, c'est celui où la femme renonce en faveur de
l'acquéreur d'un immeuble du mari, à son hypothèque
légale, en tant qu'elle frappe cet immeuble. C'est là,
dit-on, une renonciation extinctive, l'hypothèque n'est
pas cédée, elle s'éteint, comment peut-on être tenu de
rendre public un droit qui a cessé d'exister ?

Suivant M. Mourlon (3), l'acquéreur dans notre hypothèse n'étant pas un cessionnaire, ne peut faire inscrire
à son profit l'hypothèque légale de la femme ; il ne peut

(1) MM. Rivière et Huguet, Quest. sur la Transcr., p" 393 et
suiv.
(2 MM. Aubry et Rau, III, § 288 bis, note 20. — Pont, n° 795.
(3 Tr. de la Transcr., n" 1005 et 1006.

pas non plus faire inscrire l'hypothèque au nom de la femme, et faire mentionner en marge la renonciation, puisque l'hypothèque, en tant qu'elle grevait l'immeuble acquis n'existe plus. La nécessité de cette inscription, paralyserait, toujours d'après M. Mourlon, l'effet de la renonciation ; l'acquéreur serait sans doute, protégé pendant dix ans par l'inscription et la mention en marge ; mais, après ce délai, il ne serait plus couvert, et pour éviter tout danger, il devrait recourir à la purge. Or, la renonciation de la femme avait pour but principal de rendre inutiles les formalités et les frais de la purge. Donc, conclut-il, l'acquéreur pourra tenir occulte la renonciation extinctive consentie à son profit, et cela dans le cas même où il n'aurait pas fait transcrire. « Les renonciations extinctives de l'hypothèque qu'elles ont pour objet échappant au régime nouveau, on est forcé d'en conclure qu'elles ont leur effet, même au regard des tiers, dès qu'elles sont parfaites entre les parties qui les ont stipulées et consenties. »

M. Pont (1) ne pense pas non plus que l'on puisse exiger dans le cas qui nous occupe, l'accomplissement des formalités prescrites par l'art. 9, mais il veut, au moins la transcription de l'acte de vente.

Nous nous rallierons à l'opinion de MM. Aubry et Rau (2), qui est d'ailleurs la plus suivie, et nous remarquerons d'abord, que le texte de notre article vise ex-

---

(1) *Priv. et Hyp.*, n° 486.
(2) T. III. § 283 *bis*, note 18.

pressément l'hypothèse prévue : « Dans les cas où les femmes peuvent céder leur hypothèque légale ou y *renoncer....* » En outre, il ne serait pas exact de dire que les tiers n'ont aucun intérêt à connaître la renonciation de la femme, il suffit de citer ceux que la femme subrogerait, par la suite, dans son hypothèque légale, et qui pourraient croire, si la renonciation demeurait occulte, que son droit s'étend encore aux immeubles aliénés par le mari, qui n'ont pas été purgés.

La transcription est-elle suffisante comme le prétend M. Pont, pour assurer cette publicité, nécessaire pour les tiers ? Notons d'abord que ce moyen ne serait pas toujours possible ; dans le cas, par exemple, où la femme ne figurerait pas dans l'acte de vente transcrit, parce qu'elle n'a renoncé à son hypothèque que par acte postérieur. Faudra-t-il décider que la transcription suffira, mais seulement lorsque la renonciation figurera dans l'acte d'aliénation ? Cette distinction serait purement arbitraire, et le texte ne l'autorise pas. Enfin, la transcription des ventes consenties par le mari, est en principe, sans effet relativement aux droits hypothécaires de la femme. Dès lors, les créanciers subrogés par la suite dans ces mêmes droits, s'en inquiètent peu, ce qui prouve que la publicité de la renonciation consentie par la femme, réduite à la transcription de la vente, serait illusoire et dans tous les cas insuffisante pour satisfaire au vœu de la loi.

II. — Dans quelles formes se réalise la publicité des subrogations à l'hypothèque légale de la femme ? L'article 9, § 1er *in fine*, prévoit deux cas : si l'hypothèque de la femme n'est pas inscrite, le cessionnaire doit la faire inscrire à son profit ; si, dès avant la subrogation, la femme avait rendu son hypothèque publique, le cessionnaire fera mentionner la subrogation en marge de l'inscription préexistante. La loi de 1855 ne donnant aucun détail sur les formes dans lesquelles doit s'opérer cette inscription ou cette mention, il faut procéder par voie d'analogie.

En ce qui concerne l'inscription, la subrogation constituant une sorte d'hypothèque sur les droits de la femme, on pense que les prescriptions de l'art. 2148 doivent être observées, tant au point de vue des formalités extrinsèques, qu'en ce qui touche les énonciations intrinsèques que les bordereaux doivent contenir. Quant à la question de savoir si les formalités de l'art. 2153 ne doivent pas être combinées avec celles de l'art. 2148, M. Mourlon y répond par une distinction : si le subrogé a reçu mandat de formaliser l'inscription, tant dans l'intérêt de la subrogeante que dans le sien propre, il faut cumuler les deux textes ; si, au contraire, le subrogé inscrit l'hypothèque légale en son nom et profit personnel, il peut s'en tenir aux énonciations nécessaires pour faire connaître la subrogation, sans se préoccuper des détails nombreux, souvent inconnus de lui, qui, aux termes de l'art. 2153, doivent composer l'inscription de l'hypothèque légale de la femme.

Si l'hypothèque légale de la femme a déjà été rendue publique avant la cession ou la renonciation, la subrogation sera rendue publique au moyen d'une mention faite en marge de l'inscription. Cette mention est rédigée par le conservateur, qui, sous sa responsabilité, extrait lui-même, du titre constatant la subrogation, toutes les énonciations nécessaires. Il n'est donc pas nécessaire, dans ce deuxième cas, que le requérant joigne à son titre authentique les deux bordereaux exigés dans la première hypothèse.

La mention mise en marge de l'inscription est soumise aux mêmes éventualités que cette dernière. Si donc l'inscription disparaît pour n'avoir pas été renouvelée en temps utile, les subrogés se trouveront dans la situation où ils auraient été placés si, dès l'origine, l'hypothèque légale de la femme n'avait pas été inscrite. Ils devront donc requérir directement inscription à leur profit.

Si la subrogeante, renouvelant son inscription avant l'expiration du délai décennal, renouvelle en même temps la mention en marge, pas de difficulté ; mais si elle se bornait à renouveler l'inscription en ce qui la concerne, ce serait aux subrogés de veiller à ce que la mention qui les intéresse fût mise en marge de l'inscription renouvelée.

Jusqu'ici, rien que d'assez simple, mais la situation se complique dans l'hypothèse suivante, assez fréquente dans la pratique. Il arrive souvent que le mari, contractant une obligation, offre à son créancier, de son chef, une hypothèque conventionnelle, tandis que, de son côté, et pour surcroît de garantie, la femme subroge ce même créancier dans ses droits contre son mari. De quelle manière le créancier doit-il rendre publique cette double sûreté? A-t-il le droit, à son choix, de mentionner la subrogation dans l'inscription de l'hypothèque conventionnelle concédée par le mari, ou de la publier séparément par le moyen de la mention ou de l'inscription dont parle l'art. 9? Doit-il, au contraire, toujours publier séparément la subrogation par le moyen des formalités prescrites par cet article? Chacune de ces deux solutions a ses partisans.

Dans le premier système, avons-nous dit, on croit que la mention de la subrogation dans le bordereau d'hypothèque conventionnelle est suffisante. Les partisans de cette opinion s'autorisent d'abord d'une pratique constamment suivie, même avant la loi de 1855, dans les cas particuliers où il était nécessaire de rendre publique la subrogation en même temps que l'hypothèque conventionnelle constituée par le mari. Renoncer à cette pratique, ce serait, disent-ils, compromettre des intérêts considérables. A cette considération pratique on joint les arguments juridiques suivants : Cette inscription d'hypothèque conventionnelle mentionnant la subrogation est l'équivalent de deux inscriptions : c'est une inscription collective contenant tous les renseignements utiles aux tiers. Or, nous savons que la loi autorise les inscriptions collectives. — On allègue, il est vrai, dans l'opinion adverse, « que la simple mention de subrogation ne présentant pas toutes les conditions voulues par la loi pour l'inscription de l'hypothèque légale elle-même, ne saurait équipoller à cette inscription

et la remplacer (1). » Mais on répond que l'inscrivant
qui a observé, dans la rédaction de ses bordereaux, toutes les prescriptions de l'art. 2148, s'est, à plus forte
raison, conformé à celles de l'art. 2135, qui sont moins
minutieuses. Les énonciations des §§ 1 et 2 de l'article 2153 auront nécessairement trouvé place dans l'inscription prise contre le mari ; quant à celles du § 3,
elles constitueront précisément la mention de la subrogation contenue dans le corps de l'inscription. Enfin,
dit-on, l'art. 9 a eu pour but de régler l'effet et non la
forme de la publicité des subrogations, et comme, relativement aux questions de forme, ses dispositions sont
très obscures, il faut s'en rapporter aux précédents his-
toriques de la loi de 1855 : M. Suin, dans son exposé
des motifs, déclare qu'on a simplement voulu maintenir
les dispositions adoptées sur ce sujet en 1851. Or, en
1851, la manière d'opérer que nous soutenons avait été
expressément autorisée. Elle remplit, en effet, toutes
les conditions de publicité nécessaires et supprime les
frais que nécessiterait en plus une inscription séparée (2).

D'après les partisans du second système, la mention

---

(1) Cour de cass., Motifs de l'arrêt du 4 fév. 18'6. Sir., 56, 1,
225.

(2) M. Pont, *Priv. et Hyp.*, n° 780 et suiv. — Troplong, *De la
Transer.*, n° 343. Conf., Orléans, 20 fév. 1857. D. p. 57, 2, 135.
Dijon, 13 juillet 1858. D. p. 60, 5, 196. Req., 9 déc. 1873. D.
p. 73. D. p. 73, 1, 339.

de la subrogation, dans l'inscription de l'hypothèque conventionnelle, est insuffisante; la subrogation doit être rendue publique séparément, au moyen de l'inscription ou de la mention en marge prescrites par l'art. 9.

Le texte est précis, mention ou inscription, tels sont les seuls moyens reconnus par la loi.

A supposer d'abord que l'hypothèque de la femme ait été inscrite dès avant la subrogation, la mention en marge de cette inscription ne sera-t-elle pas plus pratique que celle contenue dans le corps de l'inscription d'hypothèque conventionnelle ?

Que si l'hypothèque de la femme est encore occulte, l'inscription dont veulent se contenter les adversaires ne vaudrait pas comme inscription cumulative, car rien dans la loi, n'autorise à admettre que deux hypothèques, nées de titres différents, puissent être inscrites cumulativement, et l'art. 2118 semble exclure cette conclusion en prévoyant textuellement l'hypothèse d'un titre constitutif unique.

Quant aux travaux préparatoires de 1851, il est vrai qu'ils autorisaient l'un et l'autre moyen de publicité; mais la loi de 1855 ne mentionnant plus qu'un seul de ces deux moyens, il faut nécessairement en conclure qu'elle proscrit l'autre. Enfin, une mention en marge de l'inscription d'hypothèque légale ou une nouvelle inscription frappera d'avantage l'attention des tiers qu'une mention perdue dans une inscription d'hypothèque conventionnelle, et, par suite, le second système satisfait mieux que le premier au besoin de publicité (1).

On peut hésiter entre ces deux opinions, les motifs invoqués pour ou contre étant pour la plupart peu déterminants. Nous croyons cependant devoir donner la préférence au premier système, qui est celui de la pratique. Au reste, le principal argument invoqué par le second système, consistant à dire que l'inscription d'hypothèque conventionnelle contenant la subrogation à l'hypothèque légale de la femme ne peut être considérée comme cumulative, parce qu'il n'y a pas identité de créance, n'est pas admissible, car nous avons vu, quand nous avons étudié les formalités extrinsèques de l'inscription, que la jurisprudence et la majorité des auteurs décidaient que les bordereaux pouvaient être collectifs, quel que fût le nombre des débiteurs et des créanciers, non seulement en cas d'unité de créance, mais encore alors même que le titre constitutif contiendrait des chefs distincts de créances (2).

III. — Les subrogés à l'hypothèque légale de la femme qui ont rendu leur subrogation publique, conformément aux prescriptions de l'art. 9 de la loi du 23 mars 1855, jouissent de toutes les prérogatives des créanciers inscrits, soit quant au droit de préférence, soit quant au droit de suite. « Les dates des inscriptions ou mentions déterminent l'ordre dans lequel ceux

(1. Mourlon, *Transcr.*, n°° 1023 et suiv.
2) Cass., 17 décembre 1845. Sir., 46, 1,529. M. Pont, n° 953.

qui ont obtenu des cessions ou subrogations exercent les droits hypothécaires de la femme. » En outre, en cas de vente de l'immeuble grevé, l'acquéreur ne pourra purger les hypothèques inscrites sans que le subrogé reçoive les notifications exigées par l' 2183 ; aucune saisie ne pourra avoir lieu sans qu'il soit sommé de prendre connaissance du cahier des charges (C. de proc., art. 692); l'ordre ne sera pas ouvert sans qu'il y soit appelé. Si la publicité résulte d'une mention en marge de l'inscription, déjà opérée, de l'hypothèque légale de la femme, l'acquéreur ou le saisissant agira envers le subrogé et envers la femme comme à l'égard de créanciers inscrits ; si, au contraire, la subrogation a été inscrite au nom et au profit personnel du subrogé, le poursuivant agira, envers le subrogé, suivant les principes généraux, et, envers la femme, suivant les règles énoncées dans les art. 2193 à 2195 du Code civil.

C'est dans l'intérêt des tiers que la publicité des subrogations à l'hypothèque légale de la femme est exigée. La convention est donc parfaite entre la femme et le subrogé, indépendamment de toute inscription. Le défaut d'inscription ne pourrait donc être opposé par la femme au subrogé, mais elle pourrait être opposée par elle à tout autre que lui.

L'inscription, dit un arrêt de la Cour de Paris du 27 février 1857, crée, en faveur du subrogé, un droit propre et personnel, qu'il exerce dans son intérêt et dont aucun des créanciers ne saurait ni se prévaloir ni profiter. — Ce principe doit-il s'appliquer à la femme comme aux autres subrogés? En d'autres termes, l'inscription prise par le subrogé profite-t-elle à la fois à la femme et au subrogé, ou à ce dernier exclusivement? Il va sans dire qu'il ne s'agit pas ici du cas où, sur le mandat de la femme, le subrogé aurait pris inscription dans leur commun intérêt. Nous nous plaçons dans l'hypothèse, qui se présente habituellement, où l'inscription est requise par le subrogé en son nom et profit et dans la mesure de ce qui lui est dû. Nous n'hésitons pas à dire, bien que la question soit controversée, que l'hypothèque légale de la femme, en dehors de la part qu'elle en a cédée au subrogé, reste clandestine. S'il est vrai que la loi, qui ne fait que tolérer la clandestinité des hypothèques légales, désire autant que possible, dans l'intérêt des tiers, qu'elles soient rendues publiques; il n'en est pas moins vrai qu'elle respecte, jusqu'à un certain point, le crédit et la volonté du mari. Nous voyons, en effet, que le choix a été laissé à ce dernier, entre l'inscription ou la déclaration expresse faite aux tiers qui traitent avec lui; que d'autre part il est recommandé au ministère public de n'user qu'avec discrétion de la mission qui lui est confiée par l'article 2138; et qu'enfin les autres personnes citées dans ces textes sont parfaitement libres de ne pas user de la faculté qui leur est concédée. On ne peut pas dire d'avantage, qu'en subrogeant un tiers dans son hypothèque légale, la femme lui donne implicitement mandat d'inscrire cette hypothèque : Outre que ce mandat implicite serait peu d'accord avec les principes généraux qui régissent ce contrat, il serait peu logique de considérer la femme, qui fait le sacrifice de ses garanties personnelles pour soutenir le crédit de son mari, comme voulant au contraire affirmer, aux yeux des tiers, son hypothèque légale.

Dans la pratique, du reste, pour éviter toute équivoque, on ne manque presque jamais d'insérer, dans l'inscription de la subrogation à l'hypothèque légale, cette réserve formelle : que l'inscription est requise dans l'intérêt exclusif du subrogé.

M. Mourlon pense que si la femme était en même temps débitrice personnelle du subrogé, celui-ci, en outre des droits conférés à tout créancier par les articles 1166 du Code civil et 775 du Code de procédure, pourrait, même sans mandat, inscrire l'hypothèque légale au nom de la femme (1).

Mais il est certain que le créancier d'une femme mariée n'aurait le droit de faire inscrire en son propre nom, l'hypothèque légale de cette dernière, qu'à la condition d'avoir préalablement obtenu d'elle renonciation ou subrogation au bénéfice de cette hypothèque (2).

---

(1) Voyez cependant Civ. c., 4 août 1871. D. p. 75, 1, 16?.
(2, Paris, 7 mai 1873. D. p. 73, 2, 158.

CONCLUSION.

La publicité et la spécialité, telles doivent être, dans notre législation, les bases fondamentales de l'hypothèque.

Nous avons, dans le cours de ce travail, essayé de suivre, à travers l'histoire, les progrès de ces deux principes. Il nous reste à nous demander si la loi moderne en a suffisamment assuré la parfaite application. La pratique des affaires semble donner à la question une réponse défavorable. Il est impossible, d'abord, de ne pas reconnaître que malgré les prescriptions minutieuses de l'art. 2148, de fréquentes équivoques, soit sur l'identité des immeubles, soit sur les noms du débiteur, se produisent, menaçant à la fois les intérêts des tiers et la responsabilité du conservateur. Comment obvier à ces inconvénients? On s'est demandé si, au lieu d'inscrire les hypothèques au nom du débiteur, il ne serait pas plus rationnel et plus sûr d'ouvrir un compte aux immeubles, comme cela se pratique actuellement en Hollande et en Allemagne.

Dans l'enquête sur le régime hypothécaire, dirigée en 1841 par M. Martin du Nord, la Faculté de droit de Caen (1) proposait d'utiliser le cadastre considéré comme

---

(1) Doc. relatifs au régime hyp., t. 1, p. 404 et suiv.

« grand livre de la propriété foncière. » Toute propriété distincte d'une propriété voisine, forme une parcelle désignée dans le cadastre par un numéro particulier ; cela étant, voici le mode d'inscription proposé : « Les bordereaux d'inscription désigneraient les immeubles grevés ou hypothéqués, par la commune, la section et le numéro de l'atlas cadastral. Ils seraient bien inscrits, portés à leur date sur un registre, mais sur un registre à part et qui ne serait que la table des autres. Un compte serait ouvert à chaque parcelle, on y indiquerait, par renvoi, le numéro des inscriptions qui la concerneraient ; il suffirait donc, pour obtenir un état exact de tous les droits réels qui affectent une parcelle, d'en indiquer le numéro au conservateur, et l'on n'aurait pas à se préoccuper des noms et prénoms des anciens propriétaires. Ce projet d'innovation a été, avec raison, critiqué par la Cour de cassation et l'administration, qui répondaient que le cadastre serait une base inexacte et toujours incertaine pour la délimitation des propriétés ; que n'étant point rédigé contradictoirement, il constituait une œuvre purement administrative, suffisante, sans doute, pour former les rôles de contributions, sauf réclamation des contribuables, mais ne présentant pas de garanties juridiques suffisantes, pour servir de base à notre régime hypothécaire. On ajoutait, que les agents chargés de constituer le cadastre se bornent à constater la possession, sans s'inquiéter de la propriété, et que les mutations sont souvent inexactes. Enfin, disait-on, pour utiliser le cadastre, il faudrait le refaire, procéder à un

abornement général des propriétés, en un mot, faire
naître une infinité de procès et se jeter dans un travail
interminable (1).

Ces raisons sont suffisantes pour nous dispenser de
rechercher quels seraient dans la pratique les nombreux
inconvénients de ce système. Notons simplement l'impossibilité presque complète d'obtenir, sans de nombreuses
recherches préalables, soit un état général d'inscriptions,
soit l'inscription sur tous les biens d'un débiteur, d'une
hypothèque légale ou judiciaire. Il serait facile, en con-
naissant du moins les numéros des parcelles dont il se
compose, de savoir si tel ou tel immeuble est ou non
grevé d'hypothèques, mais il serait impossible d'avoir
des renseignements certains sur la situation hypothécaire générale de tel ou tel propriétaire avec lequel on
veut contracter, puisque les recherches du préposé ne
porteraient que sur les parcelles à lui désignées par
leurs numéros et leurs situations, et qu'il ne pourrait
certifier que sur elles et non sur leur propriétaire.

Ajoutons que les erreurs seraient, dans ce système,
encore plus fréquentes que sous notre régime actuel
et que la moindre interversion de chiffres pourrait avoir
de très graves conséquences.

Faut-il en conclure que notre régime hypothécaire
soit parfait et ne soit susceptible d'aucune réforme? Assurément non, mais nous croyons qu'il ne sera jamais

(1) *Doc. relatifs au régime hyp.*, t. II, p. 171; t. III, p. 551.

possible de supprimer d'une manière absolue les causes d'erreurs et d'équivoques. Tant que les parties se conformeront exactement aux prescriptions de l'art. 2148, et iront même au delà de ces exigences, comme cela a lieu presque toujours dans la pratique, en indiquant les numéros sous lesquels figure au cadastre l'immeuble grevé, aucune confusion ne sera à redouter. Mais est-ce à dire pour cela, qu'il faille repouser la théorie des équipollents que nous avons soutenue quand nous nous sommes occupés des formalités intrinsèques de l'inscription ? Assurément non, augmenter les exigences de de la loi, et prononcer la nullité de toutes les inscriptions ne se conformant pas exactement à son texte, ce serait, pour éviter de rares équivoques, hérisser de difficultés la pratique des hypothèques et employer un remède pire que le mal.

Une réforme bien plus utile, serait, selon nous, la suppression de la clandestinité des hypothèques légales des incapables. Nous ne reviendrons pas sur les arguments invoqués par les nombreux partisans de la publicité absolue, soit lors de la discussion du Code, soit lors de l'enquête de 1841. Les rédacteurs du Code voulurent, dans un but de conciliation, transiger entre les deux principes si incompatibles de la publicité et de la clandestinité. La logique n'était pour rien dans cette combinaison ; aussi l'on mit en avant de prétendues nécessités pratiques, et l'hypothèque occulte rejetée en principe comme dangereuse et autorisant les manœuvres les plus coupables, fut considérée

comme le seul moyen efficace pour protéger les incapables.

Le législateur avait cependant à sa portée un moyen
bien simple de sauvegarder les intérêts des mineurs et
des femmes mariées tout en laissant le crédit en pleine
possession du principe consacré par la loi de Brumaire :
Attacher une sanction suffisante à l'obligation imposée
par l'art. 2136 et suivants à certaines personnes, et
étendre cette obligation à quelques autres, toujours
sous les mêmes sanctions. Tel est le système pratiqué
par la législation sarde, qui n'admet pas la clandestinité des hypothèques légales, et qui décide : 1° En ce
qui concerne les femmes mariées, que leur hypothèque
devra être inscrite, d'abord par l'ascendant qui constitue la dot, sous peine d'être tenu d'en fournir une
nouvelle, ensuite par le mari sous peine d'amende (1).
De plus, pendant la durée du mariage, le mari est tenu
de prendre inscription sur ses propres biens à concurrence des sommes dotales échues à la femme à titre de
donation ou de succession, des biens non dotaux aliénés par le mari, ainsi que des capitaux qu'il a recouvrés,
le tout également sous peine d'amende (2). 2° En ce qui
concerne les mineurs, les tuteurs doivent faire inscrire
leur hypothèque légale dans les deux mois à compter
du jour de l'inscription de la tutelle, toujours sous
peine d'amende ; le conseil de famille, dès sa première

---

(1) Code sarde, art. 2221 et 2222.
(2) Mêmes articles.

assemblée, doit s'assurer si cette obligation a été remplie et en faire rapporter la preuve, le protuteur doit également y veiller, sous peine de dommages et intérêts (1). Enfin, et c'est là une de ces dispositions qui dénotent le grand sens pratique du législateur sarde, l'art. 2226 du Code civil italien est ainsi conçu : « Le notaire qui rendra un acte portant constitution de dot ou autre convention matrimoniale, ou quelqu'un des actes d'aliénation ou de recouvrement de capitaux dont il est parlé à l'art. 2171; celui qui procédera à l'inventaire des biens d'un fils de famille soumis à la puissance paternelle (2), et le greffier de mandement, qui recevra l'acte de prestation de serment d'un tuteur, devront, dans le cas où l'hypothèque n'aurait pas été légitimement restreinte à des biens certains et déterminés, faire déclarer par le mari, par les personnes obligées conjointement avec lui pour la dot, par le tuteur, ou par l'ascendant qui a la puissance paternelle, la situation de leurs biens immeubles, et se les faire désigner d'une manière générique. — Le notaire ou le greffier devront en outre faire mention dans l'acte, de la déclaration qui sur leur interpellation, aura été faite par les personnes susdites, de ne posséder d'autres immeubles que ceux qu'elles auront désignés. — Dans les deux mois qui suivront, ils seront tenus de faire faire les inscriptions

----

1) Code sarde, art. 2223.
(2) C'est-à-dire à la tutelle d'un de ses ascendants.

relatives aux biens déclarés. » — Le Code sarde indique ensuite les personnes qui peuvent faire inscrire ces mêmes hypothèques légales, telles que le mineur et la femme mariée, le ministère public, et les parents, alliés et amis des incapables.

Sous un régime semblable, les mineurs et les femmes mariées n'ont certe pas besoin de la clandestinité pour être utilement protégés, et il ne doit pas y avoir d'exemple d'omission d'inscription d'hypothèque légale.

Il est inutile d'énumérer longuement les nombreux avantages qu'offrirait en France l'application d'un système analogue. Quels éléments de sécurité, et pour ainsi dire de précision, l'adoption définitive de la publicité absolue introduirait dans les affaires ! Celui qui achèterait serait exactement renseigné sur le nombre et la nature des charges grevant l'immeuble aliéné, pas d'inscription d'hypothèque légale à redouter, ni avant ni après la transcription, suppression des formalités de la purge des hypothèques légales non inscrites. Celui qui prêterait sur hypothèque, serait parfaitement sûr du rang qu'il occuperait parmi les créanciers de son débiteur, et il n'aurait pas à craindre de se voir un jour primé par l'inscription d'une hypothèque légale dont il ignorait l'existence.

Le législateur de 1855 a limité la durée de la clandestinité des hypothèques légales, et ordonné la publicité des subrogations aux hypothèques légales des femmes, mais rien ne prouve mieux l'insuffisance de ces demi-mesures que les controverses nombreuses et les difficultés inextricables auxquelles elles donnent lieu.

Avec le retour à la publicité absolue, toutes ces questions, restées jusqu'ici sans solutions définitives, tomberaient d'elles-mêmes faute d'objet, et de nombreux intérêts actuellement livrés aux incertitudes de l'interprétation doctrinale ou judiciaire, seraient sauvegardés.

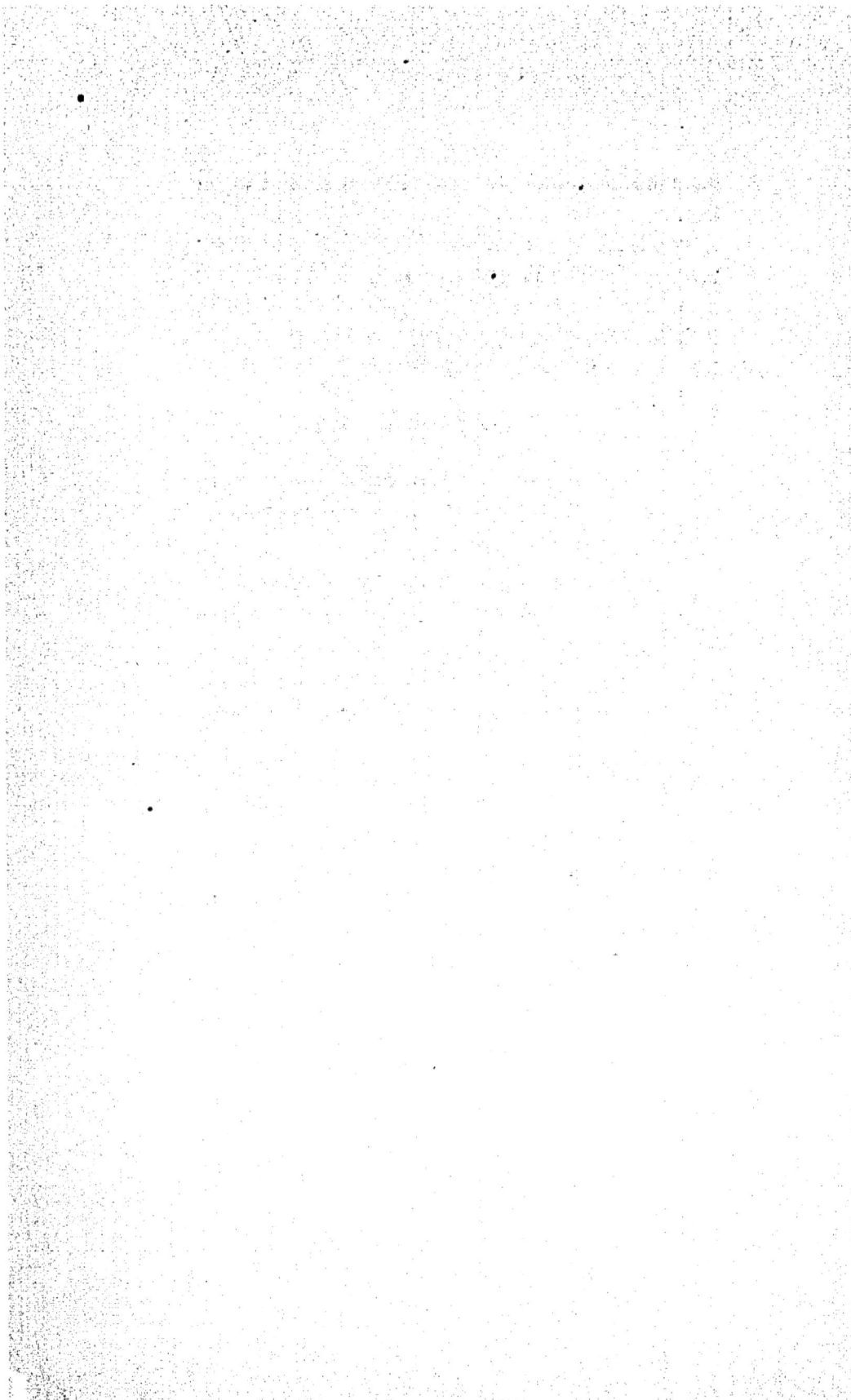

POSITIONS.

DROIT ROMAIN.

I. — Le débat, dans l'interdit Salvien, portait exclusivement sur la possession; on n'y examinait pas la validité de la constitution de gage.

II. — L'interdit Salvien ne fut jamais étendu, sous le nom d'interdit quasi-Salvien, à tout pacte d'hypothèque.

III. — Le propriétaire d'un fonds dominant ne peut pas hypothéquer la servitude rurale qui existe au profit de ce fonds.

IV. — Quand deux hypothèques générales ont été consenties par un débiteur, la date des constitutions fixe le rang des créanciers sur les biens acquis postérieurement à l'une et à l'autre.

V. — Il y a antinomie entre les lois 22 D. de pign. et hyp. et 51 D. de pign. act.

DROIT CIVIL.

I. — La loi n'autorise pas la distinction des formalités énumérées en l'art. 2148, en substantielles et secondaires ; l'omission d'une des énonciations indiquées par cet article ne peut entraîner la nullité de l'inscription, qu'en cas de lésion d'un intérêt que la publicité devait éclairer.

II. — La connaissance personnelle que les tiers pouvaient avoir de l'hypothèque légale qui grève les tuteurs, et maris, affranchit ceux-ci de toute responsabilité, dans le cas où ils auraient négligé de se conformer à l'article 2136.

III. — Dans le cas où un immeuble a fait l'objet de plusieurs aliénations successives, qui n'ont pas été transcrites, la transcription du dernier contrat suffit pour arrêter le cours des inscriptions à l'égard des créanciers des précédents vendeurs.

IV. — Les enfants mineurs d'une femme mariée, succédant à leur mère, doivent inscrire l'hypothèque légale de celle-ci, dans l'année qui suit son décès, alors même qu'ils seraient placés sous la tutelle de leur père.

V. — La mention de la subrogation à l'hypothèque légale dans l'inscription de l'hypothèque conventionnelle constituée par le mari est suffisante pour procurer la publicité de cette subrogation.

DROIT CRIMINEL.

I. — L'accusé extradé ne peut, devant la Cour d'assises, exciper de l'irrégularité de l'extradition. Cette

Cour n'est pas compétente pour en prononcer la nullité, et ne peut surseoir au jugement jusqu'à ce que l'autorité compétente ait statué.

II. — Le mineur de seize ans qui a été déclaré avoir agi sans discernement ne doit pas être condamné aux frais.

PROCÉDURE CIVILE.

I. — L'exception *judicatum solvi* doit être proposée avant toutes autres exceptions ou défenses.

II. — En principe, sauf le cas prévu dans l'art. 2212 du Code civil, les tribunaux ne peuvent suspendre l'effet d'un titre exécutoire.

DROIT COMMERCIAL.

I. — L'art. 118 du Code de commerce ne s'applique qu'aux inscriptions de privilèges et des hypothèques. Il n'y a pas lieu de l'étendre aux autres formalités servant à compléter, par la publicité, un droit précédemment acquis, notamment à la signification au débiteur d'une cession de créance, ni à la transcription d'une aliénation d'immeuble.

II. — Les époux mariés sous le régime de la communauté ne peuvent pas former entre eux une société en nom collectif.

DROIT INTERNATIONAL.

I. — Le mariage contracté par un Français à l'étranger est nul, lorsqu'il n'a pas été, ainsi que l'exige l'article 170 du Code civil, précédé de publications faites en France.

DROIT ADMINISTRATIF.

I. — La loi du 23 mars 1855 n'a pas dérogé à la loi du 3 mai 1841 sur l'expropriation pour cause d'utilité publique.

Vu :

Le Président de la Thèse,
Ed. GUÉTAT.

Vu :

Le Doyen,
A. GUETMARD.

Vu et permis d'imprimer :

Le Recteur,
DREYSS.

TABLE DES MATIÈRES.

PREMIERE PARTIE. — DROIT ROMAIN.

DE LA CONSTITUTION D'HYPOTHÈQUE CONVENTIONNELLE.

DEUXIÈME PARTIE. — DROIT FRANÇAIS.

DE LA PUBLICITÉ DES HYPOTHÈQUES.

— 335 —

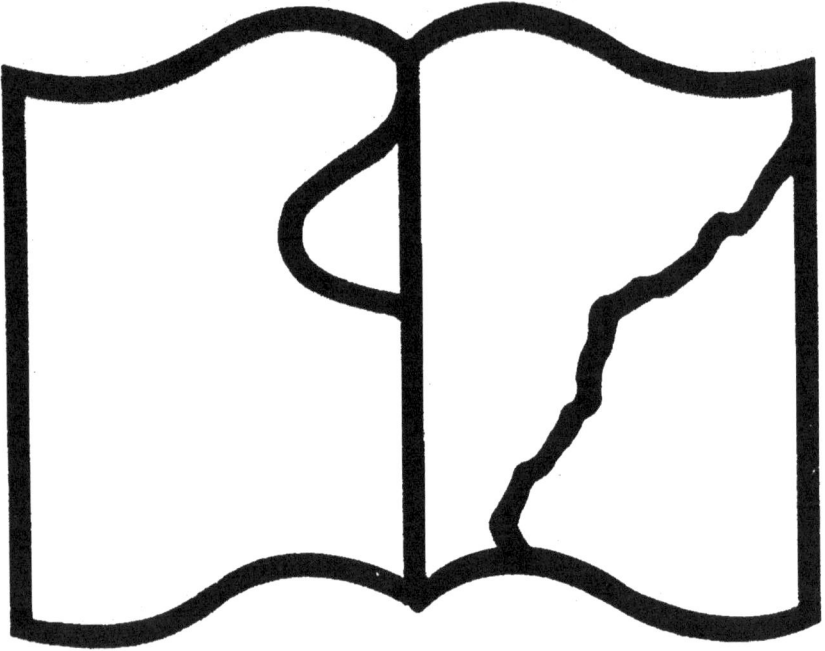

Texte détérioré — reliure défectueuse

NF Z 43-120-11

www.ingramcontent.com/pod-product-compliance
Lightning Source LLC
Chambersburg PA
CBHW060139200326
41518CB00008B/1085